财政部规划教材
全国财政职业教育教学指导委员会推荐教材
全国高职高专院校会计专业新课标立体化教材

企业财务管理

孔德兰　主　编
杨柏樟　许　辉　副主编

中国财经出版传媒集团
中国财政经济出版社

图书在版编目（CIP）数据

企业财务管理／孔德兰主编. --北京：中国财政经济出版社，2020. 6

财政部规划教材 全国财政职业教育教学指导委员会推荐教材 全国高职高专院校会计专业新课标立体化教材

ISBN 978-7-5095-9785-9

Ⅰ. ①企… Ⅱ. ①孔… Ⅲ. ①企业管理-财务管理-高等职业教育-教材 Ⅳ. ①F275

中国版本图书馆 CIP 数据核字（2020）第 073559 号

责任编辑：王佳欣 责任校对：李 丽

封面设计：育林华夏 通 读：卓文娟

本书微网站

扫描微网站二维码

获取教学配套资源和内容更新

不断添加中……

中国财政经济出版社出版

URL：http：//www. cfeph. cn

E-mail：cfeph @ cfeph. cn

社址：北京市海淀区阜成路甲 28 号 邮政编码：100142

营销中心电话：010-88191537

北京鑫海金澳胶印有限公司印刷 各地新华书店经销

787×1092 毫米 16 开 13. 75 印张 331 000 字

2020 年 8 月第 1 版 2020 年 8 月北京第 1 次印刷

定价：38. 00 元

ISBN 978-7-5095-9785-9

（图书出现印装问题，本社负责调换）

本社质量投诉电话：010-88190744

打击盗版举报热线：010-88191661 QQ：2242791300

前　　言

本书是财政部规划教材、全国财政职业教育教学指导委员会推荐教材，由财政部教材编委会组织编写并审定，作为全国高职高专院校会计专业新课标立体化教材使用。

企业财务管理信息是企业整体管理活动中最具有综合性、系统性、连续性和完整性的经济信息，这种信息在企业整个经营管理活动中也最具有指导价值。企业管理者和理财者面临着如何更科学、更合理地筹集资金、使用资金和分配资金这一核心问题。

配套教学资源①

教学设计
课程标准
课件（PPT）
微课（90个）
案例库
实训与练习

本书是全国财政职业教育教学指导委员会立项的“会计立体化教材数字化资源库建设”项目立项建设的教材，是高职高专会计、财务管理、税务、审计等专业的职业能力核心课程，也是其他经济管理类专业的核心课程。本书以企业财务管理活动为主线，以财务管理相关业务操作为主体，以全国会计师专业技术资格标准为参照，以工作项目与任务为中心组织课程内容，突出财务管理岗位职业能力与职业素质培养。本书共分为七个项目：首先介绍企业财务管理基础知识、时间价值和风险价值分析；然后介绍财务管理的核心内容，即筹资管理、投资管理、营运资金管理、收益分配管理；最后介绍财务管理的专题内容，即预算管理。每个学习项目包括“职业能力目标”“典型工作任务”“引导案例”“工作实例”“案例分析”“业务拓展”“项目小结”等栏目。本书充分体现“以学生为主体，以教师为主导”“教学做一体化”的高职高专教育教学改革新思路，注重课证融合。

本书由长期从事财务管理教学的骨干教师和会计行业实务专家共同编写。本书由国家“万人计划”教学名师、“财务管理实务”国家精品资源共享课程负责人、浙江金融职业学院孔德兰教授担任主编，负责拟定编写大纲，对全书总纂和定稿。全国杰出会计工作者、传化集团前副总裁，教授级高级会计师杨柏樟和副教授许辉博士担任副主编。具体编写分工如下：项目一由黄

① 本书为用书学校任课老师提供了配套教学资源，若有需要请以电子邮件形式向中国财政经济出版社索取（请注明：学校 、全书名、版次），E－mail：caijingjiaocai@163.com。配套教学资源亦可登录以下网址下载：http：//jiaocai.cfeph.cn/。

文妍编写，项目二、项目三、项目四、项目五由孔德兰编写，项目六、项目七由许辉编写，杨柏樟负责对全书内容进行审定。

本书主要适用于高职高专院校的财会类专业和其他经济管理类专业的教学，同时也适用于财经院校的教师、经济管理干部及自学者参考使用。

虽然我们对本书的撰写作了很多努力，但由于作者水平有限，书中难免存在纰漏或不当之处，敬请各位读者批评指正。

编　者

2020 年 7 月

目　录

项目一

企业财务管理认知

职业能力目标

能够正确分析企业活动，协调企业的各种财务关系；熟悉企业财务管理环节；能够合理选择企业财务管理的目标；准确分析企业财务管理的环境。

典型工作任务

序号	典型工作任务
1	分析企业财务活动
2	协调企业财务关系
3	选择企业财务管理目标
4	模拟企业财务管理环节
5	分析企业财务管理环境

模块一　企业财务活动

引导案例

餐饮店开业之财务问题

王艺是一家汽车销售公司的营销人员，她最近购买的体育彩票中了500万元大奖，她准备用所得的奖金进行自主创业。她在反复进行可行性论证后，拟在市中心开设一家餐饮店。

王艺面对的问题千头万绪，主要包括餐饮店选址和场地租借、场地设计与装修、工商税务登记与银行开户、员工招聘与培训等。从管理角度出发，王艺梳理出她认为最需要解决的管理事项：①餐饮店开业时需花多少钱？②开办餐饮店必须投入多少本金，这部分钱从何而来？对本金不足以满足全部投资所需的缺口，该如何筹措？③餐饮店该如何经营？王艺曾考察过几家知名的餐饮店，并对其经营有一定的了解，她需要制订周全的商业计划书，以对经营策略、收入来源及其方式、成本控制等进行全面经营规划。④餐饮店实现利润后，该如何协调分配利润？未来发展该如何规划？王艺计划先经营单体式餐饮店，在未来的5~8年再实现连锁式餐饮店经营目标。她需要考虑未来收益该如何合理规划及分配。

［**问题**］如果你是王艺的财务顾问，你该如何替她规划、管理与财务相关的问题？

［**分析**］这主要涉及财务管理是什么、做什么的问题。对于这个问题，不同的人从不同的角度可能得出不同的答案。引例涉及了企业财务管理的基本内容，即财务管理包括筹资、投资，资金营运管理以及收益分配等方面的内容。

财务管理是企业组织财务活动、处理财务关系的一项综合性的管理工作。企业的财务管理是基于企业在生产过程中客观存在的财务活动和由此产生的财务关系。因此，财务管理的内容包括财务活动和财务关系两个方面。

一、企业财务活动

企业的财务活动包括投资、资金营运、筹资和利润分配等一系列行为。

（一）投资活动

投资是指以收回现金并取得收益为目的而发生的现金流出。企业为了正常运转和扩大再生产，一是会补充流动资金缺口即进行流动资产投资；二是要完成设备重置和扩张性投资。当企业有现金节余时，有时会投资于金融性资产，以便获取股利或利息收益。在投资管理中，我们应该区别不同投资时限即短期投资和长期投资；不同种类投资即直接投资和间接投资，并作出相应的决策。对于短期投资主要应遵从成本即效益原则，确定其合理的占用量，并尽量加速其周转速度，提高资金的利用效率。而长期投资由于时间长、风险大，决策应该更重视货币的时间价值和投资风险价值的计算，使投资项目的净现值大于0，即通过投资可以给企业增加价值。

（二）资金营运活动

企业在日常生产经营活动中，会发生一系列的资金收付行为。首先，企业需要采购材料或商品，从事生产和销售活动，并支付工资和其他营业费用；其次，当企业把商品或产品售出后，便可取得收入、收回资金；最后，如果资金不能满足企业经营需要，还要采取短期借款方式来筹集所需资金。为满足企业日常营业活动的需要而垫支的资金，成为营运资金。因企业日常经营而引起的财务活动，也称为资金营运活动。在一定时期内，营运资金周转速度越快，资金的利用效率就越高，企业就可能生产出更多的产品，取得更多的收入，获取更多的利润。

（三）筹资活动

筹资是指企业通过各种融资渠道，运用不同方式，从企业外部有关单位、个人或从企业内部筹措企业经营活动所需资金的财务活动。企业为了正常经营、扩大再生产、对外投资等目的，往往需要大量资金。这些资金可以通过企业内部积累来提供，但往往不够，还必须通过外部渠道取得，如向银行借款、发行公司债券、扩大发行普通股等。企业通过筹资通常可以形成两种不同性质的资金来源：一是企业权益资金；二是企业债务资金。

（四）利润分配活动

分配是指对投资收入和利润进行分割和分派的过程。所以，广义来看包括对收入（如销售收入）的分配和利润的分配。本书中我们仅讨论狭义概念，即利润分配。利润分配过程实际是利润在国家（税收）、企业（留存收益）和投资者（股利）之间的划分。这种划分既要遵守相关法律、章程，又要结合企业当时的外部环境和内部条件来决定留存比率。在利润分配决策过程中起码应明确两点：一是利润分配过程绝不是一个孤立过程，它与企业后续的投资和融资紧密关联；二是分配的数额与方式会影响到股票价格及人们对公司的预期。

二、企业财务关系

企业在处理各项财务活动的过程中会与有关各方发生经济利益关系，这种由理财而发生的各种经济关系称为企业财务关系。处理好这些关系是企业理好财的保障。企业的财务关系主要包括以下几个方面：

码1-1　企业财务关系

（1）企业与政府之间的财务关系，是指政府作为社会管理者，通过收缴各种税款的方式与企业形成的经济关系。

（2）企业与投资者之间的财务关系，主要指企业的投资者向企业投入资金和企业向投资者支付投资报酬所形成的经济关系。

（3）企业与债权人之间的财务关系，主要是指企业向债权人借入资金，并按合同的规定按时支付利息和归还本金所形成的经济关系。

（4）企业与受资者之间的财务关系，主要是指企业以购买股票或直接投资的形式向其他企业投资所形成的经济关系。

（5）企业与债务人之间的财务关系，主要是指企业将其资金以购买债券、提供借款或商业信用等形式出借给其他单位所形成的经济关系。

（6）企业与供货商、企业与客户之间的财务关系，主要是指企业购买供货商的商品或接受其劳务，以及企业向客户销售商品或提供劳务过程中形成的经济关系。

（7）企业内部的财务关系，企业内部的财务关系主要包含两方面内容：一是企业内部各单位之间的财务关系；二是企业与职工之间的财务关系。从前者来看，这种企业内部形成的资金结算关系反映了企业内部单位之间的经济利益关系。就后者而言，主要指企业向职工支付劳动报酬过程中形成的经济关系。

三、企业财务管理组织

由于财务管理在企业管理层处于最高决策的核心作用，财务负责人在企业组织层次中是较高的。一般而言，企业财务管理工作主要由财务副总裁（首席财务执行官，即 CFO）负责。其主要职责有：负责拟订企业的主要财务政策，与其他高级管理者联系，提出其他领域主要决策中的财务问题，决定下级财务人员的职责，并对财务主任和主计长的工作负有责任。企业财务管理组织情况如图 1－1 所示。

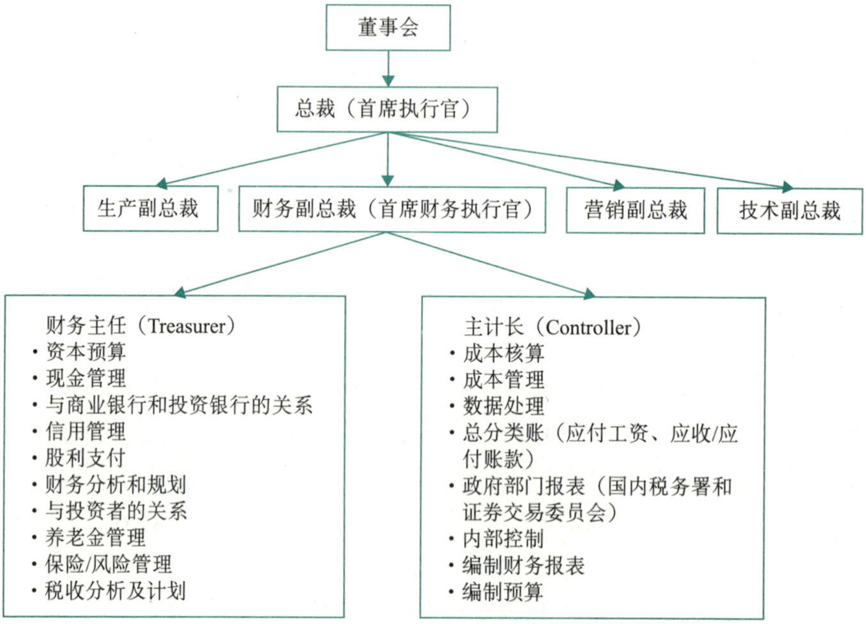

图 1－1　企业财务管理组织示意图

案例分析

埋雷 9 年，深陷“关联交易”危机

A 股公司上演业绩“爆雷潮”中，出现了华映科技（000536. SZ）的身影。2019 年 1 月 30 日晚间，公司发布公告称，预计 2018 年度净利润将亏损 37 亿～55 亿元，同比变动 －2 783. 12% ～1 905. 01%。

公司业绩中披露，公司应收账款中应收实控人中华映管款项余额为 31. 50 亿元。中华映管申请重整可能导致上述应收款项无法全额收回，公司需计提大额坏账准备。子公司福建华佳彩折旧费用较高，亏损额较大。此外，公司预计计提固定资产减值准备较上期增加。

同日，深交所下发《关于对华映科技（集团）股份有限公司的关注函》，要求公司说明2018年度集中计提固定资产减值准备的原因，以前年度固定资产减值准备计提是否充分等问题。

作为首家台资企业在A股成功借壳上市的公司，华映科技业绩一直比较稳定，此番突然“爆雷”，公司股价自2015年高点17.18元跌落至当前2元附近，跌幅近90%，市值蒸发约550亿元，期间发生了什么？

资料显示，华映科技前身是闽东电机（集团）股份有限公司，原来的主营业务是电机制造、机电贸易等，1993年在深圳证券交易所上市，上市之后公司表现平平，直到重组。

2010年，公司实施重大资产重组，向华映百慕大、华映纳闽、福日电子非公开发行5.56亿股股份收购福建华显、深圳华显、华冠光电和华映视讯等四家液晶模组生产公司各75%的股权以及206基地资产。

4家LCM公司共有38条液晶模组生产线，年产能达4 500万片，过去3年4家LCM公司的液晶模组加工量基本稳定，市场占有率保持在7%以上，公司成功变身成为国内液晶模组龙头型企业。

当时，国资福建信息集团作为闽东机电的控股股东（36.32%），选择了当时全球第六大液晶面板厂商、台企大厂中华映管作为重组方，重组后控股股东变更为中华映管（百慕大）股份有限公司，实际控制人为中华映管股份有限公司和大同股份有限公司。

但有媒体质疑，由于“面板行业不景气”，中华映管在2008年第四季度亏损超过市场预期至100亿元，毛利率更是低至-48%，而进入2009年，依然前景不明，华映营收大幅下滑的局面未见好转。

通过格隆汇app查阅资料发现，2010年华映科技业绩首次突破亿元大关，净利润由2009年的712.5万元激增至3.49亿元，同比增长36.73%。

重组之时，华映百慕大与华映纳闽承诺，在2010年12月31日前，关联交易金额占同期同类交易金额的比例下降至30%以下（不含30%），并在以后年度将上述关联交易比例持续维持在30%以下（不含30%）。

事实上，2010年承诺没有达成，理由为“液晶产业的特性以及历史积累问题”；2011年关联交易比例仍无法降低至30%以下，再次违背重组承诺。而近年来，公司关联交易金额占同期同类交易金额的比例也从未低于30%。

2014年华映科技向深交所承诺，对2009年重组时部分承诺进行补充优化，自2014年起的任意一个会计年度内，公司关联交易金额占同期同类交易金额的比例若未低于30%，则控股股东需确保上市公司华映科技现有液晶模组业务公司模拟合并计算的每年度净资产收益率不低于10%。

而根据公司2014年度以来的财报披露，公司关联交易金额占同期同类交易金额的比例未低于30%，但其液晶模组业务公司模拟合并计算的净资产收益率都超过10%，未出现需要补偿的情形，但如今却尝到了高关联交易带来的后果。

此前，华映科技还被多家媒体报道过“在台工厂全线停工，员工面临遣散，公司内部一片混乱”。

截至2018年第三季，公司前三季度的净利润为－4.61亿元，同比下降355.68%；扣非净利润为－4.83亿元，同比下降1 862.56%。公司累计亏损约142.92亿元，前三季净亏损约13.5亿元，负债总计约188.96亿元，负债比高达63.68%。

通过格隆汇app查询相关资料还发现，华映科技近两个月关联应收款逾期恶化明显，应收款项余额两个月增加了4亿元，逾期款项金额增加4.6亿元。

在2018年10月29日的第三季度计提资产减值准备的公告中，截至2018年9月30日，公司应收账款中应收实际控制人中华映管款项余额为27.42亿元，其中，逾期款项金额为13.00亿元，针对逾期金额公司按账龄组合共提坏账准备约6 499.16万元。而公司2017年的归属净利润为2.05亿元，6 499.16万元的坏账准备占去年归属净利润的3成。

雪上加霜的是，在实控人因债务逾期申请重整之后，华映科技管理层发生“动荡”。12月18日晚间，华映科技接连发布两份公告宣告了两位董监高离职的消息。公告显示，公司董事长林某因个人原因申请辞去公司第七届董事会董事、董事长、战略委员会委员、薪酬与考核委员会委员等职务，公司监事刘某因个人原因申请辞去公司监事职务，不再担任公司其他任何职务，而两人在华映科技履职均超过7年。

（资料来源：格隆汇．华映科技：埋雷9年，深陷“关联交易”危机．2019年12月1日．）

［问题］

（1）华映科技公司案例中涉及哪些财务关系？

（2）上市公司应该如何正确处理各种财务关系？

业务拓展

CFO与总会计师

Chief Financial Offcer，简称CFO，即财务总监或财务副总经理，或称首席财务官，它是西方企业的最高财务负责人，统领企业的财务工作。总会计师是中国的特色，是我国在学习苏联经验的企业干部管理体制下所形成的，具有浓厚的计划经济色彩。国务院1990年发布的《总会计师条例》规定，国有大中型企业设立总会计师岗位的，总会计师是单位的最高财务负责人。在2002年11月召开的总会计师协会第三次会员代表大会上，对总会计师的章程进行了修改，总会计师名称不变，但英文名称已经改为CFO。

模块二　财务管理目标

引导案例

KDX 财务造假

2019 年 7 月 5 日晚间，KDX 发布公告称：2015 年 1 月至 2018 年 12 月，KDX 通过虚构销售业务方式虚增营业收入，并通过虚构采购、生产、研发费用、产品运输费用方式虚增营业成本、研发费用和销售费用。通过上述方式，KDX 2015—2018 年分别虚增利润总额 23.81 亿元、30.89 亿元、39.74 亿元和 24.77 亿元，四年累计虚增利润总额 119.21 亿元。

要知道，KDX 过去四年累计利润总额才 72.03 亿元。扣除虚增利润，KDX 四年是连续亏损的，触及重大违法强制退市情形，公司股票可能被实施重大违法强制退市。

证监会认定的事实为这起重大造假案盖棺定论。以下将简要介绍 KDX 的造假手法。

一、存货是突破口

公告称，KDX 通过虚构销售业务方式虚增营业收入，并通过虚构采购、生产、研发费用、产品运输费用方式虚增营业成本、研发费用和销售费用。KDX 的手法很简单，就是大家常说的虚增收入。但是，KDX 并没有虚减成本，而是对应虚增成本。这样，公司的毛利率就是稳定的，不会出现大的波动。同时同步虚增研发费用、销售费用，保证利润率维持正常。这就是 KDX 造假的高明之处，从财务分析的角度，毛利率、费用率、利润率均正常波动，很难让人怀疑它。

但是并非没有留下任何马脚，即公司的存货占比太低了。公司虚增收入和成本时，为了防止会计师事务所通过盘点发现问题，从而没有虚增太多存货，所以导致存货的规模没有随着收入规模一起增长，这不符合商业逻辑。

作为制造业企业，企业一般情况下会有 1 ~ 3 个月左右的备货，从而防止各种突发事件。同时，随着公司规模的不断增长，存货应该同比例甚至增长得更快，这也是很多企业现金流不好的主要原因之一。

KDX 存货数据显示，存货余额一直稳定增长，虽然 2013—2017 年几乎没怎么增长，但截至 2018 年第三季度，公司存货 8.51 亿元。但是存货占总资产的比例越来越低，2011 年和 2013 年存货占比高达 10% 以上，近六年占比逐年下滑，2017 年和 2018 年只有 2.3%，一点都不像一家制造业公司。

二、122 亿元货币资金消失之谜

通常，财务造假的目的一般是虚增利润，那么净利润必然转入所有者权益的未分配利润科目，与此对应资产负债表的科目必须也要有造假的科目。所有者权益的未分配利润虚增的话，对应的要么是虚减负债，要么是虚增资产，由于调减负债比较困难，因此虚增资产是财务造假最常见的手段。

一般情况下虚增应收账款最容易，但是最低级，一个函证基本就露馅了。虚增存货也比较容易，尤其是容易盘点的存货，一个盘点就“装”不下去了。虚增在建工程和固定资产比较难以核查，因为没人知道你的房子到底值多少钱。

那么KDX虚增了什么资产？本书整理了KDX简易的资产构成后发现，只有货币资金才能隐藏这119亿元利润总额，89亿元的净利润。KDX 2017年合并报表中的货币资金为185.04亿元，2018年合并报表中的货币资金为153.16亿元。当然，预付账款、应收账款、可供出售金融资产都有可能是虚增的，但是最主要就是这100多亿元的货币资金，难怪大股东占用资金高达122亿元。

KDX通过虚构销售业务方式虚增营业收入，并通过虚构采购、生产、研发费用、产品运输费用方式虚增营业成本、研发费用和销售费用；与此同时，虚构收入和采购的对手方应该都是大股东的关联方，他们通过占用上市公司资金的方式把钱回到上市公司体系，一边占用，一边回款，一边流向国外，所以现金流量表看起来虽然有波动，但是整体是正常的。

（资料来源：初善君. A股史上最大造假案，KDX 119亿元造假手法揭秘. 搜狐网.）

［问题］ 结合KDX财务造假案例分析以利润最大化作为财务管理目标可能会给公司带来什么样后果?

［分析］ 引例涉及了企业财务管理的目标，即利润最大化、股东财富最大化、企业价值最大化等目标；也涉及了如何协调相关利益群体的利益冲突。

码1-2 利润最大化目标

一、企业财务管理的目标

财务管理目标是在特定的理财环境中，通过组织财务活动，处理财务关系所要达到的目的。财务管理目标是一切财务活动的出发点和归宿。一般而言，最具有代表性的财务管理目标包括以下几种观点。

（一）利润最大化目标

起源于亚当·斯密关于“经济人”假说的利润最大化目标是经济学界的传统观点，时至今日这种观点在理论界与实务界仍有较大影响。以追逐利润最大化作为财务管理的目标，其原因有三个方面：①人类进行生产经营活动的目的是创造更多的剩余产品，在商品经济条件下，剩余产品的多少可以用利润这个价值指标来衡量；②在自由竞争的资本市场中，资本的使用权最终属于获利最多的企业；③每个企业都最大限度地获得利润，整个社会的财富才可能实现最大化，从而带来社会的进步和发展。

利润最大化目标在实践中也存在一些难以解决的问题：①这里的利润是指企业一定时期实现的利润总额，它没有考虑货币的时间价值；②没有反映创造的利润与投入的资本之间的关系，因而不利于不同资本规模的企业之间的比较；③没有考虑风险因素，高额利润往往要承担过大的风险；④片面追求利润最大化，可能导致企业短期的行为，如忽视科技开发、产品开发、人才开发、生产安全、技术装备水平、生活福利设施、履行社会责任等。

（二）股东财富最大化目标

码1-3　股东财富最大化目标

以股东财富最大化作为财务管理的目标，主要根源于股东作为公司的所有者，承担着公司的全部风险，因而也应享受因经营活动带来的全部税后收益，或者说，股东对企业收益具有剩余要求权。这种剩余要求权赋予股东的权利、义务、风险、收益都大于公司的债权人、经营者和其他员工。因此，在确定公司财务管理目标时，应从股东的利益出发，选择股东财富最大化。在股份经济条件下，股东财富是由其所持有的股票数量和股票市场价格两方面决定的，在股票数量一定的前提下，当股票价格达到最高时，股东财富也达到最大。因此，股东财富最大化也可表示为股票价格最大化。

与利润最大化相比，股东财富最大化作为理财目标具有积极的意义：①股票的内在价值是按照风险调整折现率折现后的现值。因此，股东财富这一指标能够考虑取得收益的时间因素和风险因素；②由于股票价值是一个预期值，股东财富最大化在一定程度上能够克服企业在追求利润上的短期行为，保证了企业的长期发展；③股东财富最大化能够充分体现企业所有者对资本保值与增值的要求。

股东财富最大化也存在一些缺点：①股东财富最大化只适用于上市公司，对非上市公司则很难适用；②由于股票价格的变动不是公司业绩的唯一反映，而是受诸多因素影响的综合结果，因而股票价格的高低实际上不能完全反映股东财富或价值的大小；③股东财富最大化目标在实际工作中可能导致公司所有者与其他利益主体之间的矛盾与冲突。

（三）企业价值最大化目标

码1-4　企业价值最大化目标

企业价值是指企业全部资产的市场价值，即企业资产未来预期现金流量的现值。企业价值不同于利润，利润只是新创造价值的一部分，而企业价值不仅包含了新创造的价值，还包含了企业潜在的或预期的获利能力。企业价值的评价一般是通过投资大众的市场评价进行的，投资者对企业潜在的获利能力预期越高，其价值就越大。企业价值的一般表达方式为：

企业价值＝债券市场价值＋股票市场价值

以企业价值最大化作为财务管理的目标，其优点主要表现在：①这一目标考虑了货币的时间价值和投资的风险价值；②这一目标反映了对企业资产保值增值的要求；③这一目标有利于克服管理上的片面性和短期行为；④这一目标有利于社会资源合理配置，社会资本通常流向企业价值最大化的企业或行业，从而实现社会效益最大化。

以企业价值最大化作为财务管理的目标也存在一些问题：①对于非上市企业，这一目标值不能依靠股票市价作出评判，而需通过资产评估方式进行，出于评估标准和评估方式的影响，这种估价不易做到客观和准确；②企业价值，特别是股票价值并非为企业所控制，其价格波动也并非与企业财务状况的实际变动相一致，这也给企业实际经营业绩的衡量带来了一定的问题。

（四）每股收益最大化目标

每股收益是企业实现的利润额与普通股股数的比值。这里利润额是净利润。所有者作为企业的投资者，其投资目标是取得资本收益，具体表现为净利润与出资额或普通股股份数额的对比关系。这个目标的优点是把企业实现的利润额同投入的资本或股本数进行对比，能够说明企业的盈利水平，可以在不同资本规模的企业或同一企业不同期间之间进行比较，揭示其盈利水平的差异。但该指标既没有考虑资金时间价值和风险因素，也不能避免企业的短期行为。

二、利益冲突与协调

将企业价值最大化目标作为企业财务管理目标的首要任务就是要协调相关利益群体的关系，化解它们之间的利益冲突。协调相关利益群体的利益冲突，要把握的原则是：力求企业相关利益者的利益分配均衡，也就是减少各相关利益群体之间的利益冲突所导致的企业总体收益和价值的下降，使利益分配在数量上和时间上达到动态的协调平衡。

（一）所有者与经营者的矛盾与协调

企业价值最大化直接反映了企业所有者的利益，与企业经营者没有直接的利益关系。对所有者来讲，他所放弃的利益也就是经营者所得的利益。在西方，这种被放弃的利益也称为所有者支付给经营者的享受成本。但问题的关键不是享受成本的多少，而是在增加享受成本的同时，是否更多地提高了企业价值。因而，经营者和所有者的主要矛盾就是经营者希望在提高企业价值和股东财富的同时，能更多地增加享受成本；而所有者和股东则希望以较小的享受成本支出带来更高的企业价值或股东财富。为了解决这一矛盾，应采取让经营者的报酬与绩效相联系的办法，并辅之以一定的监督措施。

（1）解聘。这是一种通过所有者约束经营者的办法。所有者对经营者予以监督，如果经营者未能使企业价值达到最大化，就解聘经营者，经营者害怕被解聘而被迫实现财务管理目标。

（2）接收。这是一种通过市场约束经营者的办法。如果经营者经营决策失误、经营不力，未能采取一切有效措施使企业价值提高，该公司就可能被其他公司强行接收或吞并，相应地，经营者也会被解聘。为此，经营者为了避免这种接收，必须采取一切措施提高股票市价。

（3）激励。激励是指将经营者的报酬与其绩效挂钩，以使经营者自觉采取能满足企业价值最大化的措施。激励有两种基本方式：①“股票期权”方式。它是允许经营者以固定的价格购买一定数量的公司股票，当股票的价格越高于固定价格时，经营者所得的报酬就越多。经营者为了获取更大的股票涨价益处，就必然主动采取能够提高股价的行动。②“绩效股”形式。它是公司运用每股利润、资产报酬率等指标来评价经营者的业绩，视其业绩大小给予经营者数量不等的股票作为报酬。如果公司的经营业绩未能达到规定目标时，经营者也将部分丧失原先持有的“绩效股”。这种方式使经营者不仅为了多得“绩效股”而不断采取措施提高公司的经营业绩，而且为了使每股市价最大化，也采取各种措施使股票市价稳定上升。

（二）所有者与债权人的矛盾与协调

所有者的财务目标可能与债权人期望实现的目标发生矛盾。首先，所有者可能要求经营者改变举债资金的原定用途，将其用于风险更高的项目，这会增大偿债的风险，债权人的负债价值也必然会实际降低。若高风险的项目一旦成功，额外的利润就会被所有者独享；但若失败，债权人却要与所有者共同负担由此而造成的损失。这对债权人来说风险与收益是不对称的。其次，所有者或股东可能未征得现有债权人同意，而要求经营者发行新债券或举借新债，致使旧债券或老债券的价值降低（因为相应的偿债风险增加）。

为协调所有者与债权人的上述矛盾，通常可采用以下方式：

（1）限制性借债，即在借款合同中加入某些限制性条款，如规定借款的用途、借款的担保条款和借款的信用条件等。

（2）收回借款或停止借款，即当债权人发现公司有侵蚀其债权价值的意图时，采取收回债权和不给予公司增加放款，从而保护自身的权益。

业务拓展

股票期权计划的基本要素

在一项股票期权计划的实施中包括四个基本要素，即股票期权的受益人、有效期、施权价和数量。通常在不同的环境背景下实施股票期权计划，需要根据实际情况作出不同的安排。

（1）股票期权的受益人指的就是股票期权的拥有者，公司所要激励的对象，通常是公司的高级经理人员、“核心层”的高级主管，有时股票期权的激励对象也会包括一些公司员工。

（2）股票期权的有效期是指受益人在规定的期限内可以行使股票期权所赋予的权利，超过这一期限就不可再享有此权利，通常也称为“施权期”，施权期的长短需要视实际的经营情况以及对经营者激励程度的需要而定。

（3）施权价是指在股票期权计划中规定的受益人按照约定的价格购买公司股票，此价格通常为制订股票期权计划时公司股票的市场价格，也可视实际需要作适当调整。

（4）股票期权的数量则规定了在计划中受益人可以购买的公司股票的数量，此数量需要考虑这两个问题：即太小起不到作用，太大又会损害企业所有者的利益。

模块三　财务管理环节

引导案例

王杰的财务管理建议

王杰是某高校财务管理专业的应届毕业生，她按照学校的要求到自己的家族公司进行毕业顶岗实习。王杰的父亲拥有一家中型的机械零配件生产企业，该企业的发展规模在最近几年得到了迅速扩张。由于王杰的父亲是从事技术管理出身，对公司的财务管理不太了解，因此，她对王杰到公司实习寄予了很高期望，希望王杰能够充分利用所学的专业知识，帮助公司解决目前存在的财务问题。

王杰决定不辜负父亲对她的信任，帮助父亲搞好财务管理工作。王杰深入企业一线，经过一个月的调查和了解，发现公司存在以下主要问题：

（1）公司没有财务预算和现金收支计划，资金周转困难时就通过银行贷款解决，企业无法预计未来可能出现的现金盈亏；

（2）公司对重大事项缺乏规划，决策主要由老板一人说了算；

（3）公司采购行为缺少计划和审批程序，导致某些存货积压时间过长，而某些产品则因出现缺货现象而影响了生产进度；

（4）公司成本控制形同虚设，产品质量控制不严格，部分工序没有质量检验程序；

（5）公司所得税税款缴纳不及时，时常要支付滞纳金；

（6）公司缺乏定期的财务分析与业绩评价制度。

[问题] 如果你是王杰，你该如何根据调研情况，解决企业的财务问题？

[分析] 引例涉及了企业财务管理的五个环节，即财务规划与预测、财务决策、财务预算、财务控制、财务分析与业绩评价等内容。

码1－5　财务管理的环节

财务管理的环节是指财务管理工作的步骤与一般程序。一般来说，企业财务管理包括以下五个环节：

一、规划和预测

财务规划和预测首先要以全局观念，根据企业整体战略目标和规划，结合对未来宏观、微观形式的预测，来建立企业财务的战略和规划。企业战略目标的实现需要确定与之相匹配的企业财务战略目标，因此财务战略目标是企业战略目标的具体表现。财务战略规划也就是企业整体战略规划的具体化。

在财务战略的指导下，企业财务人员要根据财务活动的历史资料，考虑现实的要求和条件，对企业未来的财务活动和财务成果作出科学的预计和测算。本环节的主要任务在于：测算各项生产经营方案的经济效益，为决策提供可靠的依据；预计财务收支的发展变化情况，以确定经营目标；测定各项定额和标准，为编制计划、分解计划指标服务。财务预测环节的工作主要包括以下几个步骤：

（1）明确预测目标；

（2）收集相关资料；

（3）建立预测模型；

（4）确定财务预测结果。

二、财务决策

财务决策是指财务人员按照财务目标的总体要求，利用专门方法对各种备选方案进行比较分析，并从中选出最佳方案的过程。在市场经济条件下，财务管理的核心是财务决策，财务预测是为财务决策服务的，决策成功与否直接关系到企业的兴衰成败。财务决策环节的工作主要包括以下步骤：

（1）确定决策目标；

（2）提出备选方案；

（3）选择最优方案。

三、财务预算

财务预算是指运用科学的技术手段和数量方法，对未来财务活动的内容及指标所进行的具体规划。财务预算是以财务决策确立的方案和财务预测提供的信息为基础编制的，是财务预测和财务决策的具体化，是控制财务活动的依据。财务预算的编制一般包括以下几个步骤：

（1）分析财务环境，确定预算指标；

（2）协调财务能力，组织综合平衡；

（3）选择预算方法，编制财务预算。

四、财务控制

财务控制是在财务管理的过程中，利用有关信息和特定手段，对企业财务活动所施加的影响或进行的调节。实行财务控制是落实预算任务、保证预算实现的有效措施。财务控制一般要经过以下步骤：

（1）制定控制标准，分解落实责任；

（2）实施追踪控制，及时调整误差；

（3）分析执行情况，搞好考核奖惩。

五、财务分析和业绩评价

财务分析是根据核算资料，运用特定方法，对企业财务活动过程及其结果进行分析和评价的一项工作。通过财务分析，可以掌握各项财务计划的完成情况，评价财务状况，研究和掌握企业财务活动的规律性，改善财务预测、决策、预算和控制，改善企业管理水平，提高企业经济效益。财务分析包括以下步骤：

（1）占有资料，掌握信息；

（2）指标对比，揭露矛盾；

（3）分析原因，明确责任；

（4）提出措施，改进工作。

在财务分析的基础上建立的经营业绩评价体系是企业建立奖励机制和发挥激励作用的依据和前提。一般来说，经营业绩评价体系应该是一个以财务指标为基础，并包括非财务指标的完整的体系。非财务指标主要包括企业的战略驱动因素，如客户关系、学习和成长能力、内部经营过程等。一个完善的业绩评价体系应该力求达到内部与外部的平衡和长期与短期的平衡。

上述几个环节的财务管理工作相互联系、相互依存。

模块四　财务管理环境

引导案例

资金紧张阶段仍在继续——“16 海航 02”兑付事件

“16 海航 02 私募债”的违约意味着海航集团仍处于流动性危机中。一系列偿付事件显示出海航集团现金流早已经处于“捉襟见肘”的窘境。

2018 年融资环境收紧的情况下，海航集团经历了较为艰难的去杠杆。在主动去杠杆与被动去杠杆的双重夹击下，2018 年企业的融资处于 2014 年以来最为严重的“失血”状态。当前处于债券集中到期阶段：从海航集团的债务结构来看，2019 年处于债券偿付高峰期，债券偿付具有刚性，这导致协商缓冲的空间较小。①叠加不利的融资环境：在融资体量收缩的状况下，付息支出却快速上升，反映出来的是企业融资成本的加剧上升。②司法缠身、受限资产较多：由于部分债务出现逾期，海航集团司法案件缠身，进而资产被冻结，影响后续经营及融资，恶性循环下资金链进一步紧张。

彭博称，海航集团尚未能按期偿付 16 海航 02 本息，16 海航 02 为私募债，发行规模为 15 亿元人民币，发行期限 3 年期，应于 2019 年 7 月 28 日到期，无宽限期条款。

16 海航 02 私募债的违约意味着海航集团仍处于流动性危机中。自 2018 年初，海航集团旗下大部分上市公司接连停牌，出售旗下资产动作加快。市场上关于海航集团流动性紧张的舆论越演越烈。2018 年 8 月 24 日，海航旗下美兰机场的技术性违约，不可避免地加重了投资者对海航资金压力的担忧。2018 年 12 月 17 日，凤凰机场递延支付利息再次引发了市场对海航集团偿债能力的关注。虽然 17 凤凰 MTN002 的 4 000 万元付息递延符合债券募集说明书的约定，但凸显了发行人内部资金紧张。一系列的债务偿付事件显示出海航集团现金流早已经处于“捉襟见肘”的窘境。

海航集团于 2015—2017 年期间通过加杠杆实现资产规模的迅速扩张，使其业务版图实现横跨航空、旅游、地产、贸易、金融等多元化布局，但过快的发展积累了较为明显的债务压力。尤其是在 2018 年融资环境收紧的情况下，海航集团经历了较为艰难的去杠杆。除了自身主动出售资产回笼资金，还存在因触发融资违约事项被动减持上市公司股权偿债的情况。在主动去杠杆与被动去杠杆的双重夹击下，海航集团的融资性净现金流急剧下降，2018 年财报显示投资性活动净现金流为 420.61 亿元，融资活动净流出高达 1 735.55 亿元。进入 2019 年，虽然整体负债规模有所减少，但是偿债压力并未减弱。从海航集团的债务期限结构来看，2019 年处于债券偿付高峰期，债券偿付具有刚性。

（资料来源：EBS 固收研究，资金紧张阶段仍在继续——16 海航 02 兑付事件点评．搜狐网，2019 年 8 月 19 日．）

[问题] 结合航空业发展的行业背景，分析海航集团为何出现资金紧张的困境？

[分析] 引例主要涉及企业财务管理的环境问题。企业的财务管理环境又称为理财环境，是指对企业财务活动和财务管理产生影响作用的企业内外各种条件的统称，主要包括技术环境、经济环境、金融环境和法律环境。财务管理环境是企业财务决策难以改变的内外部约束条件，企业财务决策更多的是适应它们的要求和变化。

一、技术环境

财务管理的技术环境，是指财务管理得以实现的技术手段和技术条件，它决定着财务管理的效率和效果。目前，我国进行财务管理所依据的会计信息是通过会计系统所提供的，占企业经济信息总量的 60% ~70%。在企业内部，会计信息主要是提供给管理层决策使用，而在企业外部，会计信息则主要是为企业的投资者、债权人等提供服务。

码 1－6　财务管理技术环境

目前，我国正全面推进会计信息化工作，力争通过 5 ~ 10 年的努力，建立健全会计信息化法规体系和会计信息化标准体系，全力打造会计信息化人才队伍，基本实现大型企事业单位会计信息化与经营管理信息化的融合，进一步提升企事业单位的管理水平和风险防范能力，做到资源共享，便于不同信息使用者获取、分析和利用，进行投资和相关决策；基本实现大型会计师事务所采用信息化手段对客户的财务报告和内部控制进行审计，进一步提高社会审计质量和效率；基本实现政府会计管理和会计监督的信息化，进一步提升会计管理水平和监督效率。通过全面推进会计信息化工作，使我国的会计信息化达到或接近世界先进水平。我国会计信息化的全面推进，必将使企业财务管理的技术环境进一步完善和优化。

二、经济环境

码 1－7 财务管理经济环境

经济环境的内容十分广泛，影响财务管理的经济环境因素主要有经济体制、经济周期、经济发展水平、宏观经济政策和通货膨胀水平等。

财务管理的经济环境是指对企业财务管理有重要影响的一系列经济因素，一般包括经济体制、经济周期、经济发展水平、宏观经济政策、通货膨胀和市场竞争等。

（一）经济体制

在计划经济体制下，企业作为一个独立的核算单位而无独立的理财权利。这时，财务管理活动的内容比较单一，财务管理方法也比较简单。在市场经济体制下，企业成为“自主经营、自负盈亏”的经济实体，有独立的经营权，同时也有独立的理财权。企业可以从其自身需要出发，合理确定资本需要量，然后到市场上筹集资本，再把筹集到的资本投放到高效益的项目上获取更大的收益，最后将收益根据需要和可能进行分配。因此，财务管理活动的内容比较丰富，方法也复杂多样。

（二）经济周期

市场经济条件下，经济发展与运行带有一定的波动性。这种波动大体上经历复苏、繁荣、衰退和萧条几个阶段的循环，这种循环称为经济周期。

在经济周期的不同阶段，企业应采用不同的财务管理战略。西方财务学者探讨了经济周期中不同阶段的财务管理战略，现择其要点归纳如表 1－1 所示。

表 1－1　　经济周期中的经营理财策略

复　苏	繁　荣	衰　退	萧　条
增加厂房设备	扩充厂房设备	停止扩张	建立投资标准
实行长期租赁	继续建立存货	出售多余设备	保持市场份额
建立存货	提高价格	停产不利产品	缩减管理费用
引入新产品	开展营销规划	停止长期采购	放弃次要利益
增加劳动力	增加劳动力	削减存货	削减存货
		停止雇员	裁减雇员

（三）经济发展水平

财务管理的发展水平是和经济发展水平密切相关的，经济发展水平越高，财务管理水平也越高。财务管理水平的提高，将推动企业降低成本、改进效率、提高效益，从而促进经济发展水平的提高；而经济发展水平的提高，将改变企业的财务战略、财务理念、财务管理模式和财务管理的方法手段，从而促进企业财务管理水平的提高。财务管理应当以经济发展水平为基础，以宏观经济发展目标为导向，从业务工作角度保证企业经营目标和经营战略的实现。

（四）宏观经济政策

不同的宏观经济政策，对企业财务管理影响不同。金融政策中货币的发行量、信贷规模都影响企业投资的资金来源和投资的预期收益；财税政策会影响企业的资金结构和投资项目的选择等；价格政策能影响资金的投向和投资的回收期及预期收益等；会计制度的改革会影响会计要素的确认和计量，进而对企业财务活动的事前预测、决策及事后的评价产生影响；等等。可见，宏观经济政策对企业财务的影响是非常大的，这就要求企业财务人员必须把握经济政策，更好地为企业的经营理财活动服务。

（五）通货膨胀水平

通货膨胀对企业财务活动的影响是多方面的。主要表现在：①引起资金占用的大量增加，从而增加企业的资金需求。②引起企业利润虚增，造成企业资金由于利润分配而流失。③引起利润上升，加大企业的权益资金成本。④引起有价证券下降，增加企业的筹资难度。⑤引起资金供应紧张，增加企业的筹资困难。

为了减轻通货膨胀对企业造成的不利影响，财务人员应当采取措施予以防范。在通货膨胀初期，货币面临着贬值的风险，这时企业进行投资可以避免风险，实现资本保值；应与客户签订长期购货合同，以减少物价上涨造成的损失；取得长期负债，保持资本成本的稳定。在通货膨胀持续期，企业可以采用比较严格的信用条件，减少企业债权；调整财务政策，防止和减少企业资本流失等。

三、金融环境

企业总是需要资金从事投资和经营活动。而资金的取得，除了自有资金外，主要从金融机构和金融市场取得。金融政策的变化必然影响企业的筹资、投资和资金营运活动。所以，金融环境是企业最为主要的环境因素。影响财务管理的主要金融环境因素有金融机构、金融市场和利率等。

码1－8　财务管理金融环境

（一）金融机构

社会资金从资金供应者手中转移到资金需求者手中，大多要通过金融机构。金融机构主要包括银行和非银行金融机构。银行是指从事存款、放款、汇兑、储蓄等金融业务，承担信用中介的金融机构。银行的主要职能是充当信用中介、充当企业之间的支付中介、提供信用工具、充当投资手段和充当国民经济的宏观调控手段。我国银行主要包括：①中央银行，即中国人民银行；②国有商业银行，如中国工商银行、中国农业银行、中国银行和中国建设银行；③国家政策性银行，如中国进出口银行、中国农业发展银行；④其他股份制银行，如交通银行、中信实业银行、广东发展银行、浦东发展银行、招商银行、光大银行等。非银行金融机构主要包括金融资产管理公司、信托投资公司、财务公司和租赁公司等。

（二）金融市场

金融市场是指资金供应者和资金需求者双方通过信用工具进行交易而融通资金的市场，即实现货币借贷和资金融通、办理各种票据和进行有价证券交易活动的市场。金融市场的种类很多，其主要类型可以用图 1－2 来表示。

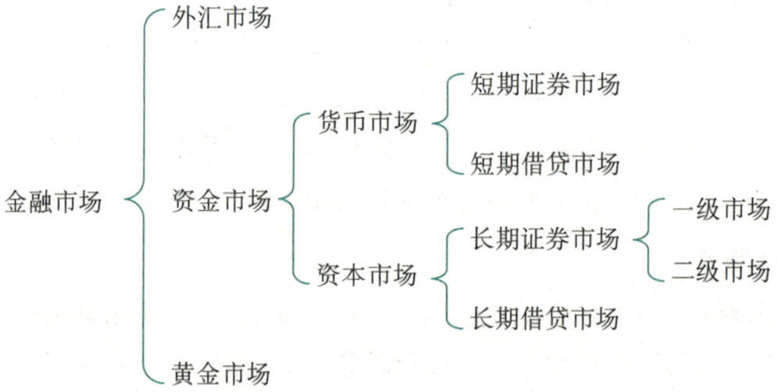

图 1－2　金融市场分类示意图

需要强调的是：①金融市场是以资金为交易对象的市场，在金融市场上，资金被当作一种“特殊商品”来交易。②金融市场可以是有形的市场，也可以是无形的市场。前者有固定的场所和工作设备，如银行、证券交易所；后者利用计算机、电传、电话等设施通过经纪人进行资金商品交易活动，而且可以跨越城市、地区和国界。

金融市场对于商品经济的运行，具有充当金融中介、调节资金余缺的功能。从总体上看，建立金融市场，有利于广泛地积聚社会资金，有利于促进地区间的资金协作，有利于开展资金融通方面的竞争，提高资金使用效益，有利于国家控制信贷规模和调节货币流通。从企业财务管理角度来看，金融市场作为资金融通的场所，是企业向社会筹集资金必不可少的条件。财务管理人员必须熟悉金融市场的各种类型和管理规则，有效地利用金融市场来组织资金的筹措和进行资金投资活动。

（三）利率

利率也称利息率，是资金的增值额同投入资金价值的比率，是衡量资金增值程度的量化指标。从资金的借贷关系看，利率是一定时期运用资金这一资源的交易价格。资金作为一种特殊商品，以利率作为价格标准，其融通实质上是资源通过利率这个价格标准实行再分配。因此，利率在资金分配及企业财务决策中起着重要作用。

1. 利率的类型

利率可按照不同的标准进行分类：

（1）按利率之间的变动关系，分为基准利率和套算利率。基准利率又称基本利率，是指在多种利率并存的条件下起决定作用的利率。所谓起决定作用是说这种利率如果变动，其他利率也相应变动。因此，通过了解基准利率水平的变化趋势，就可了解全部利率的变化趋势。基准利率在西方通常是中央银行的再贴现率，在我国是中国人民银行对商业银行贷款的利率。

套算利率是指在基准利率确定后，各金融机构根据基准利率和借贷款项的特点而换算出的利率。例如，某金融机构规定，贷款 AAA 级、AA 级、A 级企业的利率，应分别在基准利率基础上加 0.5%、1%、1.5%，加总计算所得的利率便是套算利率。

（2）按债权人取得的报酬情况，分为实际利率和名义利率。实际利率是指在物价不变从而货币购买力不变的情况下的利率。或者是在物价有变化时，扣除通货膨胀补偿后的利率。名义利率是指包含对通货膨胀补偿后的利率。两者之间的关系是：

名义利率 = 实际利率 + 预计通货膨胀率

（3）按利率与市场资金供求情况的关系，分为固定利率和浮动利率。固定利率是指在借贷期内固定不变的利率。受通货膨胀的影响，实行固定利率会使债权人利益受到损害。浮动利率是指在借贷期内可以调整的利率。在通货膨胀条件下采用浮动利率，可使债权人减少损失。

（4）按利率变动与市场的关系，分为市场利率和法定利率。市场利率是指根据资金市场上的供求关系，随着市场而自由变动的利率。法定利率是指由政府金融管理部门或者中央银行确定的利率。

2. 利率的一般计算公式

正如任何商品的价格均由供应和需求两方面来决定一样，资金这种特殊商品的价格——利率，也主要是由供给与需求来决定。但除了这两个因素外，经济周期、通货膨胀、国家货币政策和财政政策、国际经济政治关系、国家利率管制程度等，对利率的变动均有不同程度的影响。因此，资金的利率通常由三部分组成：纯利率；通货膨胀补偿率（或称通货膨胀贴水）；风险报酬率。利率的一般计算公式可表示如下：

利率 = 纯利率 + 通货膨胀补偿率 + 风险报酬率

纯利率是指没有风险和通货膨胀情况下的资金供求均衡点利率；通货膨胀补偿率是指由于持续的通货膨胀会不断降低货币的实际购买力，为补偿其购买力损失而要求提高的利率；风险报酬率又分为违约风险报酬率、流动性风险报酬率和期限风险报酬率三种。其中，违约风险报酬率是指借款人因无法按时支付利息或偿还本金会给投资人带来的风险，债权人为了弥补这些风险而要求提高的利率；流动性风险报酬率是指由于债务人资产的流动性不好会给债权人带来风险，为补偿这种风险而提高的利率。期限风险报酬率是指对于一项负债，到期日越长，债权人承受的不肯定因素就越多，承受的风险也就越大，从而为了弥补这种风险而要求提高的利率。

四、法律环境

码1－9 财务管理法律环境

财务管理的法律环境是指企业和外部发生经济关系时所应遵守的各种法律、法规和规章。企业的理财活动，无论是筹资、投资还是利润分配，都要和企业外部发生经济关系。在处理这些经济关系时，应当遵守有关的法律规范。

（一）企业组织法规

企业组织必须依法成立。组建不同的企业要依照不同的法规。这些法规主要有：《公司法》《全民所有制工业企业法》《外资企业法》《中外合资经营企业法》《中外合作经营企业法》《合伙企业法》等。这些法规既是企业的组织法，又是企业的行为法。各种不同组织形式的企业应按照相应的企业法进行理财活动。

例如，《公司法》对公司的设立条件、设立程序、组织机构、组织变更和终止的条件和程序都作了规定，包括股东人数、法定资本的最低限额、资本的筹资方式等。只有按规定的条件和程序建立的企业，才能称为“公司”。《公司法》还对公司生产经营的主要方面作出了规定，包括股票的发行和交易、债券的发行和转让、利润的分配等。公司一旦成立，其主要的活动，包括财务管理活动，都要按照《公司法》的规定来进行。

（二）税务法规

首先，国家财政收入的主要来源是企业所缴纳的税金，而国家财政状况和财政政策，对于企业资金供应和税收负担都有着重要的影响；其次，国家各种税种的设置、税率的调整，还具有调节生产经营的作用。企业的财务决策应当适应税收政策的导向，合理安排资金的投入，以追求最佳的经济效益。

国家税收制度特别是工商税收制度，是企业财务管理的重要外部条件。我国税收法律主要包括五大类，即所得税类、流转税类、资源税类、财产税类和行为税类。

税负是企业的一种费用，会增加企业的现金流出，对企业理财有重要影响。企业都希望在不违反税法的前提下减少税务负担。税负的减少，只能靠投资、筹资和利润分配等财务决策时的精心安排和筹划，而不允许在纳税行为已经发生时去偷税漏税。精通税法，对财务主管人员有重要意义。

（三）财务法规

财务法规是规范企业财务行为的法律规范。包括：《会计法》《企业财务通则》等。《会计法》作为我国会计工作的根本大法，是我国进行会计工作的基本依据，由于财务与会计工作的关联性，每个财务人员必须熟悉

《会计法》并以此来指导自己的工作。《企业财务通则》是各类企业从事财务活动、实施财务管理和监督必须统一遵循的基本原则和规范。它对以下问题作出了规定：建立资本金制度、固定资产的折旧、成本的开支范围、利润的分配。

除上述法规外，与企业财务管理有关的其他经济法规还有许多，包括各种证券法规、结算法规、合同法规等。财务人员必须熟悉这些法规，在守法的前提下完成财务管理的职能，实现企业的财务目标。

案例分析

某烟草公司机构设置与说明

以下是某烟草公司的机构设置及说明：

公司下设办公室、专卖办、营销部、财务部等职能科室。

一、办公室

充分发挥办公室（人劳科）综合、协调、参谋、助手作用。在局长（经理）领导下协助本局（公司）各科室，做好上情下达，下情上报工作，同时处理好机关内部有关事务。

二、专卖办

认真地抓好《烟草专卖法》的宣传教育工作，使《烟草专卖法》的基本知识家喻户晓，深入人心，特别对经营转批及零售商店的干部职工进行《烟草专卖法》宣传教育，促其贯彻实施，达到知法、懂法、守法。专卖科人员要不断学习，达到逐步精通法律，模范执行法律。

三、营销部

负责全市卷烟的购进、调存业务，平衡年季度卷烟货源调拨计划，随时掌握市场动态，根据货源实际可能，及时提供每季度卷烟要货计划，落实省产烟计划，力争做到商品适销对路。

四、财务部

根据有关规定和财务制度权限进行各项财务管理活动，加速资金周转，节约费用支出，提高经济效益。

在调研预测的基础上，当好领导参谋，认真做好财务分析工作。

在正确反映预测的基础上，当好领导参谋，认真做好财务分析工作。

正确反映本局（公司）财务收支的盈亏情况，做好记账、算账、报账工作，承担会计报表的汇编工作。

加强财务监督，坚持贯彻执行党和国家的有关方针、政策，严格财经纪律和各项财务制度。

严格执行各项现金、票据管理制度，做好工资发放工作，确保资金安全。

[问题]

结合所学知识与该公司财务部门职责说明：

(1) 什么是财务管理？财务管理包括哪些基本内容？

(2) 财务管理的一般环节是什么？

(3) 该公司财务部门从事的哪些活动属于财务管理工作？你对该公司财务部门的工作有何建议？

项目小结

财务管理是组织财务活动和处理财务关系的一项经济管理工作，财务管理的对象是企业的资本运动或者财务活动，其具体内容包括筹资、投资、资金营运管理和收益分配，处理组织财务活动过程中与各方发生的经济利益关系，即财务关系，包括与投资者、债权人、税务机关、企业内部各单位和企业职工等方面的财务关系。

财务管理目标是一切财务活动的出发点和归宿。目前关于财务管理目标主要的观点有：利润最大化、股东财富最大化和企业价值最大化等。企业财务管理目标的实现必须要解决两对最重要的利益冲突：一是经营者与所有者之间的利益冲突，主要通过解聘、接受和激励的方式；二是股东和债权人之间的利益冲突，主要通过限制性借债和收回借款等方式。

财务管理主要包括以下五个环节：规划和预测、财务决策、财务预算、财务控制、财务分析和业绩评价。

财务管理环境又称为理财环境，是指对企业财务活动和财务管理产生影响作用的企业内外各种条件的统称，主要包括技术环境、经济环境、金融环境和法律环境。财务管理的技术环境，是指财务管理得以实现的技术手段和技术条件，它决定着财务管理的效率和效果。影响财务管理的经济环境因素主要有经济体制、经济周期、经济发展水平、宏观经济政策和通货膨胀水平等。金融环境是企业最为主要的环境因素，影响财务管理的主要金融环境因素有金融机构、金融市场和利率等。财务管理的法律环境是指企业和外部发生经济关系时所应遵守的各种法律、法规和规章。

项目二

时间价值与风险价值分析

职业能力目标

正确理解资金时间价值的概念与意义，风险的概念、特征与分类；能够准确计算资金时间价值并应用其进行相关决策；熟练掌握风险衡量指标的计算、分析与应用。

典型工作任务

序号	典型工作任务
1	计算与分析单利的终值和现值
2	计算与分析复利的终值和现值
3	计算与分析年金的终值和现值
4	分析投资风险的类型与特点
5	计算与分析投资风险的大小

模块一　资金时间价值分析

引导案例

瑞士的惊异——1 250 亿美元巨额债务

设想你突然收到一张你事先不知道的 1 250 亿美元的账单！但这确实发生在瑞士田西纳镇（Ticino）的居民身上。纽约布鲁克林的法庭判决田西纳镇应向一群美国投资者支付这笔钱。这些投资者向布鲁克林法庭就他们声称的与内部交换银行（田西纳的一个小银行）破产有关的损失提出诉讼。田西纳镇的居民知道这一诉讼，以为是件小事，然而却被这账单惊呆了。他们的律师声称，若高级法院支持这一判决，为偿还债务，田西纳镇的居民不得不在其余生中靠吃廉价快餐度日。

田西纳镇的问题源自1966年的一笔存款。斯蒂林·格兰威尔·黑根不动产公司在内部交换银行存入6亿美元的维也纳石油与矿藏选择权。存款协议要求银行按每周1%的利率付款（难怪银行第二年破产！）。1994年10月，纽约州布鲁克林的高级法院作出判决：从存款日到田西纳镇对该银行清算之间的7年中，田西纳镇以每周1%的复利计息，而在银行清算后的21年中，按8.5%的年度百分比报酬率计息。

[问题]（1）若利率为每周1%，6亿美元增加到10亿美元需要多长时间？增加到100亿美元需要多长时间？（2）若利率为每周1%，6亿美元1年后的价值是多少？28年后的价值是多少？（3）若利率为每周1%，6亿美元7年后的价值是多少？（4）1 250亿美元是报道的近似数。若精确到个位，则其金额是多少？即问题（3）中你计算出的金额，按8.5%的年度百分比报酬率，在21年后的终值是多少？

[资料来源：道格拉斯·R. 爱默瑞，约翰·D. 芬尼特. 荆新，王化成，李焰等译校. 公司财务管理（上）. 中国人民大学出版社，1999.]

[分析] 引例涉及财务管理的两个基本观念之一——资金时间价值。在企业财务管理工作中，无论是筹资、投资、资金营运还是收益分配，都必须首先考虑资金的时间价值问题。

一、资金时间价值的概念

码2-1 资金时间价值的概念

资金时间价值，也称为货币时间价值，是指资金经历一定时间的投资和再投资所增加的价值，它表现为同一数量的货币在不同的时点上具有不同的价值。

众所周知，在市场经济条件下，即使不存在通货膨胀，等量货币在不同时点上的价值量也是不相等的，今天的1元钱和将来的1元钱不等值，前者要比后者的价值大。比如，若银行存款年利率为10%，将今天的1元钱存入银行，一年以后就会是1.10元。可见，经过一年的时间，这1元钱发生了0.1元的增值，今天的1元钱和一年后的1.10元钱等值。人们将货币在使用过程中随着时间的推移而发生增值的现象，称为货币具有时间价值的属性。

资金的时间价值是货币在周转使用中产生的，是资金所有者让渡货币使用权而参与社会财富分配的一种形式。通常情况下，资金的时间价值相当于没有风险和没有通货膨胀条件下的社会平均资金利润率，这是利润平均化规律作用的结果。

资金的时间价值以商品经济的高度发展和借贷关系的普遍存在为前提条件或存在基础，它是一个客观存在的经济范畴，是财务管理中必须考虑的重要因素。把资金的时间价值引入财务管理，在资金筹集、运用和分配等各方面考虑这一因素，是提高财务管理水平，搞好筹资、投资、分配决策的有效保证。

二、资金的时间价值的计算

（一）单利的终值和现值计算

终值又称将来值，是现在一定量现金在未来某一时点上的价值，俗称本利和。

现值又称本金，是指未来某一时点上的一定量现金折合为现在的价值。

终值与现值的计算涉及利息计算方式的选择。目前有两种利息计算方式，即单利和复利。单利方式下，每期都按初始本金计算利息，当期利息即使不取出也不计入下期本金，计算基础不变。复利方式下，以当期末本利和为计息基础计算下期利息，即利滚利。

为计算方便，先设定如下符号标识：I 为利息；P 为现值；F 为终值；i 为每一利息期的利率（折现率）；n 为计算利息的期数。

1. 单利利息的计算

按照单利的计算法则，单利利息的计算公式为：

$$I=P\cdot i\cdot n$$

2. 单利终值的计算

单利终值的计算公式为：

$$F=P+P\cdot i\cdot n=P\ (1+i\cdot n)$$

3. 单利现值的计算

单利现值的计算同单利终值的计算是互逆的，由终值计算现值的过程称为折现。单利现值的计算公式为：

$$P=\frac{F}{1+i\cdot n}$$

【工作实例 2－1】 三木公司有一张带息票据，面额为 180 000 元，票面利率 4%，出票日期为 2019 年 10 月 15 日，到期日为 2019 年 12 月 14 日（共 60 天），则到期利息为多少？

$I=180\ 000\times4\%\times60\div360=1\ 200$（元）

在计算利息时，除非特别指明，给出的利率均为年利率。对于不足一年的利息，以一年等于 360 天来折算。

假设带息票据到期，出票人应付的本利和即票据终值为：

$F=180\ 000\times(1+4\%\times60\div360)=181\ 200$（元）

【工作实例 2－2】 李明希望在 5 年后取得本利和 600 000 元，用以支付一笔款项。则在利率为 4%，单利方式计算条件下，李明现在需存入银行的资金为多少？

$P=600\ 000\div(1+5\times4\%)=500\ 000$（元）

码 2-2　复利终值的计算

（二）复利的终值和现值计算

1. 复利终值

资金的时间价值通常是按复利计算的。复利不同于单利，它是在一定期间（如一年）按一定利率将本金所生利息加入本金再计利息，即"利上滚利"，也就是说，它既涉及本金上的利息，也涉及利上所生的利息。

复利终值是指一定量的本金按复利计算若干期后的本利和。

复利终值的计算，是指已知 P、i、n 时求 F，其计算公式为：

$$F=P\cdot(1+i)^n$$

式中的 $(1+i)^n$ 通常被称为复利终值系数或 1 元的复利终值，用符号（F/P，i，n）表示。如（F/P，6%，3）表示利率为 6%、3 期复利终值的系数。复利终值系数可以通过查阅"复利终值系数表"（见本书附表 1）直接获得。"复利终值系数表"的第一行是利率 i，第一列是计息期数 n，相应的 $(1+i)^n$ 值在其纵横相交处。通过该表可查出，（F/P，6%，3）＝1.191 0。该表的作用不仅在于已知 i 和 n 时查找 1 元的复利终值，而且可在已知 1 元的复利终值和 n 时查找 i，或已知 1 元复利终值和 i 时查找 n。

【工作实例 2-3】 李明有 120 000 元，拟投入报酬率为 8% 的投资机会，经过多少年才可使现有资金增加 1 倍？

$F=120\ 000\times2=240\ 000$（元）

$240\ 000=120\ 000\times(1+8\%)^n$

$(1+8\%)^n=2$

$(F/P,\ 8\%,\ n)=2$

查"复利终值系数表"，在 $i=8\%$ 的项下寻找 2，最接近的值为：

$(F/P,\ 8\%,\ 9)=1.999\ 0$

所以：

$n=9$

即 9 年后可使现有资金增加 1 倍。

码 2-3　复利现值的计算

2. 复利现值

复利现值是复利终值的对称概念，它是指未来一定时间的特定资金按复利计算的现在价值，或者说是为了取得一定本利和现在所需要的本金。

复利现值的计算，是指已知 F、i、n 时求 P。

通过复利终值的计算可得出复利现值的计算公式：

$$P=F\div(1+i)^n=F\cdot(1+i)^{-n}$$

上式中 $(1+i)^{-n}$ 是把终值折算为现值的系数，通常称为复利现值系数，或称为 1 元的复利现值，用符号（P/F，i，n）表示。例如，（P/F，10%，6）表示利率为 10% 时 6 期的复利现值系数，可以直接查阅"复利现值系数表"（见本书附表 2）。该表的使用方法与"复利终值系数表"相同。上式也可写作：$P=F\cdot(P/F,\ i,\ n)$。

【工作实例 2-4】 李明拟在 5 年后获得本利和 150 000 元，假设投资报酬率为10%，她现在应投入多少元？

$P = F \cdot (P/F, i, n)$

$P = 150\ 000 \times (P/F, 10\%, 5)$

$= 150\ 000 \times 0.620\ 9$

$= 93\ 135$（元）

即她现在应投入93 135元。

3. 名义利率与实际利率

复利的计息期不一定总是一年，有可能是季度、月或日。当利息在一年内要复利几次时，给出的年利率称为名义利率。

实际利率和名义利率之间的关系是：

$$1 + i = \left(1 + \frac{r}{M}\right)^{M}$$

式中：r为名义利率；M为每年复利次数；i为实际利率。

【工作实例2-5】本金1 000元，投资5年，年利率12%，每季度复利一次，则：

每季度利率 $= 12\% \div 4 = 3\%$

复利次数 $= 5 \times 4 = 20$

$F = 1\ 000 \times (1 + 3\%)^{20}$

$= 1\ 000 \times 1.806\ 1$

$= 1\ 806.1$（元）

$I = 1\ 806.1 - 1\ 000 = 806.1$（元）

当一年内复利几次时，实际得到的利息要比按名义利率计算的利息高，本例的利息806.1元，要比按每年复利一次时的利息762.3元［1 000 ×（F/P，12%，5）-1 000］多43.8元。本例的实际利率高于8%，可用下述方法计算：

$F = P \cdot (1 + i)^{n}$

$1\ 806.1 = 1\ 000 \times (1 + i)^{5}$

$(1 + i)^{5} = 1.806\ 1$

$(F/P, i, 5) = 1.806\ 1$

查表得：

$(F/P, 12\%, 5) = 1.762\ 3$

$(F/P, 13\%, 5) = 1.842\ 4$

用内插法求得实际年利率为：

$$\frac{1.842\ 4 - 1.762\ 3}{13\% - 12\%} = \frac{1.806\ 1 - 1.762\ 3}{i - 12\%}$$

$i = 12.55\%$

也可以将工作实例2-5的数据代入实际利率和名义利率之间关系的公式，计算实际利率：

$$1+i=\left(1+\frac{12\%}{4}\right)^4$$

$$\begin{aligned} i &= \left(1+\frac{12\%}{4}\right)^4-1 \\ &= 1.125\,5-1 \\ &= 12.55\% \end{aligned}$$

（三）普通年金的终值和现值计算

年金是系列收付款项的特殊形式，即在一定时期内每隔相同的时间（如一年）就发生相同数额的系列收付款项，如折旧、租金、利息、保险金等通常都采用年金的形式。所谓系列收付款项，是指在 n 期内多次发生收付款业务，形成多时点收付款数列。年金收付款的方式有多种，年金按其每次收付发生的时点不同，可分为普通年金、预付年金、递延年金和永续年金等几种。

普通年金是指从第一期起，在一定时期内每期期末等额发生的系列收付款项，又称后付年金。

码 2－4　普通年金终值的计算

1. 普通年金的终值

年金终值相当于零存整取储蓄存款的本利和，它是一定时期内每期期末收付款项的复利终值之和。设每年的支付金额即年金为 A，利率为 i，期数为 n，则年金终值的计算公式为：

$$F=A+A(1+i)+A(1+i)^2+A(1+i)^3+\cdots+A(1+i)^{n-1}$$

等式两边同乘（$1+i$）：

$$F(1+i)=A(1+i)+A(1+i)^2+A(1+i)^3+\cdots+A(1+i)^n$$

上述两式相减：

$$F(1+i)-F=A(1+i)^n-A$$

$$F=A\,\frac{(1+i)^n-1}{i}$$

式中的分式称作“年金终值系数”，是指普通年金为 1 元，利率为 i，经过 n 期的年金终值，记为（F/A，i，n），可通过直接查阅“年金终值系数表”（见本书附表 3）求得有关数值。上式也可写作：

$$F=A\cdot(F/A,\ i,\ n)$$

【工作实例 2－6】 假设三木公司的项目在 7 年建设期内每年年末从银行借款 1 000 万元，借款年利率为 5%，则该项目竣工时应付本息的总额为：

$$\begin{aligned} F &= 1\,000\times\frac{(1+5\%)^7-1}{5\%} \\ &= 1\,000\times(F/A,\ 5\%,\ 7) \\ &= 1\,000\times 8.142\,0 = 8\,142\ （万元） \end{aligned}$$

码 2－5　普通年金现值的计算

2. 普通年金的现值

年金现值是指一定时期内每期期末等额收付款项的复利现值之和。年金现值的计算公式为：

$$P=A(1+i)^{-1}+A(1+i)^{-2}+A(1+i)^{-3}+\cdots+A(1+i)^{-n}$$

等式两边同乘（$1+i$）可得到：

$$P(1+i)=A+A(1+i)^{-1}+A(1+i)^{-2}+A(1+i)^{-3}+\cdots+A(1+i)^{-(n-1)}$$

上述两式相减：

$$P(1+i)-P=A-A(1+i)^{-n}$$

$$P=A\cdot\frac{1-(1+i)^{-n}}{i}$$

式中的分式称作“年金现值系数”，是指普通年金为1元，利率为i，经过n期的年金现值，记为（P/A，i，n），可通过直接查阅“年金现值系数表”（见本书附表4）求得有关数值。上式也可写作：

$$P=A\cdot(P/A,\ i,\ n)$$

【工作实例2-7】 三木公司租入一台设备，每年年末需要支付租金15 000元，年折现率为10%，则5年内应支付的租金总额的现值是多少？

$$P=15\ 000\times\frac{1-(1+10\%)^{-5}}{10\%}$$

$$=15\ 000\times(P/A,\ 10\%,\ 5)$$

$$=15\ 000\times3.790\ 8=56\ 862\text{（元）}$$

即5年内应支付的租金总额的现值是56 862元。

（四）预付年金的终值和现值计算

预付年金是指从第一期起，在一定时期内每期期初等额收付的系列款项，又称即付年金或先付年金。预付年金与普通年金的区别仅在于收付款的时间不同。

1. 预付年金的终值

预付年金的终值是其最后一期期末时的本利和，是各期收付款项的复利终值之和。

码2-6　预付年金终值的计算

预付年金终值的计算公式为：

$$F=A(1+i)+A(1+i)^2+A(1+i)^3+\cdots+A(1+i)^n$$

式中各项为等比数列，首项为$A(1+i)$，公比为（$1+i$），根据等比数列的求和公式可得出：

$$F=A\left[\frac{(1+i)^{n+1}-1}{i}-1\right]$$

式中方括号内的数值称作“预付年金终值系数”，它是在普通年金终值系数的基础上，期数加1，系数减1所得的结果。通常记为$[(F/A,i,n+1)-1]$，可直接查阅“年金终值系数表”得到（$n+1$）期的值，减去1后便可得出对应的预付年金系数的值。因此，上述公式也可写作：

$$F=A\cdot[(F/A,i,n+1)-1]$$

【工作实例2-8】 三木公司决定连续5年于每年年初存入1 000万元作为住房基金，银行存款利率为7%，则该公司在第5年末能一次取出的本利和是多少？

$$F = A \cdot [(F/A, i, n+1) - 1]$$
$$= 1\ 000 \times [(F/A, 7\%, 6) - 1]$$
$$= 1\ 000 \times (7.153\ 3 - 1) = 6\ 153.3\ (万元)$$

即该公司在第5年末能一次取出的本利和是6 153.3万元。

2. 预付年金的现值

码2-7 预付年金现值的计算

预付年金的现值可以在普通年金现值的基础上加以调整。预付年金的计算公式为：

$$P = A + A(1+i)^{-1} + A(1+i)^{-2} + \cdots + A(1+i)^{-n}$$

式中各项为等比数列，首项为A，公比为$(1+i)^{-1}$，根据等比数列的求和公式可得出：

$$P = A\left[\frac{1-(1+i)^{-(n-1)}}{i} + 1\right]$$

式中方括号内的数值称作“预付年金现值系数”，它是在普通年金现值系数的基础上，期数减1，系数加1所得的结果。通常记为$[(P/A, i, n-1)+1]$，可直接查阅“年金现值系数表”得到$(n-1)$期的值，然后加1，便可得出对应的预付年金现值系数的值。因此，上述公式也可写作：

$$P = A \cdot [(P/A, i, n-1) + 1]$$

【工作实例2-9】 假设李明5年分期付款购买一辆小汽车，每年年初支付30 000元，假设银行利率为10%，问该项分期付款相当于一次性支付现金的价格是多少？

$$P = A \cdot [(P/A, i, n-1) + 1]$$
$$= 30\ 000 \times [(P/A, 10\%, 5-1) + 1]$$
$$= 30\ 000 \times (3.169\ 9 + 1)$$
$$= 125\ 097\ (元)$$

即该项分期付款相当于一次性支付现金的价格是125 097元。

（五）递延年金的终值和现值计算

码2-8 递延年金现值的计算

递延年金是指第一次支付发生在第二期或第二期以后的年金。它是普通年金的特殊形式，凡不是从第一期开始的年金都是递延年金。递延年金终值的计算方法和普通年金终值的计算方法相似。

递延年金现值的计算方法有两种：

第一种方法，假设递延期为m $(m<n)$，可先求出m期后的$(n-m)$期普通年金的现值，然后再将此现值折算到第一期初的现值。其计算公式为：

$$P = A \cdot (P/A, i, n-m)(P/F, i, m)$$

第二种方法，先求出n期普通年金的现值，然后扣除实际并未收付款的m期普通年金现值。其计算公式为：

$$P = A \cdot [(P/A, i, n) - (P/A, i, m)]$$

【工作实例2-10】 现有一笔递延年金，期限为7年，利率为12%。前三期都没有发生支付，即递延期数为3，第一次支付在第四期期末，连续支付4次，每次支付100万元。则该年金的终值是多少？

$F = A \cdot (F/A, i, n)$

$= 100 \times (F/A, 12\%, 4)$

$= 100 \times 4.7793$

$= 477.93$（万元）

即该年金的终值是477.93万元。

【工作实例2-11】 三木公司拟在年初存入一笔资金，从第四年起每年取出100万元，至第九年末取完，利率8%，则该公司应一次性存入银行多少钱？

在本例中，$m=3$，$n=9$，则计算如下：

$P = 100 \times (P/A, 8\%, 9-3)(P/F, 8\%, 3)$

$= 100 \times 4.6229 \times 0.7938$

$= 367$（万元）

$P = 100 \times [(P/A, 8\%, 9) - (P/A, 8\%, 3)]$

$= 100 \times (6.2469 - 2.5771)$

$= 367$（万元）

即该公司应一次性存入银行367万元。

（六）永续年金的现值计算

永续年金是指无限期定额支付的年金。永续年金可视为普通年金的特殊形式，即期限趋于无穷的普通年金。由于永续年金没有终止时间，因此永续年金没有终值，只有现值。永续年金的现值可以通过普通年金现值的计算公式推导出：

$$P = A \cdot \frac{1-(1+i)^{-n}}{i}$$

当 $n \to \infty$ 时，$(1+i)^{-n}$ 的极限为零，故上式可写成：

$$P = A \cdot \frac{1}{i}$$

【工作实例2-12】 长河大学拟建立一项永久性的奖学金，每年计划颁发20 000元奖金。若利率为8%，则现在应存入银行多少钱？

$P = 20\,000 \times \dfrac{1}{8\%}$

$= 250\,000$（元）

即现在应存入银行250 000元。

案例分析

算好资金的时间价值

会计专业中有一个非常重要的理论思想，就是资金是有时间价值的。而这个会计思想贯穿了整个投资决策的始终。

在生活中，每个人都本能地知道这个道理。一般而言，有人找你来借钱，如果一年后不给利息，只还本金，大概是只有非常好的亲戚朋友你才会借。为什么呢，因为不合算。起码，把这些钱存银行可以有银行存款利息。如果银行一年定期存款利率是2.5%，那么1万元1年后的现值就是1.025万元，2年后的现值就是1.050 6万元。就是说按照2.5%的贴现率来计算，2年后的1.050 6万元，1年后的1.025万元，才等于今天的1万元。

当然贴现率可以按照银行存款利率来计算，也可以按照别的值来计算。当你进行投资决策的时候需要选择一个适合自己的贴现率，计算是否值得投资。在投资中，大量的计算都是围绕资金的时间价值转换进行的。例如，一个投资项目，是从投资第二年开始，连续五年稳定产生现金收入。第二个投资项目，从第三年开始连续三年大量产生现金收入。这两个项目到底如何选择呢？在计算出这两个项目未来产生的现金流转换成今天的现值后，就能一目了然作出选择了。

就个人而言，经常会纠结是否需要提前归还房贷。而知道资金的时间价值后就很好作出选择了。如果你的理财收益率高于银行的贷款利率，你的贴现值比银行的贴现值要高，你大可不必提前归还房贷。而一些信用卡贷款中，采用每月归还等额本金，并按总额本金计算贷款利息的方式，比如借12万元一年期贷款，按月归还1万元本金。采用这种方式，实际上12万元本金使用时间只有半年，所以实际利率翻了一倍，这时，需要将贷款名义利率转换成真实利率计算。只有了解了这些，才能在复杂的投资中作出正确的比较与选择。

［资料来源：彭江．算好资金的时间价值．经济日报（第15版）．］

［问题］

（1）请分析货币时间价值形成的基本条件。

（2）如何理解“算好资金的时间价值”？

（3）人们为何经常会纠结于不同的投资项目？

业务拓展

如何用 Excel 计算年金

通常绝大多数的教科书中，关于年金终值与现值的计算或者是已知年金的终值与现值反求年金都是通过书后的附录年金现值与终值系数表进行的，这样便于计算，大大节省了计算的时间和工作量。但问题是大多数教科书中的年金终值与现值系数表的利率是给定的整数，比如都是按1%的整数倍增长，然而现在各种贷款利率（复利）几乎又都是非整数（1%的整数倍），比如2008年12月23日后商业银行住房按揭贷款的基准利率一年期年利率为5.76%，公积金贷款利率为3.33%，5～30年期的贷款利率分别为5.94%和3.87%。对于非整数（1%的整数倍）的利率，我们该如何在已知年金的终值与现值的条件下简便地计算年金呢？

在Excel中我们选择“插入”，再依次选择“函数”和“财务函数”，之后选择“PMT”函数，根据要求输入相应的参数即可。比如按5.94%的贷款利率，贷款期限10年，那么贷款10 000元（现值），在等额本息还款方式下，现在要求每个月的具体还款数额。可以在PMT函数下的对话框内第一个参数利率RATE：输入5.94%/12，即年利率5.94%，月利率为5.94%/12；第二个参数贷款时间NPER：输入120个月，即贷款10年，每年12个月，共计120个月；第三个参数贷款额（现值）PV，输入－10 000，即贷款10 000元；第四个参数终值，FV忽略；第五个参数是预付还是后付TYPE：输入0或忽略，即按揭贷款一般都在月末归还本息，即可得到每个月的还款数额110.719 435 1元。

模块二　投资风险价值分析

引导案例

24美元买下曼哈顿　复利真的这么神奇？

爱因斯坦曾经说过：“复利是世界第八大奇迹，其威力比原子弹更大。”人类历史上最伟大的科学天才为何对复利如此推崇，许多人不知其所以然。即便我们曾在不同场合多次强调复利的力量，还是有许多朋友表示疑惑：复利，真的这么神奇？

其实，就像原子核裂变足以毁灭世界，数字几何增长所爆发的威力，同样让人难以置信。关于这点，有一个故事虽然流传久远，甚至成为老生常谈，但仍然足够震撼。

1626年，荷属美洲新尼德兰省总督Peter Minuit花了大约24美元从印第安人手中买下了曼哈顿岛。而到2000年1月1日，曼哈顿岛的价值已经达到了约2.5万亿美元。以24美元买下曼哈顿，Peter Minuit无疑占了一个天大的便宜。但是，如果转换一下思路，Peter Minuit也许并没有占到便宜。如果当时的印第安人拿着这24美元去投资，按照11%（美国近70年股市的平均投资收益率）的投资收益计算，到2000年，这24美元将变成238万亿美元，远远高于曼哈顿岛的价值2.5万亿美元。如此看来，Peter Minuit简直是吃了一个大亏！

［问题］（1）Peter Minuit 投资曼哈顿岛的风险如何?

（2）Peter Minuit 投资股市的风险如何?

（资料来源：金融界. 24 美元买下曼哈顿 复利真的这么神奇？搜狐网，2016 年 6 月 14 日.）

［分析］引例涉及财务管理的两个基本观念之一——投资风险价值，即投资收益与风险的权衡直接相关。企业财务管理无论是筹资、投资、资金营运还是收益分配，都必须考虑投资的风险价值问题。

一、投资风险价值的概念

财务活动经常是在有风险的情况下进行的。冒风险，就要求得到额外的收益，否则就不值得去冒风险。投资者由于冒风险进行投资而获得的超过资金时间价值的额外收益，称为投资风险价值，或风险收益、风险报酬。企业理财时，必须研究风险、计量风险，并设法控制风险，以求最大限度地扩大企业财富。

一般来说，投资风险是指在一定条件下和一定时期内可能发生的各种结果的变动程度。在投资风险存在的情况下，人们只能事先估计到采取某种行动可能导致的结果，以及每种结果出现的可能性，而行动的真正结果究竟会怎样，不能事先确定。例如，我们预计一个投资项目的报酬时，不可能十分精确，也没有百分之百的把握。有些事情的未来发展变化我们事先不能确知，例如价格、销量、成本等都可能发生我们预想不到并且无法控制的变化。

投资风险可能给投资人带来超出预期的收益，也可能带来超出预期的损失。一般来说，投资人对意外损失的关切程度，比对意外收益要强烈得多。因此，人们研究风险时侧重于减少损失，主要从不利的方面考虑风险，经常把风险看成是不利事件发生的可能性。从财务角度来说，风险主要指无法达到预期报酬的可能性。

二、识别投资风险的种类

码 2-9 市场风险和非市场风险

码 2-10 经营风险和财务风险

（一）从个别理财主体的角度看，风险分为市场风险和公司特有风险两类

市场风险是指那些对所有企业产生影响的因素引起的风险，如战争、自然灾害、经济衰退、通货膨胀等。这类风险涉及所有企业，不能通过多角化投资来分散。因此，又称不可分散风险或系统风险。

公司特有风险是指发生于个别企业的特有事项造成的风险，如罢工、诉讼失败、失去销售市场、新产品开发失败等。这类事件是随机发生的，因而可以通过多角化投资来分散，即发生于一家公司的不利事件可以被其他公司的有利事件所抵消。这类风险也称可分散风险或非系统风险。

（二）从企业本身来看，风险可分为经营风险和财务风险两大类

经营风险是指因生产经营方面的原因给企业盈利带来的不确定性。经营风险是任何商业活动都有的，也称为商业风险。企业生产经营的许多方面都

会受到来源于企业外部和内部诸多因素的影响，具有很大的不确定性。经营风险主要来自于：①市场销售。市场需求、市场价格、企业生产数量的不确定性，尤其是竞争使供产销不稳定，加大了经营风险。②生产成本。原料的供应和价格、工人和机器的生产率、工人的工资和奖金，都是不确定的因素，因而会产生风险。③生产技术。设备事故、产品质量问题、新技术的出现等，因不好预见而产生风险。④其他。外部的环境变化，如天灾、经济不景气、通货膨胀、有协作关系的企业没有履行合同等，均可能产生风险。

财务风险又称筹资风险，是指由于举债而给企业财务成果带来的不确定性。企业举债经营，全部资金中除自有资金外还有一部分借入资金，这会对自有资金的盈利能力造成影响；同时，借入资金需还本付息，一旦无力偿付到期债务，企业便会陷入财务困境甚至破产。当企业息税前资金利润率高于借入资金利息率时，使用借入资金获得的利润除了补偿利息外还有剩余，因而使自有资金利润率提高。但是，若企业息税前资金利润率低于借入资金利息率，这时，使用借入资金获得的利润还不够支付利息还需动用自有资金的一部分利润来支付利息，从而使自有资金利润率降低。如果企业息税前利润还不够支付利息，就要用自有资金来支付，使企业发生亏损。若企业亏损严重，财务状况恶化丧失支付能力，就会出现无法还本付息甚至招致破产的危险。总之，由于许多因素的影响，企业息税前资金利润率和借入资金利息率差额具有不确定性，从而引起自有资金利润率的高低变化，这种风险即为筹资风险。这种风险程度的大小受借入资金对自有资金比例的影响，借入资金比例大，风险程度就会随之增大；借入资金比例小，风险程度也随之减少。对财务风险的管理，关键是要保证有一个合理的资金结构，维持适当的负债水平，既要充分利用举债经营这一手段获取财务杠杆收益，提高自有资金盈利能力，同时也要注意防止过度举债而引起的财务风险的加大，避免陷入财务困境。

三、分析投资风险报酬

任何投资者宁愿要肯定的某一报酬率，也不愿意要不肯定的同一报酬率，这种现象称为风险反感或风险厌恶。在风险反感普遍存在的情况下，诱使投资者进行风险投资的，是超过时间价值的那部分额外报酬，即风险报酬。

码2－11 期望投资风险报酬率

投资风险报酬的表现形式是风险报酬率，是指投资者因冒风险进行投资而要求的，超过资金时间价值的那部分额外报酬率。

如果不考虑通货膨胀的话，投资者进行风险投资所要求或期望的投资报酬率便是无风险报酬率与风险报酬率之和。即：

期望投资报酬率＝无风险报酬率＋风险报酬率

假如，资金时间价值为8%，某项投资期望报酬率为15%，在不考虑通货膨胀的情况下，该项投资的风险报酬率便是7%。

如图2－1所示，期望投资报酬率应当包括两部分。一部分是无风险报酬率，如购买国库券，到期连本带利肯定可以收回。这个无风险报酬率，可以吸引公众储蓄，是最低的社会平均报酬率。另一部分是风险报酬率，它与风险大小有关。风险越大，则要求的报酬率越高。

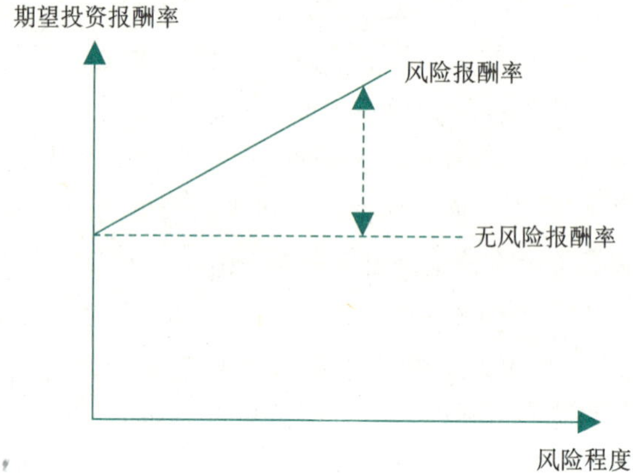

图 2-1　期望投资报酬率示意图

风险报酬率是风险的函数，用公式表示为：

风险报酬率 = f（风险程度）

假设风险和风险报酬率成正比，则：

风险报酬率 = 风险报酬斜率 × 风险程度

其中的风险程度用标准差或变异系数等计量。风险报酬斜率取决于全体投资者的风险回避态度，可以用统计方法来测定。如果大家都愿意冒风险，风险报酬斜率就小，风险溢价不大；如果大家都不愿意冒风险，风险报酬斜率就大，风险附加率就比较大，如图 2-2 所示。

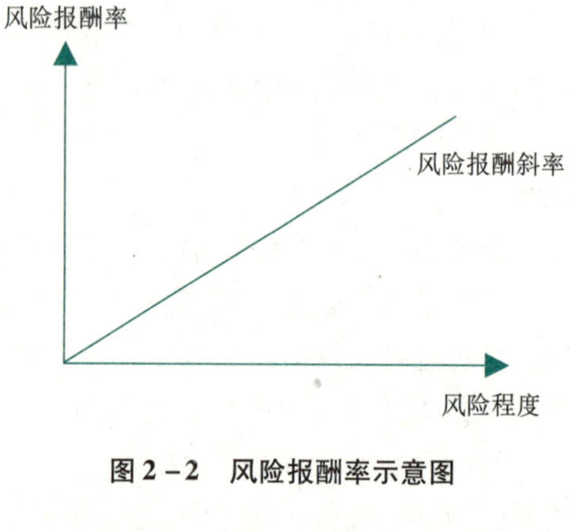

图 2-2　风险报酬率示意图

风险控制的主要方法是多角经营和多角筹资。

近代企业大多采用多角经营的方针，主要原因是它能分散风险。多经营几个品种，它们景气程度不同，盈利和亏损可以相互补充，减少风险。从统计学上可以证明，几种商品的利润率和风险是独立的或是不完全相关的。在这种情况下，企业的总利润率的风险能够因多种经营而减少。

企业通过筹资，把它的投资的风险和报酬不同程度地分散给它的股东、债权人，甚至供应商、职工和政府。就整个社会来说，风险是肯定存在的，问题是谁来承担及各承担多少。如果大家都要风险小，都不肯承担风险，高风险的项目没人做，则社会发展就会慢下来。金融市场之所以能存在，就是它吸收社会资金投放给需要资金的企业，通过它分散风险、分配利润。

四、衡量投资风险

投资风险是客观存在的，它广泛影响着企业的财务和经营活动。因此，正视投资风险并将风险程度予以量化，进行较为准确的衡量，便成为企业财务管理中的一项重要工作。投资风险的衡量，需要用概率和统计方法。由于投资风险与概率直接相关，其与期望值、离散程度等也相联系。因此，对投资风险进行衡量时应着重考虑如下影响因素。

码 2－12 资产风险的衡量

（一）概率分布

在现实生活中，某一事件在完全相同的条件下可能发生也可能不发生，既可能出现这种结果又可能出现那种结果，我们称这类事件为随机事件。概率就是用百分数或小数来表示随机事件发生的可能性及出现某种结果可能性大小的数值。用 X 表示随机事件，X_i 表示随机事件的第 i 种结果，P_i 为出现该种结果的相应概率。若 X_i 出现，则 $P_i=1$。若不出现，则 $P_i=0$，同时，所有可能结果出现的概率之和必定为 1。因此，概率必须符合下列两项要求：

（1）$0 \leqslant P_i \leqslant 1$

（2）$\sum_{i=1}^{n} P_i = 1$

将随机事件各种可能的结果按一定的规则进行排列，同时列出各结果出现的相应概率，这一完整的描述称为概率分布。

概率分布可以用可能结果为横轴，概率为纵轴的坐标点画线表示。概率分布有两种类型，一种是连续型分布，其特点是概率分布在连续图像的两点之间的区间上，如图 2－3 所示。另一种是离散型分布，也称不连续的概率分布，如【工作实例 2－13】中的图 2－4 所示，其特点是概率分布在各个特定的点（指 X 值）上。

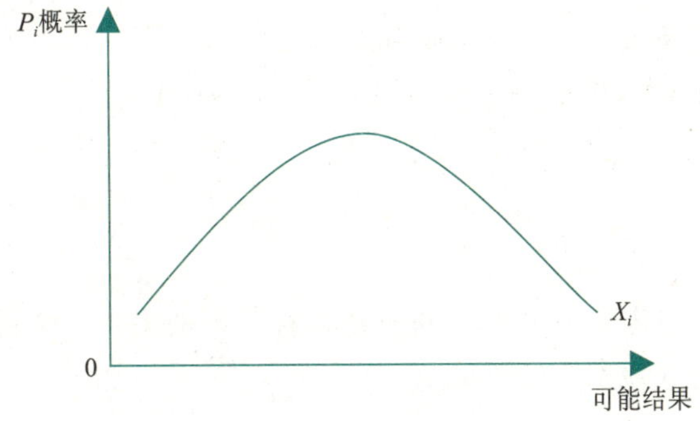

图 2－3 连续概率分布图

【工作实例 2－13】 三木公司甲产品投产后预计收益情况和市场销量有关，可用表 2－1 描述各种可能的预期收益概率分布。

表 2－1　　市场预测与预期收益概率分布表

市场情况	年收益 X_i	概率 P_i
销量很好	5	0.1
销量较好	4	0.2
销量一般	3	0.4
销量较差	2	0.2
销量很差	1	0.1

该企业市场预测与预期收益概率分布如图 2－4 所示。

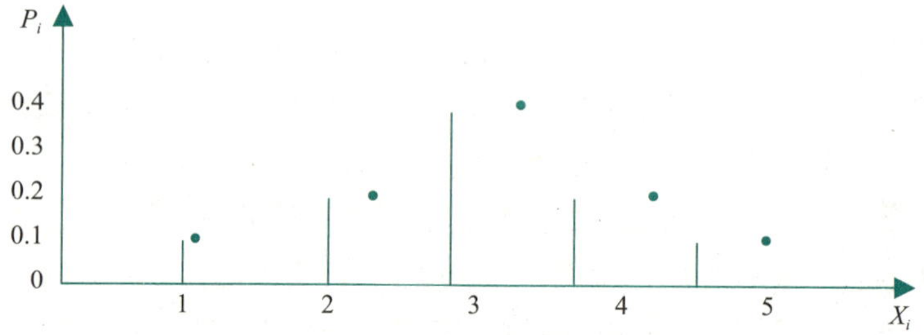

图 2－4　市场预测与预期收益概率分布图

（二）期望值

期望值是一个概率分布中的所有可能结果，以各自相应的概率为权数计算的加权平均值，是加权平均的中心值，通常用符号 E 表示，其计算公式如下：

$$E = \sum_{i=1}^{n} X_i P_i$$

期望收益反映预计收益的平均化，在各种不确定性因素影响下，它代表着投资者的合理预期。

【工作实例 2－14】 以工作实例 2－13 中有关数据为依据计算甲产品投产后预计收益的期望值，即期望值收益为：

$$\begin{aligned}E &= 5 \times 0.1 + 4 \times 0.2 + 3 \times 0.4 + 2 \times 0.2 + 1 \times 0.1 \\ &= 0.5 + 0.8 + 1.2 + 0.4 + 0.1 \\ &= 3\end{aligned}$$

（三）离散程度

离散程度是指衡量风险大小的统计指标。一般来说，离散程度越大，风险越大；离散程度越小，风险越小。

反映随机变量离散程度的常用指标主要包括方差、标准差、标准离差率等三项指标。

1. 方差

方差是用来表示随机变量与期望值之间的离散程度的一个数值。其计算公式为：

$$\sigma^2 = \sum_{i=1}^{n} (\overline{X}_i - E)^2 \cdot P_i$$

2. 标准差

标准差也叫标准离差或均方差，是方差的平方根，其计算公式为：

$$\sigma = \sqrt{\sum_{i=1}^{n} (\overline{X}_i - E)^2 \cdot P_i}$$

标准差以绝对数衡量决策方案的风险，在期望值相同的情况下，标准差越大，风险越大；反之，标准差越小，则风险越小。

3. 标准离差率

标准离差率是标准差同期望值之比，通常用符号 q 表示，其计算公式为：

$$q = \frac{\sigma}{E}$$

标准离差率是一个相对指标，它以相对数反映决策方案的风险程度。方差和标准差作为绝对数，只适用于期望值相同的决策方案风险程度的比较。对于期望值不同的决策方案，评价和比较其各自的风险程度只能借助于标准离差率这一相对数值。在期望值不同的情况下，标准离差率越大，风险越大；反之，标准离差率越小，风险越小。

对于多方案择优，决策者的行动准则应是选择低风险高收益的方案，即选择标准离差最低、期望收益最高的方案。然而高收益往往伴有高风险，低收益方案其风险程度往往也较低，究竟选择何种方案，就要权衡期望收益与风险，而且还要视决策者对风险的态度而定。对风险比较反感的人可能会选择期望收益较低同时风险也较低的方案，喜冒风险的人则可能选择风险虽高但同时收益也高的方案。

【工作实例 2-15】 以工作实例 2-13 中的数据为例，计算的甲产品预计年收益与期望年收益的方差为：

$$\sigma^2 = (5-3)^2 \times 0.1 + (4-3)^2 \times 0.2 + (3-3)^2 \times 0.4 + (2-3)^2 \times 0.2 + (1-3)^2 \times 0.1 = 1.2$$

【工作实例 2-16】 以工作实例 2-13 中的数据为例，计算的甲产品预计年收益与期望年收益的标准差为：

$$\sigma = \sqrt{(5-3)^2 \times 0.1 + (4-3)^2 \times 0.2 + (3-3)^2 \times 0.4 + (2-3)^2 \times 0.2 + (1-3)^2 \times 0.1}$$
$$= \sqrt{0.4 + 0.2 + 0 + 0.2 + 0.4}$$
$$= \sqrt{1.2}$$
$$\approx 1.095$$

【工作实例 2-17】 以工作实例 2-13 中的有关数据为例，计算的甲产品预计年收益的标准离差率为：

$$q=\frac{\sigma}{E}$$

$$=\frac{1.095}{3}$$

$$=0.365$$

通过上述方法将决策方案的风险加以量化后，决策者便可据此作出决策。对于单个方案，决策者可根据其标准离差（率）的大小，并将其同设定的可接受的此项指标最高限值对比，看前者是否低于后者，然后作出取舍。

案例分析

苹果公司风险报酬的计量

［情境与背景］苹果公司持有太平洋保险公司股份 2 000 万元和高新实业股份 1 000 万元。两种股份的预期报酬率及概率分布如表 2－2 所示：

表 2－2　两种股份预期报酬率与概率分布

经济情况	太平洋保险股份		高新实业股份	
	报酬率（%）	概率	报酬率	概率
衰退	20	0.20	0	0.20
正常	30	0.60	30	0.60
繁荣	40	0.20	60	0.20

经专家测定太平洋保险股份的风险价值系数为 8%，高新实业股份的风险价值系数为 6%。

［问题］

（1）计算两种股份的期望报酬率并计量两者风险的大小。

（2）计算两种股份的风险收益率及风险收益。

（3）试对两种股份的风险与收益进行评价。

业务拓展

如何合理配置你的家庭资产？

“不要把鸡蛋放在一个篮子里”现在已经深入人心。但也存在着一个误区，一般人都会认为只有资产雄厚的人才需要进行配置，如果钱本来就不多，索性赌一把，就无须再配置了。其实不然，资产配置的本意是指为了规避投资风险，在可接受风险范围内获取最高收益，其方法是通过确定投资组合中不同资产的类别及比例以及各种资产性质的不同，在相同的市场条件下可能会呈现截然不同的反应的特点，而进行风险抵消，享受平均收益。我们作为普通投资者如何进行分散投资，合理配置资产呢？

（1）分散投资对象。资金完全可以投向不同的对象。如购买股票的不要只买一只，可以至少买三只。选择股票时，最好不要集中在少数几个行业。投资房地产业时，假如资金允许，可以买下不同地段的公寓、办公室、商铺等投资品种。现在最热门的基金投资也是如此，股票型基金、债券型基金、货币市场基金、合理进行投资对象的分散，来规避风险。

（2）分散投资领域。投资者为了规避风险，可以将资金投在不同的领域内，如股票、房地产、黄金、储蓄、债券，等等。就目前的金融产品来看，产品也是不断丰富，不再是以前的储蓄存款、国债二元选择了，开放式基金、信托产品、券商集合理财计划、银行结构性存款等纷纷涌现，投资者不再是有钱无处投，而是面对不同的投资领域、不同的金融产品如何选择、判断、组合的问题。

（3）分散投资区域。资金完全可以流向不同的地区，尤其是认定一个地区发生动荡的风险系数较高时，就可以将部分资金转移到他处。特别是在房地产投资上，分散投资区域就尤其重要。而对于海外投资市场，目前对于普通投资者还有一定的距离，但实际上现在金融机构在设计产品上也做了一些有益的尝试，如中信银行发行的，与香港能源股挂钩的人民币结构性存款，虽然不是将资金直接投资于海外市场，但却将投资者的收益与海外市场收益挂钩。

需要指出的是，充分地分散风险后，虽不大会遇上最坏的情况，但也不可能遇上最好的情况，而最有可能发生的情形是不好也不坏，投资回报率非常接近平均值。这就印证了一条规律：分散风险固然可以避免糟糕局面的出现，但是出现最好局面的可能性也被一同抵消了。

项目小结

资金的时间价值，也称为货币的时间价值，是指货币经历一定时间的投资和再投资所增加的价值，它表现为同一数量的货币在不同的时点上具有不同的价值。资金时间价值的计算有单利和复利两种情况。单利是只就本金计算利息；复利的计算是指每期利息收入在下期转化为本金产生新的利息收入。在一年内计息两次及两次以上时，就有名义利率和实际利率的区别。名义利率是一年计息一次的利率，即不考虑年内复利计息的利率；实际利率是指每年计息一次时所提供的利息应等于名义利率在每年计息 m 次时所提供的利息的利率。年金有后付年金、先付年金、递延年金和永续年金，其中最常用的计算是后付年金现值和递延年金现值的计算。

风险是指在一定条件下和一定时期内可能发生的各种结果的变动程度。从个别理财主体的角度看，风险分为市场风险和公司特有风险两类；从企业本身来看，风险可分为经营风险和财务风险两大类。风险报酬的表现形式是风险报酬率，就是指投资者因冒风险进行投资而要求的，超过资金时间价值的那部分额外报酬率。如果不考虑通货膨胀的话，投资者进行风险投资所要求或期望的投资报酬率便是无风险报酬率与风险报酬率之和。风险报酬率是风险的函数，一般表示为：风险报酬率 = 风险报酬斜率 × 风险程度。

其中的风险程度用标准差或变异系数等计量，风险报酬斜率取决于全体投资者的风险回避态度，可以用统计方法来测定。风险控制的主要方法是多元经营和多元筹资。风险大小可以用概率分布、期望值和离散程度予以度量。

项目三

筹资管理

职业能力目标

了解企业筹资的含义与分类，熟悉筹资渠道、筹资方式和筹资原则，掌握银行借款、发行债券、融资租赁和商业信用等债务筹资方式，掌握吸收直接投资、发行股票和利用留存收益等股权筹资方式，掌握资金成本与资本结构决策。

典型工作任务

序号	典型工作任务
1	银行借款筹资决策
2	发行债券筹资决策
3	融资租赁筹资决策
4	商业信用筹资决策
5	吸收直接投资筹资决策
6	发行普通股和发行优先股筹资决策
7	个别资金成本和加权平均资金成本计算与决策
8	经营杠杆、财务杠杆和总杠杆计算与分析决策
9	运用比较资本成本法和每股收益分析法进行资本结构优化

模块一　筹资管理认知

引导案例

阿里巴巴融资上市之路

1999 年，高盛联合富达投资等一批投资银行为阿里巴巴投资了 500 万美元，解决了阿里巴巴创业初期缺乏资金的燃眉之急。

2000 年，在阿里巴巴成立仅仅一年之际，日本软银集团表示将为其注入 3 000 万美元的新鲜血液，但马云最终仅确认了 2 000 万美元的投资。在所有互联网行业感到寒冷之时，阿里巴巴却运作良好，最主要的原因是阿里巴巴获得了 2 500 万美元的中小企业融资。

2004 年 2 月，阿里巴巴再次获得 8 200 万美元的战略投资，这笔投资成为当时国内互联网行业金额最大的一笔私募投资。同年，软银又对阿里巴巴投资 6 000 万美元。公开数据显示，软银至今对阿里巴巴的累计投资为 2.6 亿美元，即便按阿里巴巴发行价 68 美元计算回报率依旧惊人。

2005 年 8 月，为了解决资金的燃眉之急，马云同意雅虎以 10 亿美元投资加上雅虎中国资产获得阿里巴巴 40% 的股权。随后双方达成股权回购协议，阿里巴巴可以在上市时以 IPO 发行价每股溢价 110% 回购雅虎手中剩余的阿里股份。此次 IPO，雅虎最终出售 1.217 亿股阿里股份，获得的收益将达到 80.3 亿美元，仍持有阿里巴巴集团约 16.3% 的股份。保守估计，当年 10 亿美元将为雅虎换回超过 300 亿美元的收益。

2007 年 11 月，全球最大的 B2B 公司阿里巴巴在中国香港联交所上市，发行价大涨 192.59%，市值超过 200 亿美元，成为亚洲第二大互联网企业，市值仅低于雅虎日本。

2012 年 6 月，由于各种原因，阿里巴巴集团宣布旗下 B2B 上市公司阿里巴巴将于 6 月 8 日正式停止交易，6 月 20 日正式退出中国香港联交所，并实现股权私有化。

2014 年 9 月，阿里巴巴正式登录纽交所，开盘价报 92.7 美元，最终收盘报收 93.89 美元，较发行价 68 美元上涨 38.07%，市值达 2 314.39 亿美元，成为亚洲第一，全球第二大互联网企业，市值仅低于谷歌。

（资料来源：阿里巴巴融资上市之路. 中国产经新闻，2015 年 6 月 30 日.）

[问题] 阿里巴巴是如何成功完成每一轮融资的？每一轮融资方式有何特点？

[分析] 引例涉及公司财务管理工作中的筹资问题，具体内容包括筹资的含义与分类、渠道与方式及筹资原则。学完本模块的内容，将为你提供解决企业筹资的思路和方法。

一、企业筹资分类

（一）筹资的含义

筹资是指企业为了满足其经营活动、投资活动、资本结构管理和其他需要，运用一定的筹资方式，通过一定的筹资渠道，筹措和获取所需资金的一种财务行为。企业的生存与发展皆以筹集足够的资金并灵活运用这些资金为前提。因而筹资管理是企业财务管理的一项基本内容。

（二）筹资的分类

企业采用不同方式所筹集的资金，按照不同的分类标准，可分为不同的筹资类别。

1. 股权筹资、债务筹资与混合筹资

按企业所取得资金的权益特性不同，企业筹资分为股权筹资、债务筹资与混合筹资。

股权筹资或称所有权筹资是指可供公司长期拥有、自主调配使用，不需归还的一种筹资方式。股权筹资通常以国家资本（如财政注资）、其他公司资本、职工资本与民间资本、境外资本等为筹资渠道，采用吸收直接投资、发行股票、留存收益等方式筹措资本。债务筹资是指公司按约定代价和用途取得且需按期还本付息的一种筹资方式。债务筹资往往通过银行、非银行金融机构、民间等渠道，采用申请贷款、发行债券、利用商业信用、租赁等方式筹措资本。混合筹资兼具股权与债务筹资性质。我国上市公司目前最常见的混合筹资方式是发行可转换债券和发行认购权证。

2. 直接筹资与间接筹资

按是否借助于金融机构为媒介来获取社会资金，企业筹资分为直接筹资与间接筹资。

直接筹资是企业直接与资金供应者协商融通资金的筹资活动。直接筹资不需要通过金融机构来筹措资金，是企业直接从社会取得资金的方式。直接筹资方式主要有发行股票、发行债券、吸收直接投资等。间接筹资是指企业借助于银行和非银行金融机构来筹集资金。在间接筹资方式下，银行等金融机构发挥中介作用，预先集聚资金，然后提供给企业。间接筹资的基本方式是银行借款，此外还有融资租赁等方式。

3. 内部筹资与外部筹资

按资金的来源范围不同，企业筹资分为内部筹资与外部筹资。

内部筹资是指企业通过利润留存而形成的筹资来源。内部筹资数额大小主要取决于企业可供分配利润的多少和利润分配政策。外部筹资是指企业向外部筹措资金而形成的筹资来源。外部筹资主要包括发行股票、债券，取得商业信用、银行借款等。

4. 短期筹资与长期筹资

按所筹集资金的使用期限不同，企业筹资分为短期筹资与长期筹资。

短期筹资是指企业筹集使用期限在 1 年以内的资金。短期筹资通常采取利用商业信用和取得银行流动借款等方式来筹集。长期筹资是指企业筹集使用期限在 1 年以上的资金。长期资金通常采用吸收直接投资、发行股票、发行公司债券、取得长期借款、融资租赁和内部积累等方式来筹集。

二、筹资渠道与方式

企业筹资活动需要通过一定的渠道并采用一定的方式来完成。

（一）筹资渠道

筹资渠道是指客观存在的筹措资金的来源方向与通道。我国企业目前筹资渠道主要包括：

（1）国家财政资金。国家对企业的直接投资是国有企业最主要的资金来源渠道，特别是国有独资企业，基本全部由国家投资形成。现有国有企业的资金来源中，有一部分是由国家财政以直接拨款的方式形成的，除此以外，还有些是国家对企业的“税前还贷”或减免各种税款形成的。

（2）银行信贷资金。银行对企业的各种贷款，是我国目前各类企业最重要的资金来源。我国银行有商业性银行和政策性银行两种。商业银行是以盈利为目的、从事信贷资金投放的金融机构。政策性银行是为特定企业提供政策性贷款。

（3）非银行金融机构资金。非银行金融机构主要有信托投资公司、保险公司、租赁公司、证券公司、企业集团所属的财务公司等。它们提供的各种服务中也包括信贷资金投放。

（4）其他企业资金。企业在生产经营过程中，往往形成部分暂时闲置的资金，并为一定目的而进行相互投资；另外，企业间的购销业务可以通过商业信用方式来完成，从而形成企业间的债权债务关系。企业间相互投资和商业信用的存在，使其他企业资金也成为企业资金的重要来源。

（5）居民个人资金。企业职工和居民个人的结余货币，作为游离于银行及非银行金融机构等之外的个人资金，可用于对企业进行投资，形成民间资金来源渠道，从而为企业所用。

（6）企业自留资金。企业的内部资金主要有计提的各项公积金、折旧和未分配的留存收益。这些资金不用企业特意去筹集，可直接由内部转移而来，为企业省下一笔可观的筹资费用。

（二）筹资方式

筹资方式是指筹措资金时所采用的具体形式。企业筹资管理的重要内容是如何针对客观存在的筹资渠道，选择合理的筹资方式进行筹资。企业在选择筹资方式时，必须考虑有利于企业选择的适宜的筹资方式，并有效地进行筹资组合，降低筹资成本，提高筹资效益。

我国企业目前的筹资方式主要有以下几种：①吸收直接投资；②发行股票；③利用留存收益；④向金融机构借款；⑤利用商业信用；⑥发行公司债券；⑦融资租赁。这些筹资方式的含义和特征将在本项目以后的学习任务中进行阐述。

三、筹资原则

码 3－1　筹资原则

企业筹资是一项重要而复杂的工作，为了有效地筹集企业所需资金，必须遵循以下基本原则。

（一）筹措合法

筹措合法原则是指企业筹资要遵循国家法律法规，合法筹措资金。企业的筹资活动不仅为自身的生产经营提供了资金来源，也会影响投资者的经济利益，影响着社会经济秩序。企业的筹资行为和筹资活动必须遵循国家的相关法律法规，依法履行法律法规和投资合同约定的责任，合法合规筹资，依法披露信息，维护各方的合法权益。

（二）规模适当

规模适当原则是指企业要根据生产经营及其发展的需要，合理安排资金需求。企业筹集资金，要合理预测确定资金的需要量。筹资规模与资金需要量应当匹配一致，既要避免因筹资不足，影响生产经营的正常进行；又要防止筹资过多，造成资金闲置。

（三）取得及时

取得及时原则是指企业要合理安排筹资时间，适时取得资金。企业筹集资金时，需要合理预测确定资金需要的时间。要根据资金需求的具体情况，合理安排资金的筹集到位时间，使筹资与用资在时间上相衔接。既避免过早筹集资金形成资金投放前的闲置，又防止取得资金的时间滞后，错过资金投放的最佳时间。

（四）来源经济

来源经济原则是指企业要充分利用各种筹资渠道，选择经济、可行的资金来源。企业所筹集的资金都要付出一定的代价，不同筹资方式条件下的资金成本有高有低。为此，就需要对各种筹资方式进行分析、对比，选择经济、可行的筹资方式以确定合理的资金结构，以便降低成本、减少风险。

（五）结构合理

结构合理原则是指企业筹资管理要综合考虑各种筹资方式，优化资本结构。企业要综合考虑权益资金与债务资金的关系、短期资金与长期资金的关系、内部筹资与外部筹资的关系，合理安排资本结构，保持适当偿债能力，防范企业财务危机。

案例分析

观脉科技获2.5亿元B+轮融资

“观脉科技”于2019年9月获得2.5亿元B+轮融资，本轮融资由君联资本领投，海纳亚洲创投基金（SIG）、北极光创投等跟投。

SD－WAN是过去几年企业服务里面发展较快的方向。其原因是企业越来越多的业务迁移到互联网上，尤其是生产系统的迁移，导致企业对网络的质量要求变得苛刻，而这些需求无法通过传统的CDN技术来满足。因为数据往往都是实时动态的，客户希望网络资源能像云计算一样具有弹性，按需购买，实时调整带宽。

SD－WAN 意为软件定义广域网，从资源供需角度来看，则更适合称为 NaaS（网络即服务）。

NaaS 同 IaaS 一样是一个进入门槛低但要做好却非常难的业务。企业客户简单地在云服务商的平台上搭建虚拟机，然后利用这些虚拟机作为加速的跳板来实现加速，但能够优化的效果有限。而真正能把 NaaS 服务做好的公司需要通过在互联网上构建一个专属虚拟网络，从二层数据链路层、三层网络层、四层传输层以及七层应用程序做不同的优化，从而解决实时传输中的瓶颈，去满足游戏全球同服、在线实时互动、云间通信、混合云、移动办公等场景的需求。

观脉科技 CTO 苗权在这个领域一直有积累，创办观脉前，他先后在清华大学 CDN 分发研究所、蓝汛富媒体及下载事业部、北美研发中心等任职技术负责人，除此之外，他还是网络评价算法发明人，拥有多项 CDN 技术国家发明专利。他提及，除游戏加速、实时互动以及移动办公等场景外，5G 的普及会加速 NaaS 业务发展。相比 4G，5G 增加了高带宽、超低延时和广链接的能力，但 5G 技术本身更偏向于传输终端与基站之间通信的改善，从而对核心网络性能的要求会大幅度提升，这也是 NaaS 创业公司的机会。

观脉科技 CEO 李铮则表示，本轮融资后，公司会重点投入 5G 的网络应用方向，包括高端人才的引进、核心技术的研发、产品服务的创新等。

比如，观脉科技已经在硅谷成立全球技术专家委员会提供技术支持，核心技术专家成员包括：前爱立信（股票代码：ERIC）大中华区及东北亚地区 CTO、前蓝汛控股（股票代码：CCIH）总裁 Ken Zhang 博士——任技术专家委员会主席；前爱立信全球 CTO、全球无线技术（即 GSM 和移动宽带 3G 和 4G LTE）的主要发明者和行业驱动者 Jan Uddenfeldt 博士——任观脉科技技术专家委员会副主席。

而对于本轮融资，Legend Capital 君联资本表示，今天的创业需要放在全球化的视野下去看，5G 时代的到来，会对全球范围内的网络传输提出更高要求，从而产生更多场景，观脉在团队、产品、运营上都符合我们的预期。

（资料来源：徐宁．观脉科技获 2.5 亿元 B＋轮融资，君联资本领投，北极光、SIG 跟投．百度文库，2019 年 11 月 28 日.）

［问题］请简要分析观脉科技在其成功融资的过程中，其筹资策略与筹资方式对公司发展有何重要作用？

模块二　债务筹资

引导案例

默多克的债务危机

很多公司在发展过程中，都要借助外力的帮助，体现在经济方面就是债务问题。债务结构的合理与否，直接影响着公司的前途、命运。世界头号新闻巨头默多克就曾有过一个惊险的债务危机故事。

默多克出生于澳大利亚，加入美国国籍后，其公司总部仍设在澳大利亚，企业遍布全球。默多克在全世界有 100 多个新闻事业，包括闻名于世的英国《泰晤士报》，他是拥资 25 亿美元的大富豪。他控制了澳大利亚 70% 的新闻业，45% 的英国报业，又把美国相当一部分电视网络置于他的统治之下。

1988 年，他施展铁腕，一举集资 20 多亿美元，把美国一座极具影响力的电视网买到了手。默多克和他的家族对他们的报业王国有绝对控制权，掌握了全部股份的 45%。默多克报业背了 24 亿美元债务，遍布全世界和地区：美国、英国、瑞士、荷兰，甚至包括印度和中国香港。他的报业王国的财务机构里共有 146 家债主。正因为债务大，债主多，默多克对付起来也实在不容易，一发牵动全身，投资风险特别高。若是碰到一个财务管理上的失误，或是一种始料未及的灾难，就可能像多米诺骨牌一样，把整个事业搞垮。

美国匹兹堡有家小银行，前些时候贷款给默多克 1 000 万美元。原以为这笔短期贷款，到期可以付息转期，延长贷款期限。也不知哪里听来的风言风语，这家银行认为默多克的支付能力不佳，通知默多克这笔贷款到期必须收回，而且规定必须全额偿付现金。默多克毫不在意，年收入达 60 亿美元的报业王国筹集 1 000 万美元现款轻而易举。他在澳大利亚资金市场上享有短期融资的特权，期限一周到一个月，金额可以高达上亿美元。他派代表去融资，大出意外，说默多克的特权已冻结。为什么？对方说日本银行在澳大利亚资金市场上投入的资金抽了回去，头寸紧了。默多克得知被拒绝融资后很不愉快，东边不亮西边亮，他亲自带了财务顾问飞往美国去贷款。到了美国，却始料不及，那些跟他打过半辈子交道的银行家，这回像是联手存心跟他过不去，都婉言推辞，一个子儿都不给。默多克又气恼又焦急，他和财务顾问在美洲大陆兜来兜去，还是没有借到 1 000 万美元。而还贷期一天天接近，商业信誉可开不得玩笑。若是还不了这笔债，那么引起连锁反应，就不是匹兹堡一家闹到法庭，还有 145 家银行都会像狼群一般，成群结队来索还贷款。这样一来，默多克的报业王国就得清盘，被 24 亿美元债券压垮，而默多克也就完了。最终，默多克求助于报业集团最大债主（贷款14亿美元）花旗银行，如果默多克完蛋，花旗银行的损失最高。花旗银行权衡利弊，同意对他的报业王国进行一番财务调查，将资产负债状况作出全面评估，取得结论后采取对策。最终，匹兹堡银行决定向默多克继续贷款，默多克度过了这一关。

（资料来源：中华文本库．默多克的债务危机．）

［**问题**］本案例中默多克集团的债务筹集主要有哪些形式？默多克为何最终能够成功化解本次债务危机？

［**分析**］引例涉及公司财务管理工作中的债务筹资问题，具体内容包括债务资金筹集的方式方法与具体内容。学完本模块的内容，将为你提供债务资金筹集的思路和方法。

债务筹资形成企业的债务资金，债务筹资是企业通过向银行借款、向社会发行公司债券、融资租赁以及赊购商品或劳务等方式筹集和取得的资金。向银行借款、发行债券、融资租赁和商业信用，是债务筹资的基本形式。

一、银行借款

银行借款是指企业向银行或其他非银行金融机构借入的、需要还本付息的款项，包括偿还期限超过1年的长期借款和不足1年的短期借款，主要用于企业购建固定资产和满足流动资金周转的需要。

（一）银行借款的种类

1. 按提供贷款的机构不同，分为政策性银行贷款、商业银行贷款和其他金融机构贷款

政策性银行贷款是指执行国家政策性贷款业务的银行向企业发放的贷款，通常为长期贷款。如国家开发银行[①]贷款，主要满足企业承建国家重点建设项目的资金需要；中国进出口信贷银行贷款，主要为大型设备的进出口提供的买方信贷或卖方信贷；中国农业发展银行贷款，主要用于确保国家对粮、棉、油等政策性收购资金的供应。

商业性银行贷款是指由各商业银行，如中国工商银行、中国建设银行、中国农业银行、中国银行等，向工商企业提供的贷款，用以满足企业生产经营的资金需要，包括短期贷款和长期贷款。

其他金融机构贷款，如从信托投资公司取得实物或货币形式的信托投资贷款，从财务公司取得的各种中长期贷款，从保险公司取得的贷款等。其他金融机构的贷款一般较商业银行贷款的期限要长，要求的利率较高，对借款企业的信用要求和担保的选择比较严格。

---

① 国家开发银行2008年12月改制为国家开发银行股份有限公司。2015年3月，国务院明确其定位为开发性金融机构。

2. 按机构对贷款有无担保要求，分为信用贷款和担保贷款

信用贷款是指以借款人的信誉或保证人的信用为依据而获得的贷款。企业取得这种贷款，无须以财产作抵押。对于这种贷款，由于风险较高，银行通常要收取较高的利息，往往还附加一定的限制条件。

担保贷款是指由借款人或第三方依法提供担保而获得的贷款。担保包括保证责任、财产抵押、财产质押，由此，担保贷款包括保证贷款、抵押贷款和质押贷款三种基本类型。

保证贷款是指按《担保法》规定的保证方式，以第三人作为保证人承诺在借款人不能偿还借款时，按约定承担一定保证责任或连带责任而取得的贷款。

抵押贷款是指按《担保法》规定的抵押方式，以借款人或第三人的财产作为抵押物而取得的贷款。抵押是指债务人或第三人不转移财产的占有，将该财产作为债权的担保，债务人不履行债务时，债权人有权将该财产折价或者以拍卖、变卖的价款优先受偿。作为贷款担保的抵押品，可以是不动产、机器设备、交通运输工具等实物资产，以及依法有权处分的土地使用权，也可以是股票、债券等有价证券等，它们必须是能够变现的资产。抵押贷款有利于降低银行贷款的风险，提高贷款的安全性。

质押贷款是指按《担保法》规定的质押方式，以借款人或第三人的动产或财产权利作为质押物而取得的贷款。质押是指债务人或第三人将其动产或财产权利移交给债权人占有，将该动产或财务权利作为债权的担保，债务人不履行债务时，债权人有权以该动产或财产权利折价或者以拍卖、变卖的价款优先受偿。作为贷款担保的质押品，可以是汇票、支票、债券、存款单、提单等信用凭证，以及依法可以转让的股份、股票等有价证券，也可以是依法可以转让的商标专用权、专利权、著作权中的财产权等。

3. 按企业取得贷款的用途不同，分为基本建设贷款、专项贷款和流动资金贷款

基本建设贷款是指企业因从事新建、改建、扩建等基本建设项目需要资金而向银行申请借入的款项。

专项贷款是指企业因为专门用途而向银行申请借入的款项，包括更新改造技改贷款、大修理贷款、研发和新产品研制贷款、小型技术措施贷款、出口专项贷款、引进技术转让费周转金贷款、进口设备外汇贷款、进口设备人民币贷款及国内配套设备贷款等。

流动资金贷款是指企业为满足流动资金的需求而向银行申请借入的款项，包括流动基金借款、生产周转借款、临时借款、结算借款和卖方信贷。

（二）银行借款的程序

（1）提出申请。企业根据筹资需求向银行书面申请，按银行要求的条件和内容填报借款申请书。

（2）银行审批。银行按照有关政策和贷款条件，对借款企业进行信用审

查，依据审批权限，核准公司申请的借款金额和用款计划。银行审查的主要内容是：公司的财务状况；信用情况；盈利的稳定性；发展前景；借款投资项目的可行性；抵押品和担保情况。

（3）签订合同。借款申请获批准后，银行与企业进一步协商贷款的具体条件，签订正式的借款合同，规定贷款的数额、利率、期限和一些约束性条款。

（4）取得借款。借款合同签订后，企业在核定的贷款指标范围内，根据用款计划和实际需要，一次或分次将贷款转入公司的存款结算户，以便使用。

（三）长期借款的保护性条款

由于银行等金融机构提供的长期贷款金额高、期限长、风险大。因此，除借款合同的基本条款之外，债权人通常还在借款合同中附加各种保护性条款，以确保企业按要求使用借款和按时足额偿还借款。保护性条款一般有以下三类：

1. 例行性保护条款

这类条款作为例行常规，在大多数借款合同中都会出现。主要包括：①要求定期向提供贷款的金融机构提交财务报表，以使债权人随时掌握公司的财务状况和经营成果。②不准在正常情况下出售较多的非产成品存货，以保持企业正常生产经营能力。③如期清偿应缴纳税金和其他到期债务，以防被罚款而造成不必要的现金流失。④不准以资产作为其他承诺的担保或抵押。⑤不准贴现应收票据或出售应收账款，以避免或有负债等。

2. 一般性保护条款

一般性保护条款是对企业资产的流动性及偿债能力等方面的要求条款，这类条款应用于大多数借款合同，主要包括：①保持企业的资产流动性。要求企业需持有一定最低限度的货币资金及其他流动资产，以保持企业资产的流动性和偿债能力，一般规定了企业必须保持的最低营运资金数额和最低流动比率数值。②限制企业非经营性支出。如限制支付现金股利、购入股票和职工加薪的数额规模，以减少企业资金的过度外流。③限制企业资本支出的规模。控制企业资产结构中的长期性资产的比例，以减少公司日后不得不变卖固定资产以偿还贷款的可能性。④限制公司再举债规模。目的是防止其他债权人取得对公司资产的优先索偿权。⑤限制公司的长期投资。如规定公司不准投资于短期内不能收回资金的项目，不能未经银行等债权人同意而与其他公司合并等。

3. 特殊性保护条款

这类条款是针对某些特殊情况而出现在部分借款合同中的条款，只有在特殊情况下才能生效。主要包括：要求公司的主要领导人购买人身保险；借款的用途不得改变；违约惩罚条款等。

（四）银行借款筹资的优缺点

1. 借款筹资的优点

（1）筹资速度快。与发行债券、融资租赁等债权筹资方式相比，银行借款的程序相对简单，所花时间较短，公司可以迅速获得所需资金。

（2）资本成本较低。利用银行借款筹资，比发行债券和融资租赁的利息负担要低。而且，无须支付证券发行费用、租赁手续费用等筹资费用。

（3）筹资弹性较大。在借款之前，公司根据当时的资本需求与银行等贷款机构直接商定贷款的时间、数量和条件。在借款期间，若公司的财务状况发生某些变化，也可与债权人再协商，变更借款数量、时间和条件，或提前偿还本息。因此，借款筹资对公司具有较大的灵活性，特别是短期借款更是如此。

2. 借款筹资的缺点

（1）财务风险大。借款通常有固定的利息负担和固定的偿付期限，当企业经营不良时，可能会产生不能偿付的风险，甚至会导致破产。

（2）限制条款多。与债券筹资相比较，银行借款合同对借款用途有明确规定，通过借款的保护性条款，对公司资本支出额度、再筹资、股利支付等行为有严格的约束，以后公司的生产经营活动和财务政策必将受到一定程度的影响。

（3）筹资数量有限。银行借款的数额往往受到贷款机构资本实力的制约，不可能像发行债券、股票那样一次筹集到大笔资金，无法满足公司大规模筹资的需要。

二、发行公司债券

公司债券，是公司为筹集资金而依照法定程序发行的，约定在一定期限内还本付息的有价证券。债券是持券人拥有公司债权的书面证明，它代表债券持券人与发债公司之间的债权债务关系。发行债券筹资是企业向社会筹集资金的重要方式。

码3－2　如何运用债券筹资

（一）债券的种类

公司债券有很多形式，大致有如下分类：

1. 按是否记名，分为记名债券和无记名债券

（1）记名债券是指企业发行债券时，债券购买者姓名和地址在发行债券企业进行登记的一种债券。偿付本息时，按名册付款。

（2）不记名债券，即带有付息票的债券。企业发行这种债券时无须登记购买者名字，持有人凭息票领取到期利息，凭到期债券收回本金。

2. 按能否转换为公司股票，分为可转换债券和不可转换债券

（1）可转换债券是指债券持有人按规定的条件将债券转换为股票。

（2）与之相反，不可转换债券，是指债券持有者不能把持有的债券转换为股票。

3. 按有无特定财产担保，分为担保债券和信用债券

（1）担保债券是以企业特定财产为抵押担保的债券。其中特定资产是指动产或不动产或其他企业股票。如果发行企业无力偿还到期本息，持有人或

作为其他代表的信托人有权处置抵押品作为补偿。

（2）信用债券是以凭借企业信用而发行的债券，由于这种债券无抵押只作保证，债券持有者要承担一定风险。同时这种债券的利率往往高于有保证的债券利率。

（二）发行债券的条件

在我国，根据《证券法》的规定，股份有限公司和有限责任公司，具有发行公司债券的资格。

根据《证券法》规定，公开发行公司债券，应当符合以下条件：①股份有限公司的净资产额不低于人民币3 000万元，有限责任公司的净资产额不低于人民币6 000万元；②累计债券总额不超过公司净资产额的40%；③最近3年平均可分配利润足以支付公司债券1年的利息；④筹集的资金投向符合国家产业政策；⑤债券的利率不得超过国务院限定的水平；⑥国务院规定的其他条件。

公开发行公司债券筹集的资金，必须用于核准的用途，不得用于弥补亏损和非生产性支出。

根据《证券法》规定，公司债券要上市交易，应当进一步符合下列条件：①公司债券的期限在1年以上；②公司债券实际发行额不少于人民币5 000万元；③公司申请债券上市时应符合法定的公司债券发行条件。

（三）债券发行的程序

（1）作出发债决议。公司发行债券要由董事会制订方案，股东大会作出决议。

（2）提出发债申请。根据《证券法》规定，公司申请发行债券由国务院证券管理部门批准。公司申请应提交公司登记证明、公司章程、公司债券募集办法、资产评估报告和验资报告等正式文件。

（3）公告募集办法。企业发行债券的申请经批准后，向社会公告债券募集办法。公司债券募集分为私募发行和公募发行。私募发行是以特定的少数投资者为对象发行债券，公募发行是在证券市场上以非特定的广大投资者为对象公开发行债券。

（4）委托证券经营机构发售。公募间接发行是各国通行的公司债券发行方式。按照我国公司债券发行的相关法律规定，公司债券的公募发行采取间接发行方式。在这种发行方式下，发行公司与承销团签订承销协议。承销团由数家证券公司或投资银行组成，承销方式有代销和包销两种。代销是指承销机构代为推销债券，在约定期限内未售出的余额可退还发行公司，承销机构不承担发行风险。包销是由承销团先购入发行公司拟发行的全部债券，然后再售给社会上的投资者，如果约定期限内未能全部售出，余额要由承销团负责认购。

（5）交付债券，收缴债券款。债券购买人向债券承销机构付款购买债券，承销机构向购买人交付债券。然后，发行公司向承销机构收缴债券款，登记债券存根簿，并结算发行代理费。

（四）债券发行价格的确定

债券的发行价格，是指债券在发行市场上发行时所使用的价格。通常债券有平价发行、溢价发行和折价发行三种。当债券按面值发行时称为平价发行，当债券高于面值的价格发行时称为溢价发行，当债券按低于面值的价格发行时称为折价发行。

确定债券的发行价格时，不仅应考虑债券票面利率与市场平均利率之间的关系，还应考虑债券资金所包含的时间价值。在分期付息，到期一次还本，且不考虑发行费用的情况下，债券发行价格的计算公式为：

$$\text{债券发行价格} = \frac{\text{债券面值}}{(1+\text{市场利率})^n} + \sum_{t=1}^{n}\frac{\text{债券面值}\times\text{票面利率}}{(1+\text{市场利率})^t}$$

或：

$$\text{债券发行价格} = \text{债券面值}\times(P/F, i_1, n) + \text{债券面值}\times i_2 \times (P/A, i_1, n)$$

式中：n 为债券期限；i_1 为市场利率；i_2 为票面利率。

【工作实例 3-1】 三木公司发行 5 年期债券，面值为 1 000 元，票面利率为 8%，每年年末付息一次。若市场利率为 6%、8% 和 10% 时，债券发行价格应该分别为多少？

解：（1）当市场利率为 6% 时：

$$\begin{aligned}\text{债券发行价格 } P &= 1\,000\times 8\%\times(P/A, 6\%, 5) + 1\,000\times(P/F, 6\%, 5)\\ &= 80\times 4.212\,4 + 1\,000\times 0.747\,3 = 1\,084.29\ (\text{元})\end{aligned}$$

（2）当市场利率为 8% 时：

$$\begin{aligned}\text{债券发行价格 } P &= 1\,000\times 8\%\times(P/A, 8\%, 5) + 1\,000\times(P/F, 8\%, 5)\\ &= 80\times 3.992\,7 + 1\,000\times 0.680\,6 = 1\,000\ (\text{元})\end{aligned}$$

（3）当市场利率为 10% 时：

$$\begin{aligned}\text{债券发行价格 } P &= 1\,000\times 8\%\times(P/A, 10\%, 5) + 1\,000\times(P/F, 10\%, 5)\\ &= 80\times 3.790\,8 + 1\,000\times 0.620\,9 = 924.16\ (\text{元})\end{aligned}$$

（五）发行债券筹资的优缺点

1. 发行债券筹资的优点

（1）资金成本低。由于债权人承担的风险小于股东承担的风险，加之债券利息在所得税前支付，具有一定的抵税作用，因此债券筹资的成本低于股票筹资的成本。

（2）筹资对象广，市场大。与银行借款相比，发行债券所面对的是众多的社会投资者，资金充裕，筹资潜力大。

（3）可获得财务杠杆利益。当全部资本报酬率大于借款利率时，债券筹资可以提高自有资金的收益率，带来财务杠杆利益。

2. 发行债券筹资的缺点

（1）财务风险大。债券筹资提高了企业的负债比率，固定的利息支付负担和本金偿还义务增加了企业的财务负担和破产风险，加大了企业未来举债的难度。

（2）限制条件多。首先，企业发行债券要具备相应的资格，符合严格的条件，这在一定程度上限制了企业对债券筹资方式的使用。其次，发行债券时的各种限制性条款将会影响公司正常发展及未来举债能力。

三、融资租赁

租赁是指出租人在承租人给予一定报酬的条件下，授予承租人在约定的期限内占有和使用财产权利的一种契约性行为。

（一）租赁的种类

1. 经营租赁

经营租赁又称服务性租赁，它是由租赁公司向承租单位在短期内提供设备，并提供维修、保养、人员培训等的一种服务性业务。其特点是：①承租企业可随时向出租人提出租赁资产要求；②租赁期短，不涉及长期而固定的业务；③租赁合同比较灵活，在合理限制条件范围内，可以解除租赁契约；④租赁期满，租赁资产一般归还给出租者；⑤出租人提供专门服务，如设备的保养、维修、保险等。

2. 融资租赁

融资租赁又称财务租赁，它是由租赁公司按承租单位要求出资购买设备，在较长的合同期内提供给承租单位使用的融资信用业务，它是以融通资金为主要目的的租赁。其特点是：①一般由承租人向出租人提出正式申请，由出租人融通资金引进承租人所需设备，然后再租给承租人使用。②租期较长，租期一般为租赁资产寿命的一半以上。③租赁合同比较稳定。在租期内，承租人必须连续支付租金，非经双方同意，中途不得退租。④租赁期满后，租赁资产的处置有三种方法可供选择：将设备作价转让给承租人；由出租人收回；延长租期续租。⑤在租赁期内，出租人一般不提供维修和保养设备方面的服务。

码3－3　如何运用融资租赁筹资

（二）融资租赁的形式

融资租赁可细分为如下三种形式：

1. 直接租赁

直接租赁是指承租人直接向出租人租入所需要的资产，并付出租金。直接租赁的出租人主要是制造厂商、租赁公司。

2. 售后租回

根据协议，企业将某资产卖给出租人，再将其租回使用。从事售后租回的出租人为租赁公司等金融机构。

3. 杠杆租赁

杠杆租赁要涉及承租人、出租人和资金出借者三方当事人。从承租人的角度来看，这种租赁与其他租赁形式并无区别，但对出租人却不同，出租人只出购买资产所需的部分资金（如30%），作为自己的投资；另外以该资产作为担保向资金出借者借入其余资金（如70%）。

（三）融资租赁的租金计算

在租赁筹资方式下，承租企业要按合同规定向租赁公司支付租金。租金的数额和支付方式既对承租企业的未来财务状况具有直接影响，也是租赁筹资决策的重要依据。

1. 租金的构成

融资租赁每期租金的多少，取决于以下因素：①设备原价及预计残值。包括设备买价、运杂费、安装调试费、保险费等。②利息。指租赁公司为购买租赁设备垫付资金所应支付的利息。③租赁手续费。指租赁公司承办租赁设备所发生的业务费用和必要的利润。

2. 租金的支付方式

租金的支付方式也影响到租金的计算。租金的支付，有以下几种分类方式：①按支付时期的长短，可以分为年付、半年付、季付和月付等方式。②按支付时期先后，可以分为先付租金和后付租金两种。先付租金是指在期初支付；后付租金是指在期末支付。③按每期支付金额，可以分为等额支付和不等额支付两种。实务中，承租企业与租赁公司商定的租金支付方式，大多为后付等额年金。

3. 租金的计算

我国融资租赁实务中，租金的计算一般采用等额年金法。等额年金法是利用年金现值的计算公式经变换后计算每期支付租金的方法。等额年金法下，通常要根据利率和租赁手续费率确定一个租费率，作为折现率。

【工作实例3－2】三木公司于2020年6月1日从租赁公司租入一台大型设备，价值30万元，租期6年，租赁期满时预计残值5万元，归租赁公司。年利率8%，租赁手续费率每年2%。租金每年年末支付一次。则每年年末应支付的租金为多少？

解：

$$\text{每年租金}=[300\,000-50\,000\times(P/F,10\%,6)]\div(P/A,10\%,6)$$

$$=[300\,000-50\,000\times0.564\,5]\div4.355\,3$$

$$=62\,401\ (\text{元})$$

即东方公司每年年末应支付的租金为62 401元。

（四）融资租赁筹资的优缺点

（1）融资租赁筹资的优点：①筹资速度快。租赁往往比借款购置设备更迅速、更灵活。②限制条款少，手续简便。只要供需双方达成协议即可。③设备淘汰风险小。承租人签订租赁合同确定租期时都根据自身的生产技术发展情况考虑了可能出现的无形损耗因素，因而可避免自行购置因设备陈旧而造成的损失。④财务风险小。租金在整个租期内分摊，不用到期归还大量本金。⑤税收负担轻。租金可在税前扣除，具有抵免所得税的效用。

（2）融资租赁筹资的缺点：融资租赁筹资的最主要缺点就是资金成本较高。一般来说，其租金要比举借银行借款或发行债券所负担的利息高得多。另外由于承租企业在租赁期内无资产所有权，因而不能根据自身的要求自行处置租赁资产。

码3－4 如何运用商业信用筹资

四、商业信用

商业信用是企业间在商品交易过程中由于延期付款或预收货款而形成的借贷关系，是企业间直接的短期信用行为。具体形式主要包括应付账款，应付票据和预收账款等。

（一）应付账款

应付账款是企业购买货物暂未付款而欠对方的账项，是一种卖方信用。赊购方可以通过延期付款获得相当于货款金额的短期资金。如果赊购业务能保持一定的规模，则企业可以获得一定数量的、比较稳定的资金来源。

1. 应付账款的成本

通过应付账款的形式获得的资金可能是免费的，也可能是有代价的，这取决于销售方的信用条件。如果无论企业是提前付款还是按信用期付款均没有现金折扣，则通过应付账款形式获得的资金为免费使用资金；如果销货方规定企业在折扣期内付款即可获得一定比率的现金折扣，则企业放弃现金折扣获得资金延期使用权是有代价的。

一般而言，放弃现金折扣的资金成本可用如下公式求得：

$$\text{放弃现金折扣的资金成本}=\frac{\text{折扣百分比}}{1-\text{折扣百分比}}\times\frac{360}{\text{信用期}-\text{折扣期}}\times100\%$$

【工作实例3－3】 三木公司拟按（2/10，n/40）的信用条件购入一批钢材，即公司如果在10日内付款，可享受2%的现金折扣；倘若公司放弃现金折扣，贷款应在40天内付清。请问公司放弃该项现金折扣的成本是多少？

解： 放弃现金折扣的资金成本 $=\frac{2\%}{1-2\%}\times\frac{360}{40-10}\times100\%=24.49\%$

即，公司放弃该项现金折扣的成本为24.49%。

2. 利用现金折扣的决策

在附有信用条件的情况下，因为获得不同信用要负担不同的代价，买方企业便要对信用的选择作出决策。一般来说：

（1）如果能以低于放弃折扣的隐含利息成本（实质上是一种机会成本）的利率借入资金，便应在现金折扣期内用借入的资金支付货款，享受现金折扣。

（2）如果折扣期内将应付账款用于短期投资，所得的投资收益高于放弃折扣的隐含利息成本，则应放弃折扣而去追求更高的收益。

（3）如果企业因缺乏资金而欲延展付款期，则需在降低了的放弃折扣成本与延展付款带来的损失之间作出选择。

(4) 如果面对两家以上提供不同信用条件的卖方，应通过衡量放弃折扣成本的大小，选择信用成本最小的一家。

(二) 应付票据

应付票据是企业进行延期付款商品交易时开具的反映债权债务关系的票据。和应付账款一样，也是一种卖方信贷。应付票据其最长支付期不超过6个月，可以带息，也可以不带息。企业通过无息票据获得的信用是免费信用，通过带息票据获得的信用是有代价信用，带息票据的利率一般比银行借款低，且不用保持相应的补偿余额和支付协议费。但到期必须归还，否则便要交付罚金，因而风险较大。

(三) 预收账款

预收账款是企业在进行商品销售时通过预收部分或全部货款的方式取得的信用形式。和应付账款不同，它是一种买方信用。预收账款相当于向买方借用资金后用物资抵偿。一般用于生产周期长、资金需要量大的货物销售。如果以预收账款方式销售的商品价格低于正常销售商品的价格，则这种信用是有代价信用，信用成本即商品价格的差额；如果以预收账款方式销售的商品价格和正常销售的商品价格相同，则这种信用为免费信用。

此外，还存在一些在非商品交易中产生，但亦为自发性融资的应付费用，如应付工资、应交税金、其他应付款等。应付费用使企业收益在前、费用支付在后，相当于享用了收款方的借款，一定程度上缓解了企业资金的需要。

(四) 商业信用筹资的优缺点

商业信用筹资最大的优越性是容易取得。因为对于多数企业来说，商业信用是一种持续性的信贷形式，且无须正式办理筹资手续。另外，如果没有现金折扣或使用不带息的票据，商业信用筹资不承担成本。其缺陷是期限较短，在放弃现金折扣时成本较高。

业务拓展

短期融资券

短期融资券，又称商业票据或短期债券，是由企业发行的无担保短期本票。在我国，短期融资券是指企业依照《短期融资券管理办法》的条件和程序在银行间债券市场发行和交易并约定在一定期限内还本付息的有价证券，是企业筹措短期（1年以内）资金的直接融资方式。在资本市场，经常有上市公司采用这种方法筹资，其特点是筹资额较大，成本较低。

短期融资券的发行程序是：①公司作出发行短期融资券的决策；②办理发行短期融资券的信用评级；③向有关审批机构提出发行申请；④审批机关对企业提出的申请进行审查和批准；⑤正式发行短期融资券，取得资金。

模块三 股权筹资

引导案例

腾讯音乐“低位”敲钟

腾讯音乐娱乐集团（以下简称为腾讯音乐）是由腾讯控股公司剥离出的一家企业。2018 年 12 月 12 日，腾讯音乐正式登陆纽交所，开盘价报 14.15 美元，较 13 美元的发行价上涨近 9%，截至收盘，腾讯音乐报 14 美元，较发行价上涨 7.69%，按收盘价算市值约 228.94 美元。

腾讯音乐于 2018 年 7 月正式向美国证券交易委员会提交上市申请，主承销商为美林银行、德意志银行、高盛集团、摩根大通、摩根士丹利。腾讯音乐 IPO 发行价定为 13 美元，取发行价区间 13 ~ 15 美元的下限，拟发行 ADS 股份 8 200 万股，拟募集资金 10.66 亿 ~ 12.3 亿美元。而在同年 9 月，据 FT 中文网报道，腾讯音乐的融资目标不少于 20 亿美元；另一媒体 IFR 网站援引知情人的消息称，腾讯音乐融资最高可达 40 亿美元。

据 Dealogic 的数据，如果发行价定为 14 美元，预计股权充分稀释后，腾讯音乐的总体估值将达到 229 亿美元；若以 13 美元/ADS 发行，腾讯音乐估值为 213 亿美元（这一估值远高于 2017 年年底 125 亿美元的估值——2017 年 12 月，腾讯音乐与 Spotify 双方达成换股战略合作，Spotify 持有腾讯音乐娱乐约 9% 的股权）。

实际上，腾讯音乐赴美 IPO 的消息被传了好多次，第一次是在 2018 年 7 月。当时，市场普遍认为腾讯音乐之所以选择赴美 IPO，正是为了对照 Spotify 的定价。当时，投资银行给出的估值区间是 290 亿 ~310 亿美元，这一估值正是参照了 Spotify。此举被认为是让美国投资者更容易理解腾讯音乐的商业模式。

仅过了 5 个月，腾讯音乐的估值从 300 亿美元缩水到 200 亿美元，为什么？

实际上，腾讯音乐的 IPO 之路一波三折。据略大参考统计，这两个月业内类似的消息被报道了 7 次。据路透社报道，腾讯音乐及其顾问甚至还讨论过将交易推迟到 2019 年年初。2018 年 10 月，由于爆发全球性股市抛售潮，腾讯音乐将原定于 10 月 22 日正式挂牌交易的 IPO 推迟至 11 月份，但到了 11 月，腾讯音乐 IPO 仍然没有进展。

目前，Spotify 的市值（232.53 亿美元）正处在上市后市值的低位（Spotify 最高曾达到 350 亿美元），由此可以看出市场情况并不乐观，这在一定程度上影响了腾讯音乐的定价及估值。

［问题］股票上市的价格会受到哪些因素的影响？股票上市对公司未来的发展有何影响？

（资料来源：百度新闻科技．腾讯音乐“低位”敲钟．）

［分析］引例涉及公司财务管理中的权益资金筹集问题，具体内容包括权益资金筹集的方式方法。学完本模块内容，将为你提供权益资金筹集的思路和方法。

股权筹资形成企业的股权资金，是企业最基本的筹资方式。吸收直接投资、发行股票和利用留存收益，是企业股权筹资的三种基本形式。

一、吸收直接投资

吸收直接投资是公司以协议等形式吸收国家、其他企业、个人和外商等直接投入资本，形成公司资本金的一种筹资方式。

码3－5　如何运用吸收直接投资方式筹资

（一）吸收直接投资的种类

1. 吸收国家投资

国家投资是指有权代表国家投资的政府部门或者机构以国有资产投入企业，这种情况下形成的资本称为国家资本。吸收国家投资是国有企业筹集自有资金的主要方式。当前，除了原来国家以拨款形式投入企业所形成的各种资金外，财政和主管部门拨给企业的专用拨款以及减免税后形成的资金，也应视为国家投资。吸收国家投资一般具有以下特点：①产权归属国家；②资金的运用和处置受国家约束较大；③在国有企业中采用比较广泛。

2. 吸收法人投资

法人投资是指法人单位以其可支配的资产投入企业，这种情况下形成的资本称为法人资本。吸收法人资本投资一般具有以下特点：①发生在法人单位之间；②以参与企业利润分配为目的；③出资方式多样。

3. 吸收个人投资

个人投资是指社会个人或本企业内部职工以个人合法财产投入企业，这种情况下形成的资本称为个人资本。个人投资的特点是：①参加投资的人员较多；②每人投资的数额相对较少；③以参与企业利润分配为目的。

（二）吸收直接投资的出资方式

企业在采用吸收直接投资这一方式筹集资金时，投资者可以用现金、厂房、机器设备、材料物资、无形资产等作价出资。

1. 现金出资

现金出资是吸收投资中一种最重要的投资方式。有了现金，便可获取其他物质资源。因此，企业应尽量动员投资者采用现金方式出资。外国公司法或投资法对现金投资占资本总额的多少，一般都有规定，我国目前尚无这方面的规定，所以，需要在投资过程中由双方协商加以确定。

2. 实物出资

以实物出资就是指投资者以厂房、建筑物、设备等固定资产和原材料、商品等流动资产所进行的投资。一般来说，企业吸收的实物投资应符合如下条件：①确为企业科研、生产、经营所需；②技术性能比较好；③作价公平合理。投资实物的具体作价，可由双方按公平合理的原则协商确定，也可聘请各方同意的专业资产评估机构评定。

3. 工业产权出资

工业产权出资是指以专有技术、商标权、专利权等无形资产所进行的投资。一般来说，企业吸收的工业产权应符合以下条件：①能帮助研究和开发出新的高科技产品；②能帮助生产出适销对路的高科技产品；③能帮助改进产品质量，提高生产效率；④能帮助大幅度降低各种消耗；⑤作价比较合理。企业在吸收工业产权投资时应特别谨慎，并且要进行认真的可行性研究。因为以工业产权投资实际上是把有关技术资本化了，把技术的价值固定化了，而技术实际上都在不断老化，价值在不断减少甚至会完全丧失。

4. 土地使用权出资

投资者也可以用土地使用权来进行投资。土地使用权是按有关法规和合同的规定使用土地的权利。企业吸收土地使用权投资应符合以下条件：①企业科研、生产、销售活动所需要的；②交通、地理条件比较适宜的；③作价公平合理。

（三）吸收直接投资的优缺点

（1）吸收直接投资的优点：①其所筹资本属于公司的权益资本，与借入资本相比较，它更能提高公司的资信和借款能力。②公司吸收直接投资不仅可以筹取现金，而且能够直接获得其所需要的先进设备与技术，这与所筹集现金的筹资方式相比较，能尽快地形成生产经营能力。③公司采用的吸收直接投资的筹资方式，财务风险较低。

（2）吸收直接投资的缺点：①筹资成本较高。②不易进行产权交易。由于没有证券作为媒介，公司吸收了直接投资，往往其产权不够明晰，不利于公司产权的流动和重组。③公司控制权集中，不利于公司治理。采用吸收直接投资方式筹资，投资者一般要求获得与投资数额相适应的经营管理权。如果某个投资者的投资额比例较大，则该投资者对企业的经营管理就会有相当大的控制权，容易损害其他投资者的利益。

码3-6 如何运用普通股筹资

二、发行股票

（一）普通股及股东的权利

普通股是股份有限公司发行的无特别权利的股份，也是最基本的、标准的股份。它代表了股东对股份制公司的所有权。发行普通股是股份有限公司筹集权益资金的主要方式。持有普通股股份者为普通股股东。

普通股股东主要有如下权利：①公司管理权。股东对公司的管理权主要体现在重大决策参与权、经营者选择权、财务监控权、公司经营的建议和质询权、股东大会召集权等方面。②收益分享权。股东有权通过股利方式获取公司的税后利润，利润分配方案由董事会提出并经过股东大会批准。③股份转让权。股东有权将其所持有的股票出售或转让。④优先认股权。原有股东拥有优先认购本公司增发股票的权利。⑤剩余财产要求权。当公司解散、清算时，股东有对清偿债务、清偿优先股股东以后的剩余财产索取的权利。

（二）股票的种类

1. 按股东权利和义务的不同，分为普通股股票和优先股股票

普通股股票简称普通股，是公司发行的代表着股东享有平等的权利、义务，不加特别限制的，股利不固定的股票。普通股是最基本的股票，股份有限公司通常情况只发行普通股。

优先股股票简称优先股，是公司发行的相对于普通股具有一定优先权的股票。其优先权利主要表现在股利分配优先权和分取剩余财产优先权上。优先股股东在股东大会上无表决权，在参与公司经营管理上受到一定限制，仅对涉及优先股权利的问题有表决权。

2. 按票面有无记名，分为记名股票和无记名股票

记名股票是在股票票面上记载有股东姓名或将名称记入公司股东名册的股票，无记名股票不登记股东名称，公司只记载股票数量、编号及发行日期。

我国《公司法》规定，公司向发起人、国家授权投资机构、法人发行的股票，为记名股票；向社会公众发行的股票，可以为记名股票，也可以为无记名股票。

3. 按发行对象和上市地点的不同，分为A股、B股、H股、N股和S股等

A股即人民币普通股票，由我国境内公司发行，境内上市交易，它以人民币标明面值，以人民币认购和交易。B股即人民币特种股票，由我国境内公司发行，境内上市交易，它以人民币标明面值，以外币认购和交易。H股是注册地在内地、上市在中国香港的股票，在纽约和新加坡上市的股票，分别称为N股和S股。

（三）股票发行

股份有限公司在设立时要发行股票。股份的发行，实行公开、公平、公正的原则，必须同股同权、同股同利。同次发行的股票，每股的发行条件和价格应当相同。

1. 股票发行的规定与条件

按照我国《公司法》的有关规定，股份有限公司发行股票，应符合以下规定条件：

（1）每股金额相等。同次发行的股票，每股的发行条件和价格应当相同。

（2）股票发行价格可以按票面金额，也可以超过票面金额，但不得低于票面金额。

（3）股票应当载明：公司名称、公司登记日期、股票种类、票面金额及代表的股份数、股票编号等主要事项。

（4）向发起人、国家授权投资的机构、法人发行的股票，应当为记名股票；对社会公众发行的股票，可以为记名股票，也可以为无记名股票。

（5）公司发行记名股票的，应当置备股东名册，记载股东的姓名或者名称、住所、各股东所持股份、各股东所持股票编号、各股东取得其股份的日期；发行无记名股票的，公司应当记载其股票数量、编号及发行日期。

（6）公司首次公开发行新股，应当符合下列条件：①具备健全且运行良好的组织机构；②具有持续经营能力；③最近三年财务会计报告被出具无保留意见审计报告；④发行人及其控股股东、实际控制人最近三年不存在贪污、贿赂、侵占财产、挪用财产或者破坏社会主义市场经济秩序的刑事犯罪；⑤经国务院批准的国务院证券监督管理机构规定的其他条件。

（7）上市公司发行新股，应当符合经国务院批准的国务院证券监督管理机构规定的条件，具体管理办法由国务院证券监督管理机构规定。

2. 股票发行的程序

股份有限公司在设立时发行股票与增资发行新股，程序上有所不同：

（1）提出募集股份申请。

（2）公告招股说明书，制作认股书，签订承销协议和代收股款协议。

（3）招认股份，缴纳股款。

（4）召开创立大会，选举董事会、监事会。

（5）办理设立登记，交割股票。

3. 股票发行方式和发行价格

（1）股票发行方式。股票发行方式，是指公司通过何种途径发行股票。股票发行方式有公开间接发行和不公开直接发行两种方式。公开间接发行股票，是指股份公司通过中介机构向社会公开发行股票。此方式发行范围广、发行对象多，易于足额募集资本；发行范围大，股票变现性强；有助于提高公司的知名度和扩大其影响力。但手续烦琐，发行成本高。不公开直接发行股票，是指股份公司只向少数特定对象直接发行股票，不需要中介机构承销。用发起设立方式成立和向特定对象募集方式发行新股的股份有限公司，向发起人和特定对象发行股票，采用直接将股票销售给认购者的自销方式。此方式弹性较大，发行成本低；但发行范围小，股票变现性差。

（2）股票发行价格。股票的发行价格是股票发行时所使用的价格，也就是投资者认购股票时所支付的价格。通常由发行公司根据股票面值、股市行情和其他有关因素决定。以募集方式设立的公司首次发行的股票价格，由发起人决定；公司增资发行新股的股票价格，由股东大会作出决议。股票的发行价格一般有三种：①等价，一般在初次发行或在股东内部分摊增资的情况下采用。等价发行的股票容易推销，但无从取得溢价收入。②时价，也称市价。以公司原发行同种股票的现行市场价格为基准来选择增发新股的发行价格。③中间价，是指以介于面额和时价之间的价格来发行股票。我国《公司法》规定不得以折价方式发行。

（四）股票上市

1. 股票上市的目的

股票上市，是指股份有限公司公开发行的股票经批准在证券交易所进行挂牌交易。经批准在交易所上市交易的股票则称为上市股票。

股份公司申请股票上市，一般出自于这些目的：①资本大众化，分散风险；②提高股票的变现能力；③便于筹措新资金；④提高公司知名度；⑤便于确定公司价值。

但股票上市也有其不利方面：①公司将负担较高的信息报道成本；②可能会暴露公司的商业秘密；③股价有时会歪曲公司的实际状况，丑化公司声誉；④可能会分散公司的控制权，造成管理上的困难。

2. 股票上市的条件

我国《证券法》规定，股份有限公司申请股票上市，应当符合下列条件：

（1）股票经国务院证券监督管理机构核准已公开发行。

（2）公司股本总额不少于人民币 3 000 万元。

（3）开业时间在三年以上，最近三年连续盈利；属于国有企业依法改建而设立股份有限公司，或者在《公司法》实施后新组建成立，其主要发起人为国有大中型企业的股份有限公司，可连续计算。

（4）公开发行的股份达到公司股份总数的 25% 以上；公司股本总额超过人民币 4 亿元的，公开发行股份的比例为 10% 以上。

（5）公司最近三年无重大违法行为，财务会计报告无虚假记载。

具备上述条件的股份有限公司经申请，由国务院证券监督管理机构核准，其股票方可上市。

3. 股票上市的暂停与终止

股票上市公司有下列情形之一的，由国务院证券监督管理机构决定暂停其股票上市：

（1）公司股本总额、股权分布等发生变化，不再具备上市条件（限期内未消除的终止上市）。

（2）公司不按规定公开其财务状况，或者对财务报告做虚假记载（后果严重的终止上市）。

（3）公司有重大违法行为（后果严重的终止上市）。

（4）公司最近三年连续亏损（限期内未消除的终止上市）。

另外，公司决定解散、被行政主管部门依法责令关闭或者宣告破产的，由国务院证券监督管理机构决定终止其股票上市。

（五）普通股筹资的优缺点

（1）发行普通股筹资的优点：①发行普通股筹措的资本具有永久性，无到期日，不需归还。②发行普通股筹资没有固定的股利负担。③能够增强公司的社会声誉，促进股权流通和转让。普通股筹资，股东的大众化，为公司带来了广泛的社会影响。普通股筹资以股票作为媒介，便于股权的流通和转让，便于吸收新的投资者。

（2）发行普通股筹资的缺点：①普通股的资本成本较高。首先。从投资者的角度讲，投资于普通股风险较高，相应地要求有较高的投资报酬率。其次，对筹资公司来讲，普通股股利从税后利润中支付，不具有抵税作用。此外，普通股的发行费用也较高。②以普通股筹资增加新股东，可能分散公司的控制权。此外，新股东分享公司未发行新股前积累的盈余，会降低普通股的每股净收益，从而可能引发股价的下跌。

业务拓展

科创板（Science and Technology Innovation Board）由国家主席习近平于2018年11月5日在首届中国国际进口博览会开幕式上宣布设立，是独立于现有主板市场的新设板块，并在该板块内进行注册制试点。2019年1月30日，证监会正式发布《关于在上海证券交易所设立科创板并试点注册制的实施意见》。3月1日，证监会发布《科创板首次公开发行股票注册管理办法（试行）》和《科创板上市公司持续监管办法（试行）》。

发行人申请在上海证券交易所科创板上市，应当符合下列条件：

（1）符合中国证监会规定的发行条件；

（2）发行后股本总额不低于人民币3 000万元；

（3）公开发行的股份达到公司股份总数的25%以上；公司股本总额超过人民币4亿元的，公开发行股份的比例为10%以上；

（4）市值及财务指标符合本规则规定的标准；

（5）本所规定的其他上市条件。

上海证券交易所可以根据市场情况，经中国证监会批准，对上市条件和具体标准进行调整。

发行人申请在上海证券交易所科创板上市，市值及财务指标应当至少符合下列标准中的一项：

（1）预计市值不低于人民币10亿元，最近两年净利润均为正且累计净利润不低于人民币5 000万元，或者预计市值不低于人民币10亿元，最近一年净利润为正且营业收入不低于人民币1亿元；

（2）预计市值不低于人民币15亿元，最近一年营业收入不低于人民币2亿元，且最近三年累计研发投入占最近三年累计营业收入的比例不低于15%；

（3）预计市值不低于人民币20亿元，最近一年营业收入不低于人民币 3 亿元，且最近三年经营活动产生的现金流量净额累计不低于人民币 1 亿元；

(4) 预计市值不低于人民币 30 亿元，且最近一年营业收入不低于人民币 3 亿元；

(5) 预计市值不低于人民币 40 亿元，主要业务或产品需经国家有关部门批准，市场空间大，目前已取得阶段性成果。医药行业企业需至少有一项核心产品获准开展二期临床试验，其他符合科创板定位的企业需具备明显的技术优势并满足相应条件。

本条所称净利润以扣除非经常性损益前后的孰低者为准，所称净利润、营业收入、经营活动产生的现金流量净额均指经审计的数值。

三、发行优先股

优先股是一种特别股票，它与普通股既有许多相似之处，但又具有债券的某些特征。优先股是一种具有双重性质的证券，它虽属自有资金，但却兼有债券性质。从法律上讲，优先股是企业自有资金的一部分。但优先股有固定的股利，这与债券利息相似，优先股对盈利的分配和剩余资产的求偿具有优先权，这也类似于债券。

码 3－7　如何运用优先股筹资

（一）优先股的种类

按不同标准，可对优先股作不同分类，现介绍几种最主要的分类方式。

1. 累积优先股和非累积优先股

①累积优先股是指在任何营业年度内未支付的股利可累积起来，由以后营业年度的盈利一起支付的优先股股票。②非累积优先股是指仅按当年利润分取股利，而不予以累积补付的优先股股票。

2. 可转换优先股与不可转换优先股

①可转换优先股是股东可在一定时期内按一定比例把优先股转换成普通股的股票。②不可转换优先股是指不能转换成普通股的股票。不可转换优先股只能获得固定股利报酬，而不能获得转换收益。

3. 参加优先股和不参加优先股

①参加优先股是指不仅能取得固定股利，还有权与普通股一同参加利润分配的股票。根据参与利润分配的方式不同，又可分为全部参加分配的优先股和部分参加分配的优先股。前者表现为优先股股东有权与普通股股东共同等额分享本期剩余利润，后者则表现为优先股股东有权按规定额度与普通股股东共同参与利润分配，超过规定额度部分的利润，归普通股所有。②不参加优先股是指不能参加剩余利润分配，只能取得固定股利的优先股。其特点是优先股股东对股份公司的税后利润，只有权分得固定股利，对取得固定股利后的剩余利润，无权参加分配。

4. 可赎回优先股和不可赎回优先股

①可赎回优先股又称为可收回优先股，是指股份公司可以按一定价格收回的优先股票；②不可赎回优先股是指不能收回的优先股股票。

（二）优先股股东的权利

优先股的“优点”是相对普通股而言的，这种优先权主要表现在以下几个方面：

（1）优先分配股利权。公司的盈利在提取盈余公积之后应首先分配给优先股股东。

（2）优先分配剩余资产权。在公司进行清算时，在偿还负债之后的剩余财产的分配中，应优先向优先股股东分配。

（三）优先股筹资的优缺点

（1）利用优先股筹资的优点：①没有固定到期日，不用偿还本金；②股利支付既固定，又有一定弹性；③有利于增强公司信誉。

（2）利用优先股筹资的缺点：①筹资成本高；②筹资限制多；③财务负担重。

四、留存收益

（一）留存收益的性质

从性质上看，企业通过合法有效地经营所实现的税后净利润，都属于企业的所有者。企业将本年度的利润部分甚至全部留存下来的原因很多，主要包括：①收益的确认和计量是建立在权责发生制基础上的，企业有利润，但企业不一定有相应的现金净流量增加，因而企业不一定有足够的现金将利润全部或部分派给所有者。②法律法规从保护债权人利益和要求企业可持续发展等角度出发，限制企业将利润全部分配出去。《公司法》规定，企业每年的税后利润，必须提取10%的法定盈余公积金。③企业基于自身扩大再生产和筹资的需求，也会将一部分利润留存下来。

（二）留存收益的筹资途径

1. 提取盈余公积金

盈余公积金，是指有指定用途的留存净利润。盈余公积金是从当期企业净利润中提取的积累资金，其提取基数是本年度的净利润。盈余公积金主要用于企业未来的经营发展，经投资者审议后也可以用于转增股本（实收资本）和弥补以前年度经营亏损，但不得用于以后年度的对外利润分配。

2. 未分配利润

未分配利润，是指未限定用途的留存净利润。未分配利润有两层含义：①这部分净利润本年没有分配给公司的股东投资者；②这部分净利润未指定用途，可以用于企业未来的经营发展、转增资本（实收资本）、弥补以前年度的经营亏损及以后年度的利润分配。

（三）利用留存收益筹资的优缺点

1. 利用留存收益筹资的优点

（1）不用发生筹资费用。企业从外界筹集长期资本，与普通股筹资相比较，留存收益筹资不需要发生筹资费用，资本成本较低。

（2）维持公司的控制权分布。利用留存收益筹资，不用对外发行新股或吸收新投资者，由此增加的权益资本不会改变公司的股权结构，不会稀释原有股东的控制权。

2. 利用留存收益筹资的缺点

筹资数额有限。留存收益的最大数额是企业到期的净利润和以前年度未分配利润之和，不像外部筹资一次性可以筹集大量资金。如果企业发生亏损，那么当年就没有利润留存。另外，股东和投资者从自身期望出发，往往希望企业每年发放一定的利润，保持一定的利润分配比例。

案例分析

互联网公司集体“找钱”为哪般

前后脚，腾讯、B站都想在外面“借点钱”。2019年4月2日传出消息，腾讯计划通过发行债券融资约50亿美元。而在4月1日，B站也计划通过债券+股权融资5亿美元。不久前，爱奇艺、趣头条也披露了类似发债融资计划。互联网“寒冬”论还未走远，大小公司密集外出“找钱”：有一年净利润775亿元的腾讯，也有一年亏损数十亿元的视频网站。在补充粮草的基础之上，有的是为了回购股票提振士气，有的是想充实内容和技术能力，有的则是为了引入巨头助力发展。

一、危机期的兴奋剂

两天内腾讯的三大资本动作接连曝光。4月2日，据有知情人士消息，腾讯计划于4月3日发行约50亿美元的债券。一天前，腾讯发布了提高全球中期票据（债券融资的一种）发行总额限额的计划，将总累计最高限额由100亿美元提高至200亿美元。业内人士认为，提高全球中期票据限额，就是为接下来发行债券做准备。

一边找钱的同时腾讯也在花钱。据腾讯4月1日公告称，考虑回购已发行股票最多10%股份。

“腾讯回购是为了提振股价。”比达咨询分析师李某说，“这是企业为增强投资者信心的普遍做法。但回购需要花费大量资金，大型企业一般不动用经营现金流，也就是经营所获利润，而通过债券、贷款等其他方式筹钱，能够分担风险”。

在2018年腾讯股价的低谷期，腾讯就曾多次回购股票。借钱，更大的目的是用于经营，包括投资和业务支出。目前，腾讯正经历有史以来最大的危机，内外压力一同袭来。2018 年，腾讯收入为 3 127 亿元，同比增长 32%；净利润 775 亿元，同比增长 19%，营收和净利润增速双双不及预期，尤其是净利润增幅自 2010 年 3Q 大战以来首次跌至 20% 以下。

腾讯在 2018 年开始了史上最大规模架构调整，并将裁撤 10% 的中层干部，各事业群的整合尚在阵痛期；作为曾经的现金牛业务，腾讯游戏的增幅下滑至个位数，还一直遭遇政策和版号掣肘；微信、短视频等社交根基，不断受到字节跳动的骚扰；百度、阿里在人工智能和云计算等产业互联网层面持续施压。

二、建立内容技术壁垒

与腾讯不同，爱奇艺、B 站面临的是常态化的视频网站“大坑”：内容投入。

4 月 1 日，B 站宣布拟发行不超过 3 亿美元于 2026 年到期的可转换优先票据，同时还开始发行 1 055. 4 万份美国存托股。按照目前 18. 8 美元的价格计算，B 站通过此次债券 + 股权融资，可获得资金约 5 亿美元。B 站计划将融资用于丰富内容、投资与研发以及其他一般公司用途。

爱奇艺的目的与 B 站相似，根据 3 月底的公告，爱奇艺已经完成 12 亿美元的可转换优先债券发行，此次募集资金中的一部分将用于支付有上限期权交易的成本，剩余的资金将被用于继续扩充和提升内容库、加强技术研发以及用于公司日常运营和其他的一般公司用途。

对比 B 站和爱奇艺财报，两家线上娱乐公司在内容和技术上的投入巨大。B 站 2018 年营收成本为 33 亿元，爱奇艺 2018 年营收成本为 271 亿元。由于在内容生产、生态建设以及研发领域的持续投入，B 站和爱奇艺均未盈利。

爱奇艺创始人兼 CEO 龚宇曾表示，“2018 年 8 月之后，内容成本大幅回落，采购成本从最高的 1 500 万元一集电视剧回落到 800 万元以下”。

但在李锦清看来，“视频网站对内容的投入不会手软，并将长期处于高投入阶段”。

三、平衡产业势力

另一家发债的企业趣头条也尚未盈利。财报显示，趣头条 2018 年净亏损 20. 29 亿元。不过业内人士普遍认为，趣头条融资不止是为了资金，投资方看中的也并非趣头条的盈利能力。

3 月 28 日趣头条发布公告称，阿里将向趣头条预付约 1. 71 亿美元的可转债，为期三年。在此期间，阿里有权将贷款转换成趣头条的股份，趣头条将向阿里发行新股，约占趣头条股本的 4%。

实际上，按照趣头条与阿里的协议，1. 71 亿美元换股后，阿里买单趣头条股价为 15 美元。此价格比趣头条 7 美元的发行价高出 114. 9%，比较趣头条披露协议时的 10. 56 美元股价高出 42%。

能让阿里溢价投资，是因为趣头条在下沉市场的优势和增速。趣头条主要服务“五环外”下沉市场人群，而下沉市场一直是阿里想要突破的版图。

趣头条 CFO 王静波这样解释趣头条的地位，“中国去年千万级别 DAU（日均活跃用户数）公司只有3家做到了3倍的增长，分别是趣头条、今日头条和拼多多”。

值得注意的是，在趣头条上市之前，腾讯就通过旗下公司持有趣头条7.8%的股份，是趣头条第四大股东。业内人士认为，正是因为腾讯与阿里的竞争关系，才让趣头条采用可转债的形式引入新投资方。站在业务角度，趣头条和阿里目前并没有过多关联性。“对于趣头条而言，引入阿里除了可以获取资金和资源支持，还可以帮助自己独立发展，避免成为巨头竞争的牺牲品。”艾媒咨询 CEO 张毅说。

（资料来源：魏蔚．互联网公司集体“找钱”为哪般．北京商报，2019年4月3日．）

[问题] 这些公司筹资的动机是什么？它们分别采用了哪些筹资方式？对各自公司的财务状况将会带来什么影响？

模块四　资金成本与资本结构

引导案例

喊出“第三次创业”　万科资产负债率创新

2019年8月20日晚间，A股房企龙头万科发布半年报，2019年上半年实现营业收入约1 400亿元，实现归属于上市公司股东净利润超过100亿元。不过，该公资产负债率超过85%，创下该公司A股上市以来新高。根据万科披露的数据，2019年上半年盈利数据继续靓丽，实现营业收入为1 393.2亿元，同比增长31.5%，实现归属于上市公司股东净利润118.4亿元，同比增长29.8%。

对此，万科表示，分业务看，上半年全部营业收入中，来自房地产业务的结算收入比例为95.5%。另外，万科2019年上半年实现新开工面积1 953.0万平方米，占全年开工计划的54.1%。

根据半年报，2019年上半年年末，万科有息负债金额为人民币2 253.2亿元，占总资产的比例为14.3%。有息负债中，固定利率负债占比38.9%，浮动利率负债占比61.1%。有抵押的有息负债人民币59.7亿元，占总体有息负债的2.7%。而且境内负债占比64.8%，境外负债占比高达35.2%。因此，未来汇率变化可能会给该公司财务成本带来一定的影响。

有分析认为，近期有媒体报道称，200多家房企宣布清算，九成以上是资金链断裂所致，因此，控制负债率是一家房企的必修课。在金融去杠杆的大背景下，作为行业龙头，万科上半年资产负债率创下历史新高可能会引起市场的注意。

（资料来源：喊出“第三次创业” 万科资产负债率创新．快资讯，2019 年．）

［问题］为了确保公司经营目标的顺利实现，万科公司应该如何优化公司资本结构？

［分析］引例主要涉及公司财务管理工作中资金成本决策和资本结构优化问题，具体内容包括个别资金成本与综合资金成本的确定、财务杠杆以及资本结构优化。学完本模块内容，将为你提供资金成本与资本结构优化方面分析问题、解决问题的思路和方法。

一、资金成本决策

（一）资金成本的含义

资金成本是指企业为筹集和使用资金而付出的代价，包括筹资费用和用资费用部分。筹资费用是指企业在筹集阶段而支付的代价，比如债券的发行费用，股票的发行费用、手续费等，其特点是一次性支付且数额小。用资费用是指企业为使用资金而付出的代价，比如债务资金的利息和权益资金的股利、分红等，其特点是分次支付、数额较大。资金成本是资本所有权与资本使用权分离的结果。

资金成本可以用绝对数表示，也可以用相对数表示，但是因为绝对数不利于不同资金规模的比较，所以，在财务管理当中一般采用相对数表示。其基本计算公式如下：

$$资金成本率=\frac{资金使用费}{筹资总额-资金筹集费用}\times 100\%$$

或

$$K=\frac{D}{P-F}\times 100\%$$

$$=\frac{D}{P\ (1-f)}\times 100\%$$

式中：D 为资金使用费；P 为筹资总额；F 为筹资费用；f 为筹资费用率。

（二）资金成本的作用

1. 资金成本是比较筹资方式，选择筹资方案的依据

资金成本是比较与评价各种筹资方式的重要依据。在评价各种筹资方式时，一般会考虑的因素包括对企业控制权的影响，对投资者吸引力的大小，融资的难易程度和风险，资金成本的高低等多个方面，而资金成本是其中重要的决定因素。在其他条件相同时，企业筹资应选择资金成本最低的方式。

2. 资金成本是衡量资本结构是否合理的依据

企业财务管理的目标是企业价值最大化，企业价值是企业资产带来的未来现金流量的贴现值。计算企业价值时，经常采用企业的平均资金成本作为

贴现率，当平均资金成本最小时，企业价值最大，此时的资本结构是企业理想的资本结构。

3. 资金成本是评价投资项目可行性的主要标准

企业在投资决策中要衡量投资方案是否具有投资可行性，投资方案是否可行主要考察投资项目的预期收益率能否超过其资金成本，若投资收益弥补资金成本后还有剩余，则该项目可行，否则不可行。因此，资金成本率是企业用以确定项目要求达到的投资报酬率的最低标准。

4. 资金成本是评价企业整体业绩的重要依据

一定时期企业资金成本率的高低，不仅反映企业筹资管理的水平，还可作为评价企业整体经营业绩的标准。在衡量企业经营业绩时，要求投资经营利润应高于资金成本，否则表明业绩欠佳。

（三）个别资金成本计算

个别资金成本是指使用各种长期资金的成本，主要有银行借款成本、债券成本、优先股成本、普通股成本和留存收益成本等。

1. 银行借款的资金成本

银行借款的资金成本包括借款利息和借款手续费。由于借款利息一般允许在所得税前支付，因此，企业实际负担的利息为税后利息。所以，银行借款成本的计算公式为：

码3－8　如何确定银行借款的资金成本

$$K_L=\frac{I_L(1-T)}{L(1-f)}\times 100\%$$

$$=\frac{R_L(1-T)}{(1-f)}\times 100\%$$

式中：I_L 为长期借款年利息；T 为所得税税率；L 为长期借款总额；f 为筹资费用率；R_L 为长期借款的年利率。

【工作实例3－4】 三木公司向银行取得3年期长期借款400万元，年利率为8%，每年付息一次，到期一次还本，借款手续费率为0.5%，企业所得税率为25%。计算该银行借款的资金成本。

解： 该银行借款的资金成本为：

$$K_L=\frac{8\%\times(1-25\%)}{1-0.5\%}\times 100\%=6.03\%$$

2. 债券的资金成本

债券的资金成本包括债券利息和债券发行费用。其计算公式为：

$$K_b=\frac{I_b(1-T)}{B(1-f)}\times 100\%$$

式中：I_b 为债券年利息；T 为所得税税率；B 为债券筹资总额；f 为筹资费用率。

码3－9　如何确定债券的资金成本

值得注意的是：由于债券可以按面值发行，也可以折价或溢价发行，无论以何种价格发行债券，其年利息均按照面值乘以票面利率确定，其筹资总额均按实际发行价格计算。

【工作实例3-5】 三木公司发行5年期长期债券，发行面值为1 000元，票面利率为8%，利息每年支付一次。发行价格为1 080元，发行费为发行价格的5%，公司所得税率为25%。请计算该批债券的资金成本。

解： 该债券的资金成本为：

$$K_b=\frac{1\ 000\times 8\%\times(1-25\%)}{1\ 080\times(1-5\%)}\times 100\%=5.85\%$$

3. 优先股的资金成本

码3-10 如何确定优先股的资金成本

优先股的资金成本主要是向优先股股东支付的各期股利。股利是以所得税后净利支付的，不能抵减所得税，所以优先股股利不能抵税。其计算公式为：

$$K_P=\frac{D_P}{P_P(1-f)}\times 100\%$$

式中：D_P为优先股年利息；P_P为优先股筹资总额；f为筹资费用率。

【工作实例3-6】 三木公司为了进行一项投资，按面值发行优先股8 000万元，预计年股利率为10%，筹资费率为5%。则其优先股的资金成本为多少？

解： 优先股的资金成本为：

$$K_p=\frac{8\ 000\times 10\%}{8\ 000\times(1-5\%)}\times 100\%=10.53\%$$

4. 普通股的资金成本

码3-11 如何确定普通股的资金成本

普通股的资金成本包括筹资费用和向股东支付的股利。普通股的筹资费用是指发行普通股时发生的相关费用，包括发行费、印刷费、律师费、财产评估费、公证费等。普通股股利支付的情况比较复杂，取决于企业的获利水平和股利政策。因此，其资金成本的计算也比较复杂，下面介绍两种常用的普通股资金成本计算方法。

（1）股利增长模型法。如果公司的收益每年按一个固定的比率增长，并采用固定股利率分配政策，则股利也会每年按一个固定的比率增长，此时普通股资金成本的计算公式为：

$$K_s=\frac{D_1}{P_0(1-f)}+g$$

式中：D_1为第一年的预计股利；P_0为普通股筹资总额（按发行价格计算）；f为筹资费用率；g为股利的预计年增长率。

【工作实例3-7】 三木公司发行普通股10 000万股，每股发行价格30元，筹资费用为全部发行筹资额的5%，预计第一年每股股利为1.2元，以后每年递增6%。请计算普通股的资金成本。

解： 普通股资金成本率为：

$$K_s=\frac{1.2}{30\times(1-5\%)}+6\%=10.21\%$$

（2）资本资产定价模型法。资本资产定价模型法实质是一种将股东预期的投资收益率作为企业资金成本的方法。股东的预期投资收益率可以分为无风险收益率和风险收益率两部分。计算公式如下：

$$K_C = R_C = R_f + \beta\ (R_m - R_f)$$

式中：K_C 为普通股资金成本；R_C 为股票的预期投资收益率；R_m 为股票市场平均的必要报酬率；R_f 为无风险报酬率；β 表示某种股票风险程度的指标。

【工作实例 3－8】 三木公司股票的 β 值为 1.8，无风险报酬率为 3%，股票市场的平均必要报酬率为 12%，则该股票的资金成本是多少？

解： 该普通股资金成本为：

$K_C = 3\% + 1.8 \times (12\% - 3\%) = 19.2\%$

5. 留存收益的资金成本

公司的留用利润从表面上看，似乎没有成本。实际上，留用利润属于普通股股东，普通股股东同意将其留在公司而不作为股利发放，要求与普通股等价的报酬。因此，留用利润也存在成本，其确定方法与普通股资金成本基本相同，只是不用考虑筹资费用。计算公式如下：

码 3－12　如何确定留存收益的资金成本

$$K_R = \frac{D_1}{P_0} + g$$

式中，K_R 为留存收益的资金成本；D_1 为预期年股利额；P_0 为普通股市价；g 为普通股利年增长率。

【工作实例 3－9】 三木公司发行普通股 6 000 万股，每股发行价格 15 元，筹资费率为 6%，今年刚发放的股利为每股股利 1.5 元，以后每年按 5% 递增。计算公司的留存收益成本。

解： 公司留存收益成本为：

$$K_R = \frac{1.5 \times (1 + 5\%)}{15} + 5\% = 15.5\%$$

（四）加权平均资金成本计算

当企业通过多种方式筹资时，加权平均资金成本比个别资金成本更为重要。加权平均资金成本可以衡量企业筹资的总体代价。加权平均资金成本又称综合资金成本，是企业全部长期资金的总成本，是通过对个别资金成本进行加权平均确定的。其计算公式为：

码 3－13　如何确定加权平均资金成本

$$K_w = \sum_{j=1}^{n} k_j W_j$$

式中：K_w 为加权平均资金成本，k_j 为某种资金的成本，W_j 为某种资金在全部资金中的比重。

对于权重的选择，我们可以选择以账面价值为计算基础，也可以选择以市场价值为计算基础，还可以选择以目标价值为计算基础。但是如果不特指，我们都以账面价值为计算权重的基础。

【工作实例 3－10】 三木公司共有长期资本 10 000 万元，其中长期借款

1 000 万元，债券 2 000 万元，优先股 800 万元，普通 6 000 万元，留存利润 200 万元，其个别资金成本分别为 5%、6.5%、12%、15.5%、13%。问：该公司的加权平均资金成本为多少？

解：各类资金在全部资金中的比重分别为：长期借款 10%，债券 20%，优先股 8%，普通 60%，留存利润 2%。

$$\text{加权平均资金成本} = 5\% \times 10\% + 6.5\% \times 20\% + 12\% \times 8\% + 15.5\% \times 60\% + 13\% \times 2\% = 12.32\%$$

二、分析杠杆效应

财务管理中存在着类似于物理学中的杠杆效应，表现为：由于特定费用（如固定生产经营成本或固定的财务费用）的存在而导致的，当某一财务变量较小幅度变动时，另一相关变量会以较大幅度变动。了解这些杠杆的原理，有助于企业合理地规避风险，提高财务管理水平。财务管理中的杠杆效应有三种形式，即经营杠杆、财务杠杆和总杠杆。

（一）经营杠杆决策

码 3－14 经营杠杆

1. 经营杠杆的概念

经营杠杆是指企业在生产经营中由于固定成本的存在而引起的息税前利润变动幅度大于业务量变动幅度的杠杆效应。经营杠杆反映了资产报酬的波动性，用以评价企业的经营风险。根据成本习性，在相关范围内，销量增加时，固定成本总额保持不变，导致单位产品成本下降，从而使息税前利润将以更大的幅度提高。

当产品中存在固定成本时，如果其他条件不变，产销业务量的增加虽然不会改变固定成本总额，但会降低单位固定成本，从而提高单位利润，使息税前利润的增长率大于产销业务量的增长率。反之，产销业务量的减少会提高单位固定成本，降低单位利润，使息税前利润下降率也大于产销业务量下降率。如果不存在固定成本，所有成本都是变动的，那么边际贡献就是息税前利润，这时息税前利润变动率就同产销业务量变动率完全一致。

2. 经营杠杆的计量

只要企业存在固定成本，就存在经营杠杆效应。但不同企业，经营杠杆作用的程度是不完全一致的。为此，需要对经营杠杆进行计量。对经营杠杆进行计量的最常用指标是经营杠杆系数。经营杠杆系数是企业息税前利润变动率与销售变动率之间的比率。

$$\text{经营杠杆系数} = \frac{\text{息税前利润变动率}}{\text{销售变动率}}$$

$$\mathrm{DOL} = \frac{\Delta \mathrm{EBIT}/\mathrm{EBIT}}{\Delta S/S}$$

式中：DOL 为经营杠杆系数；ΔEBIT 为息税前利润变动额；EBIT 为基期

息税前利润；ΔS 为销售额变动数；S 为基期销售额。

上式经整理，经营杠杆系数的计算也可以简化为：

$$经营杠杆系数=\frac{基期边际贡献}{基期息税前利润}$$

$$DOL=\frac{Q(P-v)}{Q(P-v)\ \ -a}=\frac{M}{EBIT}$$

式中：P 为产品单位销售价格；v 为产品单位变动成本；a 为总固定成本。

【工作实例 3－11】 三木公司有关资料如表 3－1 所示，请计算该公司 2020 年的经营杠杆系数。

表 3－1　　三木公司经营数据表　　单位：万元

项目	2019 年	2020 年	变动额	变动率
销售额	10 000	12 000	2 000	20%
变动成本	6 000	7 200	1 200	20%
边际贡献	4 000	4 800	800	20%
固定成本	2 000	2 000	0	0
息税前利润	2 000	2 800	800	40%

解： 经营杠杆系数为：

$$DOL=\frac{800/2\ 000}{2\ 000/10\ 000}=\frac{40\%}{20\%}=2$$

或：

$$DOL=\frac{4\ 000}{2\ 000}=2$$

计算结果表明，该公司销售额增长了 20%，息税前利润增长了 40%，产生了 2 倍的经营杠杆效应。

3. 经营杠杆和经营风险

引起经营风险的主要原因，是市场需求和成本等因素的不确定性。经营杠杆本身并不是利润不稳定的根源。但是，产销量增加时，息税前利润将以经营杠杆系数的倍数的幅度增加；而产销量减少时，息税前利润又将以经营杠杆系数的倍数的幅度减少。

可见，经营杠杆扩大了市场和生产等不确定因素对利润变动的影响。而且经营杠杆系数越高，利润变动越激烈，企业的经营风险就越大。因此，企业经营风险的大小和经营杠杆有重要关系。一般来说，在其他因素不变的情况下，固定成本越高，经营杠杆系数越大，经营风险越大；销售额（销售量）越大，经营杠杆系数越小，经营风险越小；变动成本（单位变动成本）越大，经营杠杆系数越大，经营风险越大。

（二）财务杠杆决策

1. 财务杠杆的概念

财务杠杆是由于债务存在而引起普通股每股收益变动幅度超过息税前利

润变动幅度的杠杆效应。财务杠杆反映了权益资本报酬的波动性，用以评价企业的财务风险。在企业资金总额和负债总额一定的情况下，随着息税前利润的增长，利息费用相对固定，单位息税前利润负担的利息降低，从而使每股收益以更大的幅度提高；如果息税前利润减少，而利息费用相对固定，单位息税前利润负担的利息提高，从而使每股收益以更大的幅度降低。财务杠杆增加了企业每股收益的不确定性，从而加大了企业的财务风险。

2. 财务杠杆的计量

码 3－15 财务杠杆

只要在企业的筹资方式中有固定财务支出的债务和优先股，就存在财务杠杆的作用。但不同企业，财务杠杆的作用程度是不完全一致的，为此，需要对财务杠杆进行计量。衡量财务杠杆作用的指标是财务杠杆系数。所谓财务杠杆系数是指普通股每股收益的变动率相当于息税前利润变动率的倍数。其计算公式为：

$$财务杠杆系数 = \frac{普通股每股收益变动率}{息税前利润变动率}$$

或：

$$DFL = \frac{\Delta EPS/EPS}{\Delta EBIT/EBIT}$$

式中：DFL 为财务杠杆系数；EPS 为普通股每股收益；EBIT 为息税前利润；Δ 为变动符号。

财务杠杆系数的计算公式也可以简化为：

$$财务杠杆系数 = \frac{息税前利润}{息税前利润 - 利息}$$

或：

$$DFL = \frac{EBIT}{EBIT - I}$$

式中：I 为利息。

在有优先股的情况下，由于其股利通常也是固定的，且应以税后利润支付。此时，其公式改写成以下形式：

$$DFL = \frac{EBIT}{EBIT - I - D/(1 - T)}$$

式中：D 为优先股股利；T 为所得税率。

【工作实例 3－12】 三木公司全部资本为 6 000 万元，其中债务资本占 40%，利率为 8%，所得税率为 25%，当息税前利润为 500 万元时，税后利润为 195 万元。其财务杠杆系数为多少？

解： 财务杠杆系数为：

$$DFL = \frac{500}{500 - 6\,000 \times 40\% \times 8\%} = 1.623\,4$$

由计算结果可知，当息税前利润增长（减少）1 倍，普通股每股利润增长（减少）1.623 4 倍。

3. 财务杠杆与财务风险

财务风险是指企业由于筹资原因产生的资本成本负担而导致的普通股收益波动的风险。引起企业财务风险的主要原因是资产报酬的不利变化和资本成本的固定负担。由于财务杠杆的作用，当企业的息税前利润下降时，企业仍然需要支付固定的资本成本，导致普通股剩余收益以更快的速度下降。

财务杠杆系数放大了资产报酬变化对普通股收益的影响，财务杠杆系数越大，表明普通股收益的波动程度越大，每股收益变动幅度会大于息税前利润变动幅度，所获取的财务杠杆利益就越多，财务风险也越大。

（三）总杠杆决策

1. 总杠杆的概念

码3-16 总杠杆

产销量的变动是最终每股收益变动的源泉，产销量的变动引起息税前利润的变动，然后息税前利润的变动又引起每股收益的变动。经营杠杆和财务杠杆可以独自发挥作用，也可以综合发挥作用，总杠杆是用来反映二者之间共同作用的结果，以及权益资本报酬与产销业务量之间的变动关系。总杠杆是由于固定生产经营成本和固定财务费用的共同存在而导致的每股收益变动大于产销量变动的杠杆效应，也可称为复合杠杆。

2. 总杠杆的计量

只要企业同时存在固定的生产经营成本和固定的利息费用等财务支出，就会存在总杠杆的作用。但不同企业，总杠杆作用的程度是不完全一致的，对此，需要对总杠杆的作用程度进行计量。对总杠杆进行计量的最常用指标是总杠杆系数。所谓总杠杆系数，是指每股利润变动率相当于业务量变动率的倍数。其计算公式为：

$$\mathrm{DTL}=\frac{\Delta \mathrm{EPS}/\mathrm{EPS}}{\Delta Q/Q}=\frac{\Delta \mathrm{EPS}/\mathrm{EPS}}{\Delta S/S}$$

式中，DTL为总杠杆系数；EPS为每股收益；S为销售收入；Q为产销业务量。

总杠杆系数（DTL）与经营杠杆系数（DOL）、财务杠杆系数（DFL）之间的关系可用下式表示：

$$\mathrm{DTL}=\mathrm{DOL}\times\mathrm{DFL}$$

即总杠杆系数等于经营杠杆系数与财务杠杆系数的乘积。

总杠杆系数的简化计算公式为：

$$\text{总杠杆系数}=\frac{\text{边际贡献}}{\text{息税前利润}-\text{利息}}$$

或：

$$\mathrm{DTL}=\frac{S-\mathrm{VC}}{\mathrm{EBIT}-I}$$

式中，EBIT为息税前利润；I为利息；S为销售收入；VC为变动成本。如果企业发行了优先股，则应在分母中扣除税前的优先股股利。

【工作实例3-13】 三木公司2020年销售产品25万件，单价80元/件，单位变动成本40元，固定成本总额350万元。公司负债200万元，年利息率为10%，并须每年支付优先股股利60万元，所得税率为25%。要求：(1) 计算公司边际贡献；(2) 计算公司息税前利润总额；(3) 计算公司总杠杆系数。

解：(1) 该公司的边际贡献=(80-40)×25=1 000（万元）

(2) 该公司的息税前利润总额=1 000-350=650（万元）

(3) 经营杠杆系数=1 000÷650=1.54

财务杠杆系数=650÷［650-200×10%-60÷(1-25%)］≈1.18

该公司的总杠杆系数=1.54×1.18=1.82

3. 总杠杆与企业风险

从以上分析可以看到，在总杠杆的作用下，当企业经济效益好时，每股利润会大幅度上升，当企业效益差时，每股利润会大幅度下降。企业总杠杆系数越大，每股利润的波动幅度越大。由于总杠杆作用使每股利润大幅度波动而造成的风险，称为总风险。在其他因素不变的情况下，总杠杆系数越大，总风险越大。

三、资本结构决策

（一）资本结构的含义

所谓资本结构是指企业各种资本的构成及其比例关系。资本结构是由企业采用各种筹资方式而形成的，筹资方式的组合不同决定着企业资本结构的构成及其比例关系的不同。在实务中，资本结构有广义和狭义之分。广义的资本结构是指企业全部债务与股东权益的构成比例。它不仅包括企业的长期资本，而且还包括各种短期资本，即包括流动负债在内的全部负债与所有者权益之间的构成及其比例关系。狭义的资本结构，则是指企业长期负债与股东权益的构成比例。例如，长期负债、优先股、普通股、资本公积、盈余公积、未分配利润之间的比例关系。在企业财务管理中，资本结构一般是针对狭义的资本结构而言的。

资本结构及其管理是企业筹资决策问题的核心问题。企业应综合考虑有关影响因素，运用适当的方法确定最佳资本结构，并在以后追加筹资中继续保持。企业现有资本结构不合理，应通过筹资活动进行调整，使其趋于合理化。

（二）影响资本结构的因素

资本结构是一个产权结构问题，是社会资本在企业经济组织形式中的资源配置结果。资本结构的变化，将直接影响社会资本所有者的利益。

1. 企业经营状况的稳定性和成长率

企业产销业务量的稳定程度对资本结构有重要影响：如果产销业务量稳定，企业可较多地负担固定的财务费用；如果产销业务量和盈余有周期性，则要负担固定的财务费用，将承担较大的财务风险。经营发展能力表现为未来产销业务量的增长率，如果产销业务量能够以较高的水平增长，企业可以采用高负债的资本结构，以提升权益资本的报酬。

2. 企业的财务状况和信用等级

企业财务状况良好，信用等级高，债权人愿意向企业提供信用，企业容易获得债务资本。相反，如果企业财务情况欠佳，信用等级不高，债权人投资风险大，这样会降低企业获得信用的能力，加大债务资本筹资的资本成本。

3. 企业资产结构

资产结构是企业筹集资本后进行资源配置和使用后的资金占用结构，包括长短期资产构成和比例，以及长短期资产内部的构成和比例。资产结构对企业资本结构的影响主要包括：拥有大量固定资产的企业主要通过长期负债和发行股票筹集资金；拥有较多流动资产的企业更多地依赖流动负债筹集资金；资产适用于抵押贷款的企业负债较多；以技术研发为主的企业则负债较少。

4. 企业投资人和管理当局的态度

从企业所有者的角度看，如果企业股权分散，企业可能更多地采用权益资本筹资以分散企业风险。如果企业为少数股东控制，股东通常重视企业控股权问题，为防止控股权稀释，企业一般尽量避免普通股筹资，而是采用优先股或债务资本筹资。从企业管理当局的角度看，高负债资本结构的财务风险高，一旦经营失败或出现财务危机，管理当局将面临市场接管的威胁或者被董事会解聘。因此，稳健的管理当局偏好于选择低负债比例的资本结构。

5. 行业特征和企业发展周期

不同行业资本结构差异很大。产品市场稳定的成熟产业经营风险低，因此可提高债务资本比重，发挥财务杠杆作用。高新技术企业的产品、技术、市场尚不成熟，经营风险高，因此可降低债务资本比重，控制财务杠杆风险。在同一企业不同发展阶段，资本结构安排不同。企业初创阶段，经营风险高，在资本结构安排上应控制负债比例；企业发展成熟阶段，产品产销业务量稳定和持续增长，经营风险低，可适度增加债务资本比重，发挥财务杠杆效应；企业收缩阶段，产品市场占有率下降，经营风险逐步加大，应逐步降低债务资本比重，保证经营现金流量能够偿付到期债务，保持企业持续经营能力，减少破产风险。

6. 经济环境的税务政策和货币政策

资本结构决策必然要研究理财环境因素，特别是宏观经济状况。政府调控经济的手段包括财政税收政策和货币金融政策，当所得税税率较高时，债务资本的抵税作用大，企业可以充分利用这种作用来提高企业价值。货币金融政策影响资本供给，从而影响利率水平的变动，当国家执行紧缩的货币政策时，市场利率较高，企业债务资本成本增大。

（三）资本结构优化

资本结构优化，要求企业权衡负债低成本和高财务风险的关系，确定最优资本结构。所谓最优资本结构是指在一定条件下（适度财务风险），使企业加权平均资金成本最低、企业价值最大的资本结构。从理论上讲，最佳资本结构是存在的，但由于企业的内外部条件经常变化，寻找最佳资本结构非常困难。资本结构决策的方法主要有：比较资本成本法和每股收益分析法。

码 3－17 比较资本成本法确定最优资本结构

1. 比较资本成本法

比较资本成本法是通过计算不同筹资方案的加权平均资本成本，并从中选出加权平均资本成本最低的方案为最佳资本结构方案的方法。

【工作实例 3－14】 三木公司需要筹资 8 000 万元，拟通过银行贷款、发行债券和发行普通股三种方式筹集，按照不同的比例分别构成 A、B、C 三个筹资方案，其个别资金成本率已经分别测定，有关资料如表 3－2 所示。请确定该公司的最优资本结构。

表 3－2　　三个方案的资本结构及个别资金成本表

筹资方式	资本结构			个别资金成本
	A 方案	B 方案	C 方案	
银行贷款	40%	30%	20%	6%
发行债券	10%	15%	20%	8%
发行普通股	50%	55%	60%	9%
合计	100%	100%	100%	

解： 分别计算三个方案的加权平均资金成本（K）：

A 方案：$K=40\%\times6\%+10\%\times8\%+50\%\times9\%=7.7\%$

B 方案：$K=30\%\times6\%+15\%\times8\%+55\%\times9\%=7.95\%$

C 方案：$K=20\%\times6\%+20\%\times8\%+60\%\times9\%=8.2\%$

由于 A 方案的加权平均资金成本最低，所以该公司应该选择 A 方案，即该公司的最优资本结构为银行贷款 3 200 万元，发行债券 800 万元，发行普通股 4 000 万元。

比较资本成本法通俗易懂，计算过程也不是十分复杂，是确定资本结构的一种常用的方法。但由于所拟定的方案数量有限，故有把最优方案漏掉的可能。

码 3－18 每股收益分析法确定最优资本结构

2. 每股收益分析法

每股收益分析法，是通过分析资本结构与每股收益之间的关系，进而来确定合理的资本结构。一般来说，能提高每股收益的资本结构是合理的；反之则不够合理。每股收益受到经营利润水平、债务资本成本水平等因素的影响，分析每股收益与资本结构之间的关系，可以找到每股收益无差别点。所谓每股收益无差别点，是指每股收益不受筹资方式影响的息税前利润水平，或者说，是使不同的资本结构每股收益相等的息税前利润水平。

每股收益（EPS）的计算公式为：

$$EPS = \frac{(EBIT - I)(1 - T) - D}{N}$$

式中，EBIT为息税前利润；I为负债利息；T为所得税率；D为优先股股息；N为流通在外的普通股股数。

单纯使用普通股资金或负债资金，其息税前利润和每股收益的关系如图3－1所示。

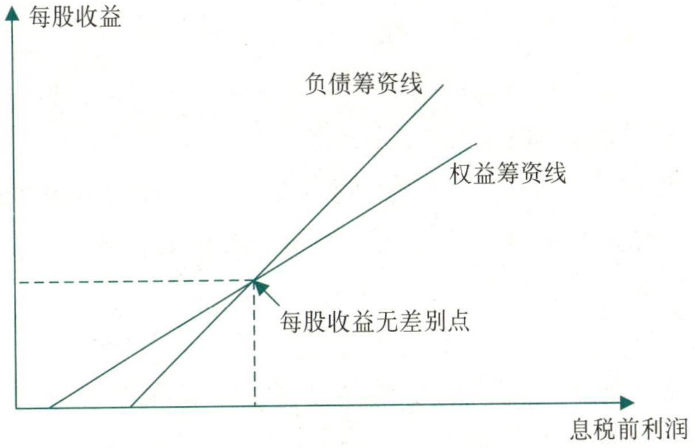

图3－1　每股收益无差别点分析图

在每股收益无差别点上，无论采取负债筹资，还是采用权益筹资，每股利润都是相等的。若以EPS_1代表负债筹资，以EPS_2代表权益筹资，则有：

$$EPS_1 = EPS_2$$

能使上式成立的EBIT为每股收益无差别点的息税前利润。则每股收益无差别点的计算公式为：

$$\frac{(EBIT - I_1)(1 - T) - D}{N_1} = \frac{(EBIT - I_2)(1 - T) - D}{N_2}$$

解出上式方程中的EBIT，即可求出每股收益无差别点的息税前利润。当预期息税前利润或业务量水平大于每股收益无差别点时，应当选择债务筹资方案；反之选择股权筹资方案。

【工作实例3－15】三木公司计划2020年年初的资本结构如表3－3所示。

表3－3　三木公司资本结构表

资金来源	金额（万元）
长期借款（年利率10%）	400
普通股（600万股，面值1元，市价5元）	600
合计	1 000

该公司有一个较好的新投资项目，需要追加筹资300万元，有两种筹资方案：

甲方案：增发普通股100万股，面值1元，发行价3元。

乙方案：向银行取得贷款300万元，年利率16%。

经财务人员测算，增资后预计计划年度息税前利润可达到580万元，所得税税率为25%。

要求：采用每股收益分析法决策该公司应该采用哪种方案。

解：

$$EPS_{甲}=\frac{(EBIT-400\times10\%)\times(1-25\%)}{600+100}$$

$$EPS_{乙}=\frac{(EBIT-400\times10\%-300\times16\%)\times(1-25\%)}{600}$$

令 $EPS_{甲}=EPS_{乙}$，解得：EBIT=376（万元）

这时 $EPS_{甲}=EPS_{乙}=0.36$（元/股）

因为公司预计计划年度息税前利润580万元大于每股收益无差别点376万元，所以，应该采用负债筹资方式，即采用乙方案筹资。

项目小结

筹资是指企业为了满足其经营活动、投资活动、资本结构管理和其他需要，运用一定的筹资方式，通过一定的筹资渠道，筹措和获取所需资金的一种财务行为。企业采用不同方式所筹集的资金，按照不同的分类标准，可分为不同的筹资类别。企业筹资活动需要通过一定的渠道并采用一定的方式来完成。为了有效地筹集所需资金，企业筹资必须遵循筹措合法、规模适当、取得及时、来源经济、结构合理等基本原则。

债务筹资是指通过负债筹集资金，具体方式包括银行借款、发行公司债券、融资租赁与商业信用等方式。负债融资的一般特点表现为：筹集的资金具有使用上的时间性，需要到期偿还；不论企业经营好坏，需固定支付债务利息，从而形成企业固定的负担；但其资本成本一般比普通股筹资成本低，而且不会分散投资者对企业的控制权。

股权筹资是企业一项最基本的资金来源。企业股权筹资的方式主要有吸收直接投资、发行股票和利用留存收益等。权益融资的一般特点表现为：筹集的资金具有使用上的永久性，不需要偿还；无固定的负担；但其资本成本一般比债务资本成本高，而且会分散投资者对企业的控制权。

资金成本是指企业为筹集和使用资金而付出的代价，包括筹资费用和用资费用部分。资金成本可以用绝对数表示，也可以用相对数表示。在财务管理当中一般采用相对数表示。个别资金成本是指使用各种长期资金的成本，主要有银行借款成本、债券成本、优先股成本、普通股成本和留存收益成本等。加权平均资金成本又称综合资金成本，是企业全部长期资金的总成本，是通过对个别资金成本进行加权平均确定的。

财务管理中的杠杆效应有三种形式：即经营杠杆、财务杠杆和总杠杆。经营杠杆是指企业在生产经营中由于固定成本的存在而引起的息税前利润变动幅度大于业务量变动幅度的杠杆效应。财务杠杆是由于债务存在而引起普通股每股收益变动幅度超过息税前利润变动幅度的杠杆效应。总杠杆是由于固定生产经营成本和固定财务费用的共同存在而导致的每股收益变动大于产销量变动的杠杆效应，也可称为复合杠杆。

所谓资本结构是指企业各种资本的构成及其比例关系。资本结构是由企业采用各种筹资方式而形成的，筹资方式的组合不同决定着企业资本结构的构成及其比例关系的不同。资本结构及其管理是企业筹资决策问题的核心问题。企业应综合考虑有关影响因素，运用比较资本成本法和每股收益分析法等专门方法确定企业最佳资本结构。

项目四
投资管理

职业能力目标

了解企业投资的意义，熟悉企业投资管理的特点和企业投资的分类，掌握项目现金流量的估算方法，掌握项目投资的评价指标，掌握债券投资管理的方法，掌握股票投资管理的方法，掌握基金投资管理的方法。

典型工作任务

序号	典型工作任务
1	估算投资项目的现金流量
2	投资利润率、静态投资回收期等静态评价指标的计算与决策
3	净现值、净现值率、现值指数、内含报酬率等动态评价指标的计算与决策
4	债券价值和债券到期收益率的计算与决策
5	股票价值的计算与决策
6	基金投资的价值与报价、基金投资收益率的计算与决策

模块一　投资管理认知

引导案例

阿里巴巴投资 UC 浏览器

阿里巴巴投资 UC 浏览器是风投史上成功的投资案例之一。2014 年，阿里巴巴收购移动浏览器公司 UC，是截止到 2014 年中国规模最大的互联网交易。这笔交易对 UC 的估值约为 47 亿美元。然后，它帮助阿里巴巴在移动领域中占据了一席之地，并将其估值从800亿美元提高到2 300多亿美元，增长了近3倍。从2008年到2014年的6年间，阿里巴巴通过战略性投资的数亿美元，最终累计持有UC 66%的股份，与UC建立了合作关系。最后，这种关系得到了回报。

最早投资UC的是晨兴资本和联创策源，它们在2007年共同投资了UC 1 000万美元的A轮融资。当时，UC已经在移动浏览器领域耕耘了几年，但并没有从中获得收益。此外，UC还为中国电信公司提供定制移动浏览器和咨询服务。但UC首席执行官俞永福决定出售盈利的B2B部门，以便公司能够更加专注于消费者技术。要做到这一点，UC需要资金。

2008年，马云和俞永福第一次见面。阿里巴巴于2009年参与了该公司1 200万美元的B轮融资。2013年3月，阿里巴巴再次投资约5.06亿美元；2013年12月，又投资1.8亿美元。完成了这些交易后，阿里巴巴获得了UC公司66%的股份。

这家移动浏览公司被认为是中国“最后一个良好的收购标的”。

“在业内的所有人当中，马云是极具有战略眼光的人之一”，俞永福当时告诉The Next Web。几个月后，马云提出了直接收购该公司的提议，此后交易最终敲定。

当被问及为什么在多年反对被收购后，最终却接受了阿里的收购时，俞永福告诉记者，他信任马云：“我们有着相同的愿景和梦想。”

此次收购对阿里巴巴来说是一个强有力的战略举措。在IPO时，阿里巴巴明确表示，移动通信的崛起是它需要考虑的问题。如果它不能适应，阿里巴巴将会被移动服务更强大的公司所取代，比如腾讯和百度。

阿里巴巴收购UC，对百度的盈利业务造成了巨大的影响。此前，百度是UC移动浏览器的默认搜索引擎，从中受益匪浅。

最后，这次收购似乎也有助于帮助即将IPO的阿里巴巴向投资者证明，阿里巴巴知道自己的短板，并正在积极努力地去填补。虽然收购UC并不是唯一的影响因素，但阿里巴巴的估值确实从2012年的350亿美元飙升至2014年IPO的1 680亿美元。

（资料来源：搜狐财经．天星资本．风投史上最成功的7笔投资案例．搜狐网，2018年5月16日．）

［问题］ 阿里巴巴为何选择投资UC浏览器？本项目的投资为何能够取得如此辉煌的业绩？

［分析］ 引例涉及公司财务管理工作中的投资问题，具体内容包括企业投资的意义、特点与分类。学完本模块内容，将为你提供建立企业投资决策的战略思路。

投资，广义地讲，是指特定经济主体（包括政府、企业和个人）以本金回收并获利为基本目的，将货币、实物资产等作为资本投放于某一个具体对象，以期在未来较长期间内获取预期经济利益的经济行为。企业投资，简言之，是企业为获取未来长期收益而向一定对象投放资金的经济行为。例如，购建厂房设备、购买股票债券等经济行为，均属于投资行为。

一、企业投资的意义

企业需要通过投资配置资产，才能形成生产能力，取得未来的经济利益。

（一）投资是企业生存与发展的基本前提

企业的生产经营，就是企业资产的运动和资产形态的转换过程。投资，是一种资本性支出的行为，通过投资支出，企业购建流动资产和长期资产，形成生产条件和生产能力。实际上，不论是新建一个企业，还是建造一条生产流水线，都是一种投资行为。通过投资，确立企业的经营方向，配置企业的各类资产，并将它们有机地结合起来，形成企业的综合生产经营能力。如果企业想要进军一个新兴行业，或者开发一种新产品，都需要先进行投资。因此，投资决策的正确与否，直接关系到企业的兴衰成败。

（二）投资是获取利润的基本前提

企业投资的目的，是要通过预先垫付一定数量的货币或实物形态的资本，购建和配置形成企业的各类资产，从事某类经营活动，获取经营利润。那些以购买股票、证券等有价证券方式对其他单位进行的投资，既可以通过取得股利或债息来获取投资收益，也可以通过转让证券来获取资本利得。

（三）投资是企业风险控制的重要手段

企业的经营面临着各种风险，有来自市场竞争的风险、资金周转的风险，原材料涨价的风险以及费用居高等成本的风险。投资，是企业风险控制的重要手段。通过投资，可以将资金投向企业生产经营的薄弱环节，使企业的生产经营能力配套、平衡、协调。通过投资，可以实现多元化经营，将资金投放于经营相关程度较低的不同产品或不同行业，分散风险，稳定收益来源，降低资产的流动性风险、变现风险，从而增强资产的安全性。

二、企业投资管理的特点

码4-1 企业投资管理的特点

企业的投资活动与经营活动是不同的，投资活动的结果对企业在经济利益上有较长期的影响。企业投资涉及的资金多、经历的时间长，对企业未来的财务状况和经营活动都有较大的影响。与日常经营活动相比，企业投资的特点主要表现在：

（一）属于企业的战略性决策

企业的投资活动一般涉及企业未来的经营发展方向、生产能力规模等问题，如厂房设备的新建与更新、新产品的研制与开发、对其他企业的股权控制等。

劳动力、劳动资料和劳动对象，是企业的生产要素，是企业进行经营活动的前提条件。企业投资主要涉及劳动资料要素方面，包括生产经营所需的固定资产的构建、无形资产的获取等。企业投资的对象，也可能是生产要素的综合体，即对另一个企业股权的取得和控制。这些投资活动，直接影响本企业未来的经营发展规模和方向，是企业简单再生产得以顺利进行并实现扩大再生产的前提条件。企业的投资活动先于经营活动，这些投资活动往往需要一次性地投入大量的资金，并在一段较长的时期内发生作用，对企业经营活动的方向产生重大影响。

（二）属于企业的非程序化管理

企业有些经济活动是日常重复进行的，如原材料的购买、人工的雇用、产品的生产制造、产成品的销售等，成为日常的例行活动。这类活动经常性地重复发生，有一定的规律，可以按既定的程序和步骤进行。对这类重复性日常经营的活动进行管理，称为程序化管理。企业有些经济活动往往不会经常性地重复出现，如新产品的开发、设备的更新、企业兼并等，称为非例行性活动。非例行性活动只能针对具体问题，按特定的影响因素、相关条件和具体要求来进行审查和抉择。对这类非重复性特定经济活动进行管理，称为非程序化管理。

企业的投资项目涉及的资金数额较大。这些项目的管理，不仅是一个投资问题，也是一个资金筹集问题。特别是对于设备和生产能力的购建、对其他关联企业的并购等，需要大量的资金。企业的投资项目影响的时间较长。这些投资项目实施后，将形成企业的生产条件和生产能力，这些生产条件和生产能力的使用期限长，将在企业多个经营周期内直接发挥作用，也将间接影响日常经营活动中流动资产的配置与分布。

企业的投资活动涉及企业的未来经营与发展方向和规模等重大问题，是不经常发生的。投资经济活动具有一次性和独特性的特点，投资管理属于非程序化管理。每一次投资的背景、特点、要求等都不一样，无明显的规律性可遵循，管理时更需要周密思考、慎重考虑。

（三）投资价值的波动性大

投资项目的价值，是由投资标的物资产的内在获利能力决定的。这些标的物资产的形态是不断转换的，未来收益的获得具有较强的不确定性，其价值也具有较强的波动性。同时，各种外部因素，如市场利率、物价等的变化，也时刻影响着投资标的物的资产价值。因此，企业投资管理决策时，要充分考虑投资项目的时间价值和风险价值。

企业投资项目的变现能力是不强的，因为其投放的标的物大多是机器设备等变现能力较差的长期资产，这些资产的持有目的也不是变现，即并不准备在一年或超过一年的一个营业周期内变现。因此，投资项目的价值也是不易确定的。

三、企业投资的分类

将企业投资的类型进行科学的分类，有利于分清投资的性质，应按不同的特点及要求进行投资决策，加强投资管理。

（一）直接投资和间接投资

码4－2　企业投资的分类

按投资活动与企业本身的生产经营活动的关系，不同企业的投资可划分为直接投资和间接投资。

直接投资，是将资金直接投放于形成生产经营能力的实体性资产，是直接谋取经营利润的企业投资。通过直接投资，购买并配置劳动力、劳动资料和劳动对象等具体生产要素，开展生产经营活动。

间接投资，是将资金投放于股票、债券等权益性资产上的企业投资。之所以称为间接投资，是因为股票、债券的发行方，在筹集到资金后，再把这些资金投放于形成生产经营能力的实体性资产，获取经营利润。而间接投资方不直接介入具体生产经营过程，通过股票、债券上所约定的收益分配权利，获取股利或利息收入，分享直接投资的经营利润。

（二）项目投资与证券投资

按投资对象存在形态和性质不同，企业投资可以划分为项目投资和证券投资。

企业可以通过投资，购买具有实质内涵的经营资产，包括有形资产和无形资产，形成具体的生产经营能力，开展实质性的生产经营活动，谋取经营利润。这类投资，称为项目投资。项目投资的目的在于改善生产条件、扩大生产能力，以获取更多的经营利润。项目投资属于直接投资。

企业可以通过投资，购买具有权益性的证券资产，通过证券资产上所赋予的权利，间接控制被投资企业的生产经营活动，获取投资收益。这类投资，称为证券投资，即购买属于综合生产要素的权益性权利资产的企业投资。

证券，是一种金融资产，即以经纪合同契约为基本内容，以凭证票据等书面文件为存在形式的权利性资产。如债券投资代表的是未来按契约规定收取债息和回收本金的权利；股票投资代表的是对发行股票企业的经济控制权、财务控制权、收益分配权、剩余财产追索权等股东权利。证券投资的目的，在于通过持有权益性证券，获取投资收益，或控制其他企业的财务或经营政策，并不直接从事具体生产经营过程。因此，证券投资属于间接投资。

（三）发展性投资与维持性投资

按投资活动对企业未来生产经营前景的影响，企业投资可以划分成发展性投资和维持性投资。

发展性投资，是指对企业未来的生产经营发展全局有重大影响的企业投资。发展性投资也可以称为战略性投资，如企业间兼并合并的投资、转换新行业和开发新产品的投资、大幅度扩大生产规模的投资等。发展性投资项目实施后，往往可以改变企业的经营方向和经营领域，或者明显地扩大企业的生产经营能力，或者实现企业的战略重组。

维持性投资，是为了维持企业现有的生产经营正常顺利进行，不会改变企业未来生产经营发展全局的企业投资。维持性投资也可以称为战术性投资，如更新替换旧设备的投资、配套流动资金投资、生产技术革新的投资等。维持性投资项目所需要的资金不多，对企业生产经营的前景影响不大，投资风险相对也较小。

（四）对内投资与对外投资

按投资活动资金投出的方向不同，企业投资可以划分为对内投资和对外投资。

对内投资，是指在本企业范围内部的资金投放，用于购买和配置各种生产经营所需的经营性资产。对外投资，是指向本企业范围以外的其他单外的资金投放。对外投资多以现金、有形资产、无形资产等资产形式，通过联合投资、合作经营、换取股权、购买证券资产等投资方式，向企业外部其他单位投放资金。

（五）独立投资与互斥投资

按投资项目之间的相互关联关系不同，企业投资可以划分为独立投资和互斥投资。

独立投资是相容性投资，各个投资项目之间互不关联、互不影响，可以同时并存。例如，建造一个饮料厂和一个纺织厂，它们之间并不冲突，可以同时进行。对于一个独立投资项目而言，其他投资项目是否被采纳或放弃，对本项目的决策并无显著影响。因此，独立投资项目决策考虑的是方案本身是否满足某种决策标准。例如，可以规定凡提交决策的投资方案，其预期投资报酬率都要达到20%才能被采纳。这里，预期投资报酬率达到20%，就是一种预期的决策标准。

互斥投资是非相容性投资，各个投资项目之间相互关联、相互替代，不能同时并存。如对企业现有设备进行更新，购买新设备就必须处置旧设备，它们之间是互斥的。对于一个互斥投资项目而言，其他投资项目是否被采纳或放弃，直接影响本项目的决策，如果其他项目被采纳，本项目就不能被采纳。因此，互斥投资项目决策考虑的是各方案之间的排斥性，也许每个方案都是可行的方案，但互斥决策需要从中选择最优方案。

业务拓展

投资管理的原则

为了适应投资项目的特点和要求，实现投资管理的目标，作出合理的投资决策，需要制定投资管理的基本原则，据以保证投资活动的顺利进行。通常，投资管理的原则主要包括：

一、可行性分析原则

投资项目可行性分析是投资管理的重要组成部分，其主要任务是对投资项目实施的可行性进行科学的论证，主要包括环境可行性、技术可行性、市场可行性、财务可行性等方面。

环境可行性，要求投资项目对环境的不利影响最小，并能带来有利影响，包括对自然环境、社会环境和生态环境的影响。技术可行性，要求投资项目形成的生产经营能力，具有技术上的适应性和先进性。市场可行性，要求投资项目形成的产品能够被市场接受，具有市场占有率。财务可行性，要求投资项目在经济上具有效益性，这种效益是明显的和长期的。

财务可行性是在相关的环境、技术、市场可行性完成的前提下，着重围绕技术可行性和市场可行性而开展的专门经济性评价。同时，一般也包含资金筹集的可行性。财务可行性分析的主要方面和内容包括：收入、费用和利润等经营成果指标的分析；资产、负债、所有者权益等财务状况指标的分析；资金筹集和配置的分析；资金流转和回收等资金运行过程的分析；项目现金流量、净现值、内含报酬率等项目经济性效益指标的分析，项目收益与风险关系的分析等。

二、结构平衡原则

投资项目在资金投放时，要遵循结构平衡的原则，合理分配资金，包括固定资金与流动资金的配套关系、生产能力与经营规模的平衡关系、资金来源与资金运用的匹配关系、投资进度和资金供应的协调关系、流动资产内部的资产结构关系、发展性投资与维持性投资配合关系、对内投资与对外投资顺序关系、直接投资与间接投资分布关系，等等。

三、动态监控原则

投资的动态监控，是指对投资项目实施过程中的进程控制。特别是对于那些工程量大、工期长的建造项目来说，有一个具体的投资过程，需要按工程预算实施有效的动态投资控制。

模块二　项目投资管理

引导案例

勇辉生态重大项目投资公告

绵阳市勇辉生态农业股份有限公司董事会发布了重大项目投资公告，以下是投资公告的部分内容：

一、项目概述

绵阳市勇辉生态农业股份有限公司（以下简称“公司”）与江油市政府签订了《“黑宝彩谷”产业园投资协议》。项目主要包括：饲料生产加工基地、肉品加工基地、旅游休闲基地、优质种植养殖基地等建设。项目总投资约15.58亿元人民币，开发面积约15.7平方千米，建设分三期实施，三年内完成全部建设并陆续投入使用，完工后五年内，年均销售收入达到 50 亿元。根据《公司章程》的规定，本次项目投资需提交股东大会审议批准。

二、项目基本情况

①项目名称：江油市黑宝彩谷农村产业融合发展项目。②实施单位：绵阳市勇辉生态农业股份有限公司。③建设地点：绵阳市江油市。④建设内容：饲料生产加工基地、肉品加工基地、旅游休闲基地、优质种植养殖基地等建设。⑤建设规模：项目总投资约 15.58 亿元人民币用来建设饲料生产加工基地、肉品加工基地、旅游休闲基地、优质种植养殖基地等。⑥投资估算：项目总投资额为 155 800 万元，其中固定资产投资 144 150 万元，流动资金 11 650 万元。⑦建设规划：项目自股东大会通过之日起全面启动，建设期约三年，公司将根据项目阶段性进展情况及时披露项目进展情况。⑧资金来源：自筹解决。本效益预测不构成对投资者的实质承诺，敬请投资者认真阅读，注意投资风险。

三、项目对公司的影响

绵阳市勇辉生态农业股份有限公司江油市黑宝彩谷农村产业融合发展项目建设符合国家的产业发展政策，对于推进农村产业融合全产业链体系，提高猪肉制品食品安全，提高种植水平，提高产业化结合度，提高农业综合生产能力和市场竞争力，具有一定影响力。

四、项目风险及应对措施：（略）

[问题] 勇辉生态公司是如何进行该项目的投资决策的？如何运用相关投资的评价指标评价投资项目的可行性？

[分析] 引例主要涉及企业项目投资管理的相关内容，主要包括：项目现金流量估算，投资项目财务评价指标决策。学完本模块内容，将为你提供企业项目投资管理方面分析问题、解决问题的思路和方法。

投资决策，是对各个可行方案进行分析和评价，并从中选择最优方案的过程。投资项目决策的分析评价，需要采用一些专门的评价指标和方法。项目投资评价的指标主要有投资利润率、静态投资回收期、净现值、净现值率、现值指数、内含报酬率等。按是否考虑资金时间价值分类，可分为非贴现评价指标和贴现评价指标两大类。非贴现评价指标是指在计算过程中不考虑资金时间价值因素的指标，又称为静态指标。与非贴现评价指标相反，贴现评价指标在计算过程中充分考虑和利用资金时间价值，因此贴现评价指标又称为动态指标。

一、项目现金流量估算

（一）项目投资计算期与投资资金

1. 项目计算期的构成

项目计算期，是指投资项目从投资建设开始到最终清理结束整个过程的全部时间，包括建设期和运营期（具体又包括投产期和达产期）。建设期，是指项目资金从正式投入开始到项目建成投产为止所需要的时间，建设期的第一年初称为建设起点（记作第0年），建设期的最后一年末称为投产日（记作第 s 年）。在实践中，通常应参照项目建设的合理工期或项目的建设进度计划合理确定建设期。项目计算期的最后一年年末称为终结点（记作第 n 年），假定项目最终报废或清理均发生在终结点（更新改造除外），从投产日到终结点之间的时间间隔称为运营期。运营期一般应根据项目主要设备的经济使用寿命期确定。

项目计算期（n）、建设期（s）和运营期（p）之间存在以下关系：

$$n = s + p$$

2. 原始总投资和投资资金的内容

从项目投资的角度看，原始总投资等于企业为使该项目完全达到设计生产能力、开展正常经营而投入的全部现实资金，包括建设投资（含固定资产投资、无形资产投资和开办费投资）和流动资金投资两项内容。

（二）项目现金流量的构成

项目投资的现金流量（NCF）是指在一个投资项目引起的企业各项现金收入和现金支出增加的数量，是增量的现金流量。这里的“现金”是一个广义的概念，不仅包括各种货币资金，还包括与该投资项目有关的非货币性资产的变现价值。如项目中所需要投入的企业原有的厂房、机器、原材料等。现金流量是进行项目投资决策的重要依据。

项目现金流量包括现金流出量、现金流入量和现金净流量。

1. 现金流出量

投资项目的现金流出量是指由于该项目的实施而引起的企业现金支出的增加额，比如对于单纯的固定资产投资来讲，现金流出主要包括，固定资产购置价款、垫支的流动资金等。

2. 现金流入量

投资项目的现金流入量是指由于该项目的实施而引起的企业现金收入的增加额，如设备取得后由于扩大生产能力而导致的企业销售收入的增加，设备报废时的残值收入以及垫支的流动资金的收回等。

3. 现金净流量

投资项目的现金净流量是指由于该项目的实施而引起的企业现金流入量与现金流出量之间的差额。当现金流入量大于现金流出量，现金净流量大于零，反之小于零。

（三）项目现金流量的估算

投资项目从整个经济寿命周期来看，大致可以分为三个时点阶段：投资期、营业期、终结期。现金流量的各个项目也可以归属于各个时点阶段之中。

1. 投资期

投资阶段，即项目建设期的现金流量主要是现金流出量，在该投资项目上的原始投资，包括在长期资产上的投资和垫支的营运资金。投资期现金流量一般包括：①土地使用费用支出，主要指因投资项目占用土地而支出的土地使用费。②固定资产方面的投资，包括固定资产的购入或建造成本、运输成本和安装成本等。③流动资产方面的投资，包括投入的现金、材料等。④其他方面的投资，包括与固定资产投资有关的职工培训费、注册费等。⑤原有固定资产的变价收入，其主要在更新改造投资项目时考虑。投资期现金流量除原有固定资产的变价收入为现金流入量外，其他部分均为现金流出量。

2. 营业期

营业阶段的现金流量指的是投资的项目投入使用后，在其寿命期内进行正常生产经营活动所带来的现金流入和现金流出的数量。营业期的现金流入量，主要是营运各年的营业收入。营业期的现金流出量，主要是营运各年的付现成本。付现成本是指每年需要实际支付的现金成本。营运成本中不需要每年实际支付现金的某些成本，则属于非付现成本。非付现成本主要是固定资产年折旧费用、长期资产摊销费用、资产减值准备等。其中，长期资产摊销费用主要有筹建开办费摊销、跨年的大修理费用摊销、改良工程费用摊销等。项目投资的营业现金净流量（NCF）计算公式为：

营业现金净流量（NCF）＝营业收入－付现成本－所得税

其中，付现成本＝营业成本－折旧－摊销

营业现金净流量(NCF)＝营业收入－(营业成本－折旧－摊销)－所得税
＝(营业收入－营业成本)×(1－所得税率)＋折旧＋摊销
＝净利润＋折旧＋摊销

3. 终结期

终结阶段的现金流量是指项目经济寿命完结时发生的现金流量。终结时项目现金流量主要表现为现金流入量，包括固定资产变价净收入和垫支营运资金的收回。项目终结时固定资产清理的变价收入和扣除清理费用后的净额，应当作为项目投资的一项现金流入。项目终结后，原投入周转的流动资金可以转化为现金，应作为该项目的现金流入。

【工作实例4－1】三木公司现有一个投资项目，该项目投资需要3年建成，每年年初投入建设资金150万元，共投入450万元。建成投产之时，需投入营运资金120万元，以满足日常经营活动需要。项目投产后，估计每年可获净利润90万元。固定资产使用年限为7年，使用后第5年预计进行一次改良，估计改良支出80万元，分两年平均摊销。资产使用期满后，估计有残值净收入30万元，采用年限平均法计提折旧。项目期满时，垫支营运资金全额收回。要求计算各年的净现金流量。

解：各年现金净流量计算如表4－1所示。

（1）年折旧＝(450－30)÷7＝60（万元）

（2）改良支出摊销＝80÷2＝40（万元）

表 4－1 **投资项目现金流量计算表** 单位：万元

项目	第 0 年	第 1 年	第 2 年	第 3 年	第 4 年	第 5 年	第 6 年	第 7 年	第 8 年	第 9 年	第 10 年
固定资产投资	－150	－150	－150						－80		
营运资金垫支				－120							
固定资产折旧					60	60	60	60	60	60	60
改良支出摊销										40	40
净利润					90	90	90	90	90	90	90
残值净收入											30
营运资金回收											150
现金流量合计	－150	－150	－150	－120	150	150	150	150	70	190	370

二、投资项目财务评价指标决策

（一）静态评价指标

码 4－3 如何运用静态回收期进行项目投资决策

1. 静态投资回收期

静态投资回收期是指在不考虑资金时间价值的情况下，收回全部投资额所需要的时间。该指标一般以年为单位，包括两种情况：①含建设期的投资回收期（以 P 表示）；②不含建设期的投资回收期（以 PS 表示）。则：$P=PS+S$，其中 S 为建设期。

在计算 P 的过程中有两种情况：

（1）含建设期的投资回收期：

$$\sum_{t=0}^{P} NCF_t = 0 \text{（其中 } P \text{ 为整数）}$$

则表明刚好在第 P 年收回投资，即含建设期的投资回收期为 P。

（2）由于通常情况下 P 可能不是一个整数，则可以找到一个整数 P_0，使得：

$$\sum_{t=0}^{P_0} NCF_t \leqslant 0, \quad \sum_{t=0}^{P_0+1} NCF_t > 0$$

则该项目包含项目建设期的投资回收期为：

$$P = P_0 + \frac{\left|\sum_{t=0}^{P_0} NCF_t\right|}{NCF_{P_0+1}}$$

投资回收期法的优点是：计算简便，选择标准直观，易于理解；将对现金净流量的预测重点放在"近期"，有利于控制投资风险。投资回收期法的缺点是：没有考虑资金的时间价值，这种缺陷可以用贴现投资回收期法弥补；没有考虑回收期满后的现金流量状况，可能导致决策者优先考虑急功近利的投资项目。

只有静态回收期指标小于或等于基准投资回收期的投资项目才具有财务可行性。

【工作实例 4－2】三木公司的一个投资项目的现金净流量如表 4－2 所示，试计算该项目的静态投资回收期。

表 4－2　　投资项目现金净流量表　　单位：万元

年份	第 0 年	第 1 年	第 2 年	第 3 年	第 4 年	第 5 年
NCF_i	－200	－20	100	100	150	180

解：首先，计算该项目的累计现金净流量，如表 4－3 所示。

表 4－3　　某项目累计现金净流量表　　单位：万元

年份	第 0 年	第 1 年	第 2 年	第 3 年	第 4 年	第 5 年
$\sum NCF_i$	－200	－220	－120	－20	130	310

从累计现金净流量可知，该项目的投资回收期满足：$3 \leqslant P \leqslant 4$，根据公式有：

静态投资回收期 $P = 3 + 20 \div 150 = 3.13$（年）

2. 投资利润率

投资利润率又称为投资报酬率（ROI），是指投资项目投产期间的平均利润额与投资项目的投资额之间的比率，一般以百分比表示，其计算公式为：

$$ROI = \frac{年平均利润额}{投资总额} \times 100\%$$

运用投资利润率进行项目决策时，通常需要先设定一个必要的投资收益率。对于单项方案决策时，如果该方案的投资利润率高于必要的投资收益率，则方案是可行的；在多个备选方案的互斥决策中，投资利润率越高的项目越好。

码 4－4　如何运用投资利润率进行项目投资决策

投资利润率的优点同样是计算简便、易于理解，可以较好地反映出投资的盈利程度，但因为缺乏对资金时间价值的考虑，所以其判断的结果具有较大局限性。因此，该指标一般也只适用于方案的初选，或者投资后各项目间经济效益的比较。

【工作实例 4－3】三木公司拟建一条生产线，有 A、B 两个投资方案供选择，其基本情况如表 4－4 所示。假设无风险投资收益率为 6%，该公司应该选择哪个方案？

表 4－4　　A、B 投资方案资料表　　单位：万元

年度	A 方案		B 方案	
	投资额	净利润	投资额	净利润
第 1 年	80	7	120	10
第 2 年		9		13
第 3 年		14		15
第 4 年		12		12

解：A 方案年平均净利润 = (7 + 9 + 14 + 12) ÷ 4 = 10.5（万元）

B 方案年平均净利润 = (10 + 13 + 15 + 12) ÷ 4 = 12.5（万元）

A 方案的投资利润率 = 10.5 ÷ 80 = 13.13%

B 方案的投资利润率 = 12.5 ÷ 120 = 10.42%

通过计算可知，A、B 两方案的投资利润率都大于 6%，并且，A 方案的投资利润率 13.13% 大于 B 方案的投资利润率 10.42%，应该选择 A 方案。

（二）动态评价指标

1. 净现值

码 4－5 如何运用净现值进行项目投资决策

净现值（Net Present Value，NPV）是指在项目计算期内，按行业基准收益率或企业设定的贴现率计算的投资项目未来各年现金净流量现值的代数和。其计算公式为：

$$净现值(NPV) = \sum_{t=0}^{n} \frac{NCF_t}{(1+i)^t} \text{（其中 } i \text{ 为贴现率）}$$

当经营期各年的现金净流量相等时，可运用年金的方法简化计算 NPV。

利用净现值进行决策的基本标准是：单项决策时，若 NPV≥0，则项目可行；NPV＜0，则项目不可行。多项互斥投资决策时，在净现值均大于零的方案中，净现值越大越好。

在项目评价中，正确选择折现率至关重要，它直接影响项目评价的结论。在实务中，一般有以下几种方法来确定项目的折现率：①以投资项目的资金成本作为折现率。②以投资的机会成本作为折现率。③根据不同阶段采用不同的折现率。在项目建设期，以贷款的实际利率作为折现率；在营业期，以社会资金平均收益率作为折现率。④以行业平均资金收益率作为折现率。

净现值是一个绝对值指标，其优点在于：①考虑了资金的时间价值，增强了投资经济性评价的实用性；②考虑了项目计算期内全部净现金流量，体现了流动性与收益性的统一；③考虑了投资风险，项目投资风险可以通过提高贴现率加以控制。但是该指标的缺点也是明显的，主要有：①不能从动态的角度直接反映投资项目的实际收益率；②净现值的计算需要有较准确的现金净流量的预测，并且要正确选择贴现率，而实际上现金净流量的预测和贴现率的选择都比较困难；③净现值的计算比较复杂，且较难理解和掌握。

【工作实例 4－4】 三木公司需投资 220 万元引进一条生产线，该生产线有效期为 5 年，采用直线法折旧，期满净残值为 20 万元。该生产线当年投产，预计每年可获净利润 70 万元。如果该项目的行业基准贴现率为 8%，试计算其净现值并评价该项目的可行性。

解：年折旧 = (220 − 20) ÷ 5 = 40（万元）

$NCF_0 = -220$（万元）

营业现金净流量（NCF_i）= 70 + 40 = 110（万元）

期末回收额 = 20（万元）

$$
\begin{aligned}
\text{净现值 NPV} &= -220 + 110 \times (P/A, 8\%, 5) + 20 \times (P/F, 8\%, 5) \\
&= -220 + 110 \times 3.9927 + 20 \times 0.6806 \\
&= 232.81 \text{（万元）}
\end{aligned}
$$

由于该项目的净现值大于0，所以该项目可行。

2. 净现值率

净现值率是指投资项目的净现值占原始投资现值总和的百分比（记作NPVR）。其计算公式为：

$$\text{NPVR} = \frac{\text{投资项目净现值}}{\text{原始投资现值}} \times 100\%$$

净现值率是一个贴现的相对量评价指标。利用净现值率进行决策的基本标准是：当 NPVR≥0，则项目可行；当 NPVR<0，则项目不可行。

（1）净现值率的优点有：①考虑了资金的时间价值；②可以动态反映项目投资的资金投入与产出之间的关系。

（2）净现值率的缺点有：①不能直接反映投资项目的实际收益率；②在资本决策过程中可能导致片面追求较高的净现值率，在企业资本充足的情况下，有降低企业投资利润总额的可能。

【工作实例4-5】 三木公司某个投资项目的净现值为135.86万元，原始投资现值合计为275.45万元。试计算其净现值率并评价该项目的可行性。

解： 净现值率 NPVR = 135.86 ÷ 275.45 × 100% = 49%

该项目的净现值率大于0，故可以投资。

3. 现值指数

现值指数法亦称获利指数法（Profitability Index，PI），是指投资项目生产后按一定贴现率折算的营业期内各年现金净流量的现值合计与原始投资的现值合计的比值。其计算公式为：

$$\text{现值指数 PI} = \frac{\sum \text{营业期各年现金净流量现值}}{\text{原始投资现值}}$$

码4-6 如何运用现值指数进行项目投资决策

从净现值率和现值指数的定义可知这两个指标存在以下关系：

$$\text{现值指数（PI）} = 1 + \text{净现值率（NPVR）}$$

采用现值指数的判断标准是：如果 PI≥1，则该投资项目行；如果 PI<1，则该投资项目不可行。如果几个投资项目的现值指数都大于1，那么现值指数越大，投资项目越好。但在进行互斥性投资决策时，正确的选择原则不是选择现值指数最大的项目，而是在保证现值指数大于1的情况下，使追加投资收益最大化。

现值指数的优点是考虑了资金的时间价值，能够动态地反映投资项目的资金投入与总产出之间的关系，有利于在投资额不同的项目之间作出选择。其缺点是除了无法直接反映投资项目的实际收益率外，其计算过程比净现值法的计算过程复杂，计算口径也不一致。

【工作实例4-6】 三木公司有两个独立投资方案，有关资料如表4-5

所示。

表 4-5 两个投资方案的净现值计算表 单位：万元

项目	方案 A	方案 B
原始投资额现值	135 000	140 000
营业期现金净流量现值	188 700	172 000
净现值	53 700	32 000

码 4-7 如何运用内含报酬率进行项目投资决策

解： A 方案现值指数 = 188 700 ÷ 135 000 = 1.40

B 方案现值指数 = 172 000 ÷ 140 000 = 1.23

由于 A 方案的现值指数大于 B 方案，故应当选择 A 方案。

4. 内含报酬率

内含报酬率（Internal Rate of Return，IRR）又称为内部收益率，是指投资项目实际可以实现的收益率，亦可将其定义为能使投资项目的净现值等于零时的折现率。内含报酬率（IRR）满足下列等式：

$$NPV = \sum_{t=0}^{n} \frac{NCF_t}{(1 + IRR)^t} = 0$$

内含报酬率的计算是解一个 n 次方程，通常采用试误法来求出 IRR 的值。

内含报酬率的决策标准为：①当内含报酬率≥资金成本率（或预期收益率）时，项目可行；否则项目不可行。②当进行多项目互斥决策时，内含报酬率越大越好。

内含报酬率法的优点在于：①考虑了资金的时间价值；②可以反映出投资项目的真实报酬率，且不受行业基准收益率高低的影响，比较客观，有利于对投资额不同的项目的决策。内含报酬率法的缺点为：①计算比较复杂，特别是对每年现金净流量不相等的投资项目，一般要经过多次测算才能求得答案；②在互斥投资方案决策时，如果各方案的原始投资额现值不相等，有时无法作出正确的决策。

【工作实例 4-7】 三木公司某投资项目的现金流量如表 4-6 所示。

表 4-6 投资项目现金净流量表 单位：万元

年份	第 0 年	第 1 年	第 2 年	第 3 年	第 4 年	第 5 年
NCF_i	-350	110	110	110	110	110

如果该项目的资金成本为 15%，试用内含报酬率法判断该项目投资的可行性。

解： 计算该项目的内含报酬率如下：

$110 \times (P/A, IRR, 5) - 350 = 0$

$(P/A, IRR, 5) = 3.1818$

查表（见附表4年金现值系数表）得：当 $i_1=16\%$ 时，$(P/A, 16\%, 5)=3.2743$；当 $i_2=18\%$ 时，$(P/A, 18\%, 5)=3.1272$。则：

$$IRR=16\%+\frac{3.2743-3.1818}{3.2743-3.1272}\times(18\%-16\%)=17.26\%$$

通过计算可知，$IRR=17.26\%>15\%$，该投资项目可行。

（三）运用相关指标评价投资项目的财务可行性

1. 判断方案完全具备财务可行性的条件

如果某一投资项目的评价指标同时满足以下条件，则可以断定该投资项目无论从哪个方面看都具备财务可行性，或完全具备可行性，应当接受该投资方案。这些条件是：①净现值 $NPV\geqslant0$；②净现值率 $NPVR\geqslant0$；③现值指数 $PI\geqslant1$；④内含报酬率 $IRR\geqslant i$（i 为资金成本或行业基准折现率）；⑤投资回收期 $P\leqslant$ 标准投资回收期 P_0；⑥投资收益率 $ROI\geqslant$ 基准投资利润率。

2. 判断方案完全不具备财务可行性的条件

如果某一投资项目的评价指标同时满足以下条件，则可以断定该投资项目无论从哪个方面看都不具备财务可行性，或完全不具备可行性，应当彻底放弃该投资方案。①净现值 $NPV<0$；②净现值率 $NPVR<0$；③现值指数 $PI<1$；④内含报酬率 $IRR<i$（i 为资金成本或行业基准折现率）；⑤投资回收期 > 标准投资回收期 P_0；⑥投资收益率 $ROI<$ 基准投资利润率。

3. 判断方案是否基本具备财务可行性的条件

如果在评价过程中发现某项目的主要指标可行，即 $NPV\geqslant0$，$NPVR\geqslant0$，$PI\geqslant1$，$IRR\geqslant i$，但次要或辅助指标 $P>P_0$ 或 $ROI<$ 基准投资利润率，则可断定该项目基本上具有财务可行性。

4. 判断方案是否基本不具备财务可行性的条件

如果在评价过程中发现某项目出现 $NPV<0$，$NPVR<0$，$PI<1$，$IRR<i$（i 为资金成本或行业基本折现率）的情况，即使有 $P<P_0$ 或 $ROI\geqslant$ 基准投资利润率，也可断定该项目基本不具有财务可行性。

案例分析

澳洋科技项目投资决策

江苏澳洋科技股份有限公司（以下简称“公司”）为贯彻实施公司整体发展战略目标，抓住行业发展机遇，做强做大公司主业，拟通过非公开发行股票的方式募集资金用于港城康复医院建设项目、澳洋医院三期综合用房建设项目、澳洋医学科研中心建设项目、澳洋健康医疗信息化项目及补充流动资金。

其中，港城康复医院项目基本情况：发行人通过下属子公司张家港港城康复医院有限公司实施。项目计划投资总额为13 953万元，其中募集资金投入金额为 13 100 万元。通过该项目的实施，澳洋健投将以自建的方式填补康复医疗市场的空白，为康复患者提供优质、及时的康复医疗服务。

港城康复医院计划投资总额 13 953 万元，其中包括土地费用 800 万元，建筑工程费用 5 915 万元，设备购置及安装费用 4 938 万元，人员培训及其他费用 800 万元，铺底流动资金 1 500 万元。本项目建设周期为 36 个月。项目建成后，预计运营期年均销售收入 7 523. 28 万元，年均税后利润 1 526. 35 万元，税后财务内部收益率为 11. 76%，税后投资回收期（含建设期）为 11. 59 年。因此，项目具有良好的经济效益。

（资料来源：澳洋科技港城康复医院项目投资可行性分析．凤凰网，2016 年 8 月 12 日．）

［问题］请从财务的角度判断澳洋科技该项目是否可行？

模块三　证券投资管理

引导案例

巴菲特投资案例

共富诚信银行是位于新泽西的一家银行，1958 年，其每股收益为 10 美元，管理良好且盈利能力强，总资产约 5 000 万美元，但利润增长缓慢，公司没有进行现金分红，因此股价徘徊在 50 美元左右。

共富诚信银行的大股东是一家大银行，有意向将其合并。巴菲特对该公司的保守价值估计约为每股 125 美元，并有潜力达到每股 250 美元，但当时的市场价格只有 50 美元，有较大的价值折扣。巴菲特合伙公司在 1958 年大量买入共富诚信银行的股票，占其 12% 的股权，买入平均价格为 51 美元，对应市盈率为 5. 1 倍。

在 1959 年年底，为了给另外一个投资机会筹集资金，巴菲特以 80 美元每股卖出了共富诚信银行的股票，该笔投资收益率约为 60%。新的投资机会来源于桑伯恩地图有限公司，这家公司的低估程度并不比共富诚信银行要大，但是巴菲特能够控股这家公司，以便于更快地实现价值。巴菲特认为，作出这种投资标的置换是基于更好地使用资金，50 美元的价格相对于 125 美元的内在价值折扣要大于 80 美元的价格相对于 135 美元的价值折扣。另外，投资一个可以控股的公司可以更快速地让低估状态修复，所以他卖出了仍在低估状态的共富诚信银行，而买入了另一家可以控股的低估程度相近的公司——桑伯恩地图有限公司。

（资料来源：黄建平．巴菲特投资案例集．北京：中国经济出版社，2013.）

［问题］作为证券投资大师的巴菲特，为何要选择卖出共富诚信银行的股票，而买入桑伯恩地图有限公司的股票？

［分析］引例涉及公司财务管理工作具体的投资问题。内容包括证券投资、债券投资、股票投资、基金投资等。学完本模块内容，将为你提供不同投资策略的思路。

一、证券投资的目的、特征与种类

（一）证券投资的目的与特征

证券投资是指投资者将资金投资于股票、债券、基金及衍生证券等资产，从而获取收益的一种投资行为。证券投资可以方便投资者灵活运用资金，从而获得更多的投资收益。

1. 证券投资的目的

企业进行证券投资的主要目的主要有以下几个方面：

（1）存放暂时闲置的资金。企业在生产经营过程中，需要维持一定的现金余额。但是现金不能产生收益，因此，在日常现金管理中，企业财务人员都选择将闲置的资金进行证券投资。既能获得投资收益，又能在企业需要现金时将其迅速变现，换回企业所需资金。此时，证券投资的目的就是将证券投资看作现金的替代物。

（2）与企业长期资金计划相配合。企业进入成长期后，需要多次发行证券进行大规模的筹资。但是发行长期证券筹集的资金在短期内往往都不可能使用完毕。企业将暂时不用的资金投资于证券，按投资项目的需要合理选择不同限期的证券以获取较高的投资收益。

（3）获得长期稳定的投资收益。有时企业拥有大量资金闲置，且在较长的时间内没有大量的现金支出计划，也没有收益较强的项目投资，那么企业就可以利用这笔资金进行长期投资。与短期投资不同，长期投资的收益主要来自于投资期间内的现金形式的利息、股利和价值增长。

（4）获得对相关企业的控制权。持有某一公司一定量的股票就可影响甚至控制该公司的经营决策。很多企业在发展过程中，需要控制与其处于同一产业或者相关产业链上的企业，往往就采取投资目标企业股票的方式来达到目的。

2. 证券投资的特征

相对于实物投资而言，证券投资具有如下特点：

（1）流动性强。证券资产的流动性明显高于实物资产。

（2）价格不稳定。证券相对于实物资产来说，受人为因素的影响较大，且没有相应的实物作保证，其价值受政治、经济环境等各种因素的影响较大，具有价值不稳定、投资风险较大的特征。

（3）交易成本低。证券交易过程快速、简捷、成本较低。

码4－8　证券投资的种类

（二）证券投资的种类

金融市场上的证券很多，其中可提供企业投资的证券主要有国债、短期融资券、可转让存单、企业股票与债券、投资基金、期权、期货等衍生证券。具体可以分为以下几类：

1. 债券投资

债券投资，是指投资者购买债券以取得资金收益的一种投资活动。

2. 股票投资

股票投资，是指投资者将资金投向股票，通过股票的买卖和收取股利以获得收益的投资行为。

3. 基金投资

基金投资，是指投资者通过购买投资基金股份或受益凭证来获取收益的投资方式。这种方式可以使投资者享受专家服务，有利于分散风险，获得较高的、较稳定的投资收益。

4. 期货投资

期货投资，是指投资者通过买卖期货合约规避价格风险或赚取利润的一种投资方法。所谓期货合约，是指在将来一定时期以指定价格买卖一定数量和质量的商品而由商品交易所制定的统一的标准合约，它是确定期货交易关系的一种契约，是期货市场的交易对象。

5. 期权投资

期权投资，是指为了实现盈利目的或者规避风险而进行期权买卖的一种投资方式。

6. 证券组合投资

证券组合投资，是指企业将资金同时投资于多种证券，是企业等法人单位进行证券投资时常用的投资方式。

二、债券投资

（一）债券投资的目的与特点

1. 债券投资的目的

债券投资的对象是债券。债券是发行者为筹集资金，向债权人发行的，在约定时间支付一定比例的利息，并在到期时偿还本金的一种有价证券。政府债券通常称为国库券或国债，而公司发行的债券通常称为公司债。

企业进行短期债券投资的目的主要是合理利用暂时闲置的资金，调节现金余额，获得收益。当企业现金余额太多时，便投资于债券，使资金余额降低；当现金余额太少时，便出售债券，收回现金，使资金余额提高。企业进行长期债券投资的目的主要是获得稳定的收益。

2. 债券投资的特点

债券作为一种重要的融资手段和金融工具，有以下特点：

（1）期限性。债券必须到期偿还，具有一定的时间性。

（2）流动性。债券具有可及时转换为货币资金的能力。这种流动性往往受债券期限长短、发行单位的信誉、利率的形式以及债券市场发行程度等因素的影响。一般期限短、发行单位信誉高、利率形式好的债券，其流动性较强。

（3）安全性。债券的安全性是指债券避免市场价格波动引起价值损失的能力。债券发行单位履约的程度、市场利率的变动是影响债券安全性的因素。

（4）收益性。债券的收益性主要表现在两个方面：一是投资债券可以给投资者定期或不定期地带来利息收入；二是投资者利用债券价格的变动，买卖债券赚取差额。一般来说，债券的收益是固定的，但债券价格会随市场利率的变化而变化，当市场利率大于该债券的票面利率时，债券的价格会低于其面值；当市场利率小于该债券的票面利率时，债券的价格会高于其面值。

在企业投资的过程中，企业投资的目的是高收益，低风险。企业决定是否购买某种债券，必须先进行收益评价，即评价其收益和风险。评价债券收益水平的指标主要有两个：即债券的价值和债券的到期收益率。

（二）债券的价值

债券的价值，也称债券的内在价值，是指债券未来现金流入的现值。债券投资的现金流出是其购买债券的价格，其现金流入主要包括利息和到期归还的本金或出售时获得的现金。在考虑资金的时间价值时，要比较债券投资的现金流入与流出的现值，即比较债券的价值和债券的购买价格。当债券的价值大于购买价格时，才值得购买。

码 4－9 如何确定债券的价值

债券价值计算的基本模型是：

$$V = \sum_{t=1}^{n} \frac{I_t}{(1+i)^t} + \frac{M}{(1+i)^n}$$

式中：V 为债券的价值；I_t 为第 t 年的债券利息；M 为债券的面值；n 为现在至债券到期的年限；i 为贴现率，一般采用当时的市场利率或投资人要求的最低报酬率。

若债券是固定利率、每年计算并支付利息，到期归还本金，则债券的价值可表示为：

$$V = I \times (P/A,\ i,\ n) + M \times (P/F,\ i,\ n)$$

【工作实例 4－8】 三木公司拟购买钱塘公司发行债券，钱塘公司的债券计划于 2020 年 2 月 1 日发行，面值为 1 000 元，债券期限为 6 年，票面利率为 6%，每年 2 月 1 日计算并支付一次利息，到期一次还本。当时的市场利率为 5%，债券的发行价格为 1 100 元。三木公司是否可以购买该债券？

解： 债券价值 $V = 1\,000 \times 6\% \times (P/A,\ 5\%,\ 6) + 1\,000 \times (P/F,\ 5\%,\ 6)$

$= 60 \times 5.075\,7 + 1\,000 \times 0.746\,2$

$= 1\,050.74$（元）

因为该债券的价值小于其发行价格，所以三木公司不需购买该债券。

码 4－10 如何确定债券到期收益率

（三）债券到期收益率

投资者在投资债券时，最关心的就是债券收益有多少。债券的收益来自于两个方面：一是持有期分得的债券利息；二是买卖债券的价差收益。人们一般使用债券收益率这个指标来衡量债券的投资收益。债券收益率是债券收益与其投入本金的比率，通常用年率表示。决定债券收益率的主要因素，有债券的票面利率、期限、面值和购买价格。

衡量债券收益，一般使用债券到期收益率这个指标。债券的到期收益率是指购进债券后，一直持有至到期日可获得的收益率。这个收益率也称为债券投资的实际收益率，是指按复利计算的收益率，它是能够使债券未来现金流入现值等于债券购入价格的贴现率。

计算到期收益率的方法是求解含有贴现率的方程。若债券是固定利率、每年计算并支付利息，到期归还本金，则其到期收益率的计算可求解如下方程，即：

现金流出 = 现金流入

购进价格 = 每年利息 × 年金现值系数 + 面值 × 复利现值系数

$$V = I \times (P/A,\ i,\ n) + M \times (P/F,\ i,\ n)$$

式中：V 为债券的购买价格；I 为每年的债券利息；n 为到期的年数；i 为贴现率；M 为债券的面值。

试误法比较麻烦，为方便计算，债券的到期收益率也可用简便算法求得近似结果：

$$R = \frac{I + (M - P)/n}{(M + P)/2} \times 100\%$$

式中：I 为每年的利息；M 为到期归还的本金；P 为买价；n 为年数。

实际收益率是指导选购债券的标准。它可以反映债券投资的按复利计算的真实收益率。如果高于投资人要求的报酬率，则应该买进该债券，否则就要放弃。其结论和计算债券的真实价值相同。

【工作实例4-9】 三木公司于2020年3月1日购买了100张面值1 000元的债券，债券的价格为1 100元，债券期限为5年，票面利率为7%，每年3月1日计算并支付一次利息，到期一次还本。三木公司持有该债券至到期日，计算该债券的到期收益率。

解： 计算该债券的到期收益率如下：

$1\,100 = 1\,000 \times 7\% \times (P/A,\ i,\ 5) + 1\,000 \times (P/F,\ i,\ 5)$

求解该方程采用试误法或逐次测试法。

1. 试误法

用 $i = 5\%$ 试算：

$1\,000 \times 7\% \times (P/A,\ 5\%,\ 5) + 1\,000 \times (P/F,\ 5\%,\ 5)$

$= 70 \times 4.329\,5 + 1\,000 \times 0.783\,5$

$= 1\,086.57$ （元）

贴现结果小于1 100，应进一步降低贴现率。

用 $i = 4\%$ 试算：

$$1\,000\times7\%\times(P/A,\ 4\%,\ 5)+1\,000\times(P/F,\ 4\%,\ 5)$$
$$=70\times4.4518+1\,000\times0.8219$$
$$=1\,133.53\ (元)$$

贴现结果高于1 100，可以判断，该债券的到期收益率介于4%至5%之间。

2. 插值法

$$R=4\%+\frac{1\,133.53-1\,100}{1\,133.53-1\,086.57}\times(5\%-4\%)$$
$$=4.71\%$$

因此，该债券的到期收益率为4.71%。

该债券的到期收益率也可用简化公式进行计算，将相关数据代入简化计算公式：

$$R=\frac{70+(1\,000-1\,100)/5}{(1\,000+1\,100)/2}\times100\%$$
$$=4.76\%$$

从计算结果可以看出，两种方法计算的债券到期收益率基本相同。

案例分析

全球债券收益率猛跌

据FX168财经报社（中国香港）讯，因全球债券收益率猛跌，投资者的利息收益缩水。对于收益率的下跌，政府却无动于衷。

据CNBC报道，惠誉周三公布一份报告称，全球投资者在主权债务领域的投资额总计达38万亿美元，相较于2011年的收益率水平，投资者的年均投资收益缩水了5 000亿美元。

惠誉还表示："因受央行货币刺激政策影响，主权借贷成本已经下降，现金流的收益已经有效地从全球投资者手中转移到主权发行人手中。这向依赖收入的投资者（如保险公司以及养老基金）提出了新的挑战，但是另一方面，政府的借贷成本却得以不断降低。"

据惠誉表示，那些打算购买资产并持有至到期的投资者将不得不花费现金购买利率较低的债券，从而使他们的利息收入减少。

政府债券收益率一般与价格相反，因大多数发达国家央行为刺激经济增长，全球债券收益率大多数大幅下跌。避险需求的上升引发了对主权债务的抢购，导致各国政府债券收益率不断下行。包括德国和日本在内的国债收益率已经低于零，意味着投资者反而要向借款人支付利息。美国10年期国债收益率7月份跌至纪录低点。对全球经济是否稳健的担忧同样刺激避险资产的现金流入，比如政府债券。

惠誉还指出，随着时间的流逝，债券收益率的下行有可能会导致更多的政府转向财政刺激计划。惠誉还警示道，对政府的担忧也有许多。债券收益率的下跌可能推高政府债务水平、增加总负债量。

（资料来源：债券收益率暴跌，全球投资者损失5 000亿美元．新浪财经，2016年9月2日．）

［问题］债券投资作为一种流动性较强、安全性较好、收益性相对稳定的有价证券投资工具，为何会发生债券收益率暴跌，令全球投资者损失5 000亿美元的情况？

三、股票投资

（一）股票投资的目的与特点

1. 股票投资的目的

股票是股份公司发给股东（出资者）证明其投资入股，并有权取得股息收入的凭证，也是股份公司对出资者表示股东权力的证书。股票作为股份公司发给股东作为入股凭证并借以取得股息的一种有价证券，它是投资入股的凭证，代表着对一定的经济利益的分配支配权，亦是在市场上可以转让、买卖、流通的一种有价证券。

企业进行股票投资的目的主要有两种：一是获利，即作为一般的证券投资，获得股利收入及股票买卖价差收入；二是控股，即通过购买某一企业的大量股票达到控制该企业的目的。

2. 股票投资的特点

（1）永久性，即股票投资者的长期性。一旦买入某一公司的股票，投资者就不能中途向公司退股，抽回投资。但是，由于存在股票交易所，投资者可以通过股票交易所卖出或转让他的股票，收回投资。

（2）参与性，即股票投资者具有参与股份公司经营，赢利分配和承担有限责任的权利和义务。

（3）流通性。股票可以随时在股票市场上买卖，转让。因为股票可以作为一种抵押品，所以，股票持有者可以随时将其买卖、转让而获得现金。无记名股票的转让只要将股票交付给受让人，即可达到转让的法律效果。记名股票的转让则要在卖出人盖章背书后才可转让。

（4）风险性，即持有股票可能产生经济利益损失的情况。

（二）股票价值计算的基本模型

码4－11 股票价值计算的基本模型

股票价值是指股票预期的未来现金流入的现值，也称为股票的内在价值。由于股票的期限无法估计，一般公司存在，该股票就存在，而企业的经营假定都是持续经营，则对于永久性持有该公司股票的投资者来说，其现金的流入主要是股利的流入。在实际运用中，怎样来确定未来的股利呢？一般股利的测定主要是考虑每股的盈利水平和股利的支付率。对其估计一般可以历史资料为依据，采用一系列统计方法来测定。

股票价值计算的基本模型为：

$$V = \frac{D_1}{(1+R_s)^1} + \frac{D_2}{(1+R_s)^2} + \cdots + \frac{D_n}{(1+R_s)^n} + \cdots$$

$$= \sum_{t=1}^{\infty} \frac{D_t}{(1+R_s)^t}$$

式中：V 为股票的价值；D_t 为第 t 年的股利；R_s 为贴现率，即股票必要的报酬率；t 为年份。

若投资者不打算永久地持有该股票，而在一段时间后出售，它的未来现金流入是几次股利和出售时的股价之和。则模型为：

$$V = \sum_{t=1}^{n} \frac{D_t}{(1+R_s)^t} + \frac{P_n}{(1+R_s)^n}$$

式中：V 为股票的价值；D_t 为第 t 年的股息；R_s 为股票最低或必要的报酬率；t 为年份；P_n 为第 n 年的市场价格，即投资者出售时的市场价格。

（三）股票价值计算的具体应用

1. 零成长股票的价值

零成长股票是指预期股利金额每年是固定的，即 $D_1 = D_2 = D_3 = \cdots = D_n$（$n$ 为∞），则股利支付过程是一个永续年金。由于永续年金的现值是由永续年金除以贴现率来决定的，故该种股票的价值为：

$$V = D \div R_s$$

【工作实例 4－10】 三木公司计划投资某种股票，该股票每年股利均为 1.5 元，投资者要求的最低报酬率为 10%，求该股票的价值。

解： 该股票的价值为：

$V = D \div R_s = 1.5 \div 10\% = 15$（元）

也就是说，在该股票每年股利为 1.5 元，市场报酬率为 10% 时，即当该股票市价为 15 元或 15 元以下时便可投资。

码 4－12　如何确定零成长股票的价值

在实际中，普通股的股利一般不应该是固定不变的，而应当是不断增长的。但优先股的股利基本上每年都是固定的。所以，零成长股票价值的计算非常适合计算优先股股票的价值。

2. 固定成长股票的价值

由于企业是在不断发展的，股票的股利也不应当是不变的。在稳定增长的股利政策下，企业的股利可能会按一定稳定的比例上升。如果企业股利不断稳定增长，并假设每年股利增长均为 g，如果公司目前的股利为 D_0，则固定成长股票价值的计算公式为：

码 4－13　如何确定固定成长股票的价值

$$P = \sum_{t=1}^{\infty} \frac{D_0(1+g)^t}{(1+R_s)^t}$$

因为 g 是一个固定的常数，上式可以简化为：

$$P = \frac{D_0(1+g)}{R_s - g} = \frac{D_1}{R_s - g}$$

如要计算股票投资的预期报酬率，则只要求出上述公式中 R_s 即可：

$R_s=(D_1\div P_0)+g$

【工作实例 4-11】 三木公司计划投资 A 公司股票，并且准备长期持有。A 公司今年的每股股利为 0.8 元，预计年增长率为 8%，三木公司期望的最低报酬率为 12%，求该股票的内在价值。

解：该股票的内在价值为：

$$P=\frac{D_0(1+g)}{R_s-g}=\frac{0.8\times(1+8\%)}{12\%-8\%}$$

$=21.6$（元）

若按 21.6 元买进，则下年度预计的投资报酬率为：

$$R_s=(D_1\div P_0)+g$$
$$=0.8\times(1+8\%)\div 21.6+8\%$$
$$=12\%$$

3. 非固定成长股票的价值

在现实生活中，任何企业的股利都不可能是绝对固定的。许多公司的股利在某一段时间有一个超常的增长率，而后阶段公司的股利固定不变或正常增长。在这种情况下，要计算股票的投资价值一般要分段计算，才能确定此种股票的价值。也可以说，非固定成长股票价值的计算，实际上就是固定成长股票价值计算的分段运用。

【工作实例 4-12】 三木公司计划投资深宝公司股票，并且准备长期持有，要求达到 12% 的收益率。深宝公司最近支付的股利为每股 0.6 元，预计在未来 3 年内股利以 15% 的速度高速增长，而后以 10% 的速度转为正常增长。试计算深宝公司股票目前的市场价值。

解：（1）计算前 3 年的股利现值（见表 4-7）：

表 4-7　深宝公司前 3 年股利现值计算表　单位：元

年份	股利（D_t）	现值系数（12%）	现值（PV·D_t）
第 1 年	$0.6\times(1+15\%)$	0.892 9	0.616 1
第 2 年	$0.6\times(1+15\%)^2$	0.797 2	0.632 6
第 3 年	$0.6\times(1+15\%)^3$	0.711 8	0.649 5
合计			1.898 2

注：现值 = 股利 × 现值系数。

（2）计算第 3 年年底该股票的价值：

$$V=D_4\div(R_s-g)$$
$$=0.6\times(1+15\%)^3\times(1+10\%)\div(12\%-10\%)$$
$$=50.1875\text{（元）}$$

（3）计算其第 3 年年底股票价值的现值：

$$PV_{P_0}=50.1875\div(1+12\%)^3$$
$$=50.1875\times 0.7118=35.7235\text{（元）}$$

（4）将上述两步所计算的现值相加，便能得到目前该股票的价值，即：

$V = 1.8982 + 35.7235 \approx 37.62$（元）

综上，如果深宝公司的股价小于或等于37.62元时，即可购买该公司的股票。

四、基金投资

（一）证券投资基金的含义和种类

1. 证券投资基金的含义

根据《证券投资基金法》的定义，证券投资基金指一种利益共享、风险共担的集合证券投资方式，即通过发行基金单位，集中投资者的资金，由基金托管人托管，基金管理人管理和运用资金，从事股票、债券等金融工具投资。

国际经验表明，基金对引导储蓄资金转化为投资、稳定和活跃证券市场、提高直接融资的比例、完善社会保障体系、完善金融结构具有极大的促进作用。我国证券投资基金的发展历程也表明，基金的发展与壮大，推动了证券市场的健康稳定发展和金融体系的健全完善，在国民经济和社会发展中发挥了日益重要的作用。

2. 证券投资基金的种类

证券投资基金的种类繁多，可按不同的方式进行分类。

（1）根据组织形态的不同，可分为公司型基金与契约型基金。公司型基金又称为共同基金，是指按照《公司法》以公司形态组成的，通过发行股份的方式筹集资金，一般投资者购买该公司的股份即为认购基金，也就成为该公司的股东，凭其持有的基金份额依法享有投资收益。

码4－14　基金投资的种类

契约型基金又称为单位信托基金，是指把受益人（投资者）、管理人、托管人三者作为基金的当事人，由管理人与托管人通过签订信托契约的形式发行受益凭证而设立的一种基金。契约型基金由基金管理人负责基金的管理操作，由基金托管人作为基金资产的名义持有人，负责基金资产的保管和处置，对基金管理人的工作进行监督。

公司型基金和契约型基金的区别主要在于：①资金的性质不同。公司型基金的资金为公司法人的资本，契约型基金的资金是信托资产。②投资者的地位不同。公司型基金的投资者购买基金公司的股票后成为该公司的股东，以股息或红利的形式取得收益；契约型基金的投资者购买受益凭证后成为基金契约的当事人之一，即受益人。因此，契约型基金的投资者没有管理基金资产的权利，而公司型基金的股东通过股东大会和董事会享有管理基金资产的权利。③资金的运营依据不同。公司型基金依据基金公司的章程运营基金，契约型基金依据基金契约运营基金。

（2）根据变现方式的不同，可分为封闭式基金和开放式基金。封闭式基金是指基金资本总额及发行份数在未发行之前就已确定下来，在发行完毕后和规定的期限内，不论出现何种情况，基金的资本总额及发行份数都固定不变的投资基金。由于封闭式基金的份数不能被追加、认购或赎回，投资者只能通过证券经纪商在证券交易所进行基金的买卖。封闭式基金在取得收益后，以股利、利息和可实现的资本利得等形式支付给投资者。

开放式基金是指发起人在设立时，单位或股份总规模不固定，可视投资者的需求，随时向投资者出售单位或股份，并可应投资者要求赎回发行在外的单位或股份的一种运作方式。投资者既可以通过销售机构购买使资产和规模由此相应增加，也可以将所持有的份额出卖并收回现金使资产和规模相应减少。

封闭式基金和开放式基金的区别主要在于：①基金持有份额的发行方式不一样。封闭式基金为固定的，开放式基金为不固定的。②变现方式不一样。封闭式基金只能在市场上通过委托经纪人在市场上出售基金份额的方式变现；而开放式基金的持有者则可随时要求发行人按照基金份额的价值赎回股份。③买卖价格不一样。由于封闭式基金份额的转让价格主要取决于市场的需求，因此封闭式基金的市场价格可能会高于或低于其所代表的净资产的价格；而开放式基金的赎回价格一定是等于其所代表的净资产的份额。④投资比例不一样。封闭式投资基金由于不考虑基金份额的赎回问题，因此可以将募集到的资金全部用于投资；而开放式基金由于必须保证随时在持有者要求基金赎回份额时拥有足够多的现金和高度流动性的资产，因此不可能将募集到的资金都用于投资。⑤投资的绩效不一样。由于开放式基金必须保留一定数量现金以备赎回所需，因此从资金运用效率上看，封闭式基金要高于开放式基金。

（3）根据投资标的不同，基金可分为股票基金、债券基金、货币基金、期货基金、期权基金、认股权证基金、专门基金等。

股票基金是所有基金品种中最为流行的一种类型，它是指投资于股票的投资基金，其投资对象通常包括普通股和优先股，其风险程度较个人投资股票市场要低得多，且具有较强的变现性和流动性，因此它也是一种比较受欢迎的基金类型。

债券基金是指投资管理公司为稳健型投资者设计的，投资于政府债券、市政公债、企业债券等各类债券品种的投资基金。债券基金一般情况下定期派息，其风险和收益水平通常较股票基金低。

货币基金是指由货币存款构成投资组合，协助投资者参与外汇市场投资，赚取较高利息的投资基金。其投资工具包括银行短期存款、国库券、政府公债、公司债券、银行承兑票据及商业票据等。这类基金的投资风险小，投资成本低，安全性和流动性较高，在整个基金市场上属于低风险的安全基金。

期货基金是指投资于期货市场以获取较高投资回报的投资基金。由于期货市场具有高风险和高回报的特点，因此投资期货基金既可能获得较高的投资收益，同时也面临着较大的投资风险。

期权基金就是以期权作为主要投资对象的基金。期权交易就是期权购买者向期权出售者支付一定费用后，取得在规定时期内的任何时候，以事先确定好的协定价格，向期权出售者购买或出售一定数量的某种商品合约的权利的一种交易。

认股权证基金就是指以认股权证为主要投资对象的基金。认股权证是指由股份有限公司发行的，能够按照特定的价格，在特定的时间内购买一定数量该公司股票的选择权凭证。由于认股权证的价格是由公司的股价决定的，一般来说，认股权证的投资风险较通常的股票要大得多。因此，认股权证基金也属于高风险基金。

专门基金由股票基金发展演化而成，属于分类行业股票基金或次级股票基金，它包括：黄金基金、资源基金、科技基金、地产基金等，这类基金的投资风险较大，收益水平较易受到市场行情的影响。

（二）基金投资的价值与报价

1. 基金单位净值

基金单位净值是在某一时点每一基金单位（或基金股份）所具有的市场价值，计算公式为：

基金单位净值 = 基金净资产价值总额 ÷ 基金单位总份额

式中，基金净资产价值总额 = 基金资产总值 − 基金负债总额

码 4－15 如何确定基金投资的价值与报价

2. 基金的报价

封闭式基金的买卖价格受市场供求关系的影响，并不必然反映公司的净资产值，开放型基金的柜台交易价格完全以基金单位净值为基础，开放式基金的交易价格则取决于基金的每单位资产净值的大小，通常采用两种报价形式：认购价（卖出价）和赎回价（买入价）。其卖出价一般是基金单位资产净值加5%左右的首次购买费；买入价即赎回价，是基金所代表的资产净值减去一定的赎回费，基本不受市场供求影响。

基金认购价 = 基金单位净值 + 首次认购费

基金赎回价 = 基金单位净值 − 基金赎回费

【工作实例 4－13】 三木公司目前基金资产账面价值为 2 000 万元，负债账面价值为 500 万元，基金资产目前的市场价值为 3 000 万元，基金单位数为 1 000 万股，假设公司收取首次认购费，认购费率为基金资产净值的 5%，不再收取赎回费。

要求：

（1）计算该基金公司基金净资产价值总额。

（2）计算基金单位净值。

（3）计算基金认购价。

（4）计算基金赎回价。

解：（1）该公司基金净资产价值总额 = 基金资产市场价值 − 负债总额

= 3 000 − 500 = 2 500（万元）

（2）基金单位净值 = 2 500 ÷ 1 000 = 2.5（元）

（3）基金认购价 = 基金单位净值 + 首次认购费 = 2.5 + 2.5 × 5%

= 2.63（元）

码 4－16 如何确定基金收益率

（4）基金赎回价 = 基金单位净值 - 基金赎回费 = 2.5 - 0 = 2.5（元）

（三）基金收益率

基金收益率用以反映基金增值的情况，它通过基金净资产的价值变化来衡量。

$$基金收益率=\frac{年末持有份数\times 基金单位净值年末数-年初持有份数\times 基金单位净值年初数}{年初持有份数\times 基金单位净值年初数}$$

【工作实例 4-14】 2020 年 1 月 4 日，李明购买华夏基金 5 万份，基金单位净值为 2.35 元；到 2020 年 12 月 31 日，该基金投资者持有的份数不变，此时基金单位净值为 3.32 元。要求计算该投资者的基金收益率。

解： 该投资者的基金收益率计算如下：

基金收益率 =（50 000 × 3.32 - 50 000 × 2.35）÷（50 000 × 2.35）= 41.28%

业务拓展

证券投资组合

证券投资组合又称为证券组合，是指在进行证券投资时，不是将所有的资金都投向单一的某种证券，而是有选择地投向一组证券。这种同时投资多种证券的做法便称为证券的投资组合。有效的证券投资组合，可削减证券投资风险。证券市场上经常可听到这样一句名言：不要把全部鸡蛋放在同一个篮子里。

证券投资组合的风险可以分为两种性质完全不同的风险，即非系统性风险和系统性风险。非系统性风险又称为可分散性风险或公司特有风险，是指某些因素对单个证券造成经济损失的可能性。如公司在市场竞争中的失败等。这种风险，可通过证券持有的多样化来抵销，即多买几家公司的股票，其中某些公司的股票收益上升，另一些股票的收益下降，从而将风险抵销。因而，这种风险称为可分散风险。系统性风险又称为不可分散风险或市场风险，是指由于某些因素给市场上所有的证券都带来经济损失的可能性。如宏观经济状况的变化，国家税法的变化，国家财政政策和货币变化，世界能源状况的改变都会使股票收益发生变动。这些风险影响到所有证券。因此，不能通过证券组合分散掉。对投资者来说，这种风险是无法消除的，故称为不可分散风险。

在西方金融学和财务管理学中，有许多模型论述风险和收益率的关系，其中一个重要的模型为资本资产定价模型（Capital Asset Pricing Model，CAPM）。这一模型为：

$$K_i = R_f + \beta_i \times (K_m - R_f)$$

式中：K_i 为第 i 种股票或第 i 种证券组合的必要收益率；R_f 为无风险收益率；β_i 为第 i 种股票或第 i 种证券组合的 β 系数；K_m 为所有股票或所有证券的平均收益率。

项目小结

本项目主要介绍了投资管理的主要内容、项目投资管理和证券投资管理的有关内容。企业投资的特点表现为：属于企业的战略性决策和企业的非程序化管理、投资价值的波动性大。企业投资按不同的标准可以分为不同的类型。

项目投资的现金流量（NCF）是指在一个投资项目引起的企业各项现金收入和现金支出增加的数量，是增量的现金流量。投资期现金流量一般包括：①土地使用费用支出；②固定资产方面的投资；③流动资产方面的投资；④其他方面的投资，包括与固定资产投资有关的职工培训费、注册费等；⑤原有固定资产的变价收入。投资期现金流量除原有固定资产的变价收入为现金流入量外，其他部分均为现金流出量。项目投资的营业期年现金净流量（NCF）计算公式为：营业现金净流量（NCF）＝净利润＋折旧＋摊销。终结时项目现金流量主要表现为现金流入量，包括固定资产变价净收入和垫支营运资金的收回。

项目投资评价的指标主要有投资利润率、静态投资回收期、净现值、净现值率、现值指数、内含报酬率等。

投资利润率、静态投资回收期属于静态指标或非贴现评价指标。静态投资回收期是指在不考虑资金的时间价值的情况下，收回全部投资额所需要的时间。投资利润率又称为投资报酬率，是指投资项目投产期间的平均利润额与投资项目的投资额之间的比率。

净现值、净现值率、现值指数、内含报酬率等属于动态指标或贴现评价指标。净现值是指在项目计算期内，按行业基准收益率或企业设定的贴现率计算的投资项目未来各年现金净流量现值的代数和。净现值率是指投资项目的净现值占原始投资现值总和的百分比。现值指数法亦称为获利指数法，是指项目投产后按一定贴现率折算的营业期内各年现金净流量的现值合计与原始投资的现值合计的比值。内含报酬率又称为内部收益率，是指投资项目实际可以实现的收益率，亦可将其定义为能使投资项目的净现值等于零时的折现率。

评价债券收益水平的指标主要有两个，即债券的价值和债券的到期收益率。债券的价值，也称为债券的内在价值，是指债券未来现金流入的现值。当债券的价值大于购买价格时，才值得购买。债券的到期收益率是指购进债券后，一直持有至到期日可获得的收益率。这个收益率也称为债券投资的实际收益率，是指按复利计算的收益率，它是能够使债券未来现金流入现值等于债券购入价格的贴现率。

股票价值是指股票预期的未来现金流入的现值，也称为股票的内在价值。股票价值计算的具体应用包括：零成长股票的价值计算、固定成长股票的价值计算、非固定成长股票的价值计算。

投资基金指一种利益共享、风险共担的集合证券投资方式，即通过发行基金单位，集中投资者的资金，由基金托管人托管，由基金管理人管理和运用资金，从事股票、债券等金融工具投资。基金单位净值是在某一时点每一基金单位（或基金股份）所具有的市场价值。封闭式基金的买卖价格受市场供求关系的影响，并不必然反映公司的净资产值。开放型基金的柜台交易价格完全以基金单位净值为基础，开放式基金的交易价格则取决于基金的每单位资产净值的大小，通常采用两种报价形式：认购价（卖出价）和赎回价（买入价）。

项目五
营运资金管理

职业能力目标

了解营运资金的特点，熟悉营运资金管理的目的；能够准确分析企业持有现金的成本，掌握企业最佳现金持有量的确定方法，掌握信用政策的构成要素和决策方法，能够准确分析企业持有存货的成本，掌握存货的经济批量模型。

典型工作任务

序号	典型工作任务
1	分析持有现金的成本
2	确定企业最佳现金持有量
3	分析应收账款的成本
4	制定企业信用政策
5	确定企业存货经济批量

模块一　营运资金认知

引导案例

地产“利润王”是如何炼成的?

2019年3月26日，中国恒大集团发布了2018年年度业绩公告。据公告披露，截至2018年12月31日公司年度营业收入为4 662.0亿元，较2017年增长49.9%；毛利为1 689.5亿元，较2017年增长50.5%；净利润（剔除汇兑损益）为722.1亿元，较2017年增长106.4%。

整体来看，恒大稳坐“利润王”，远超同行净利润水平，这得益于恒大一直以来精细化的收入—成本管控、超前的土地储备以及良好的资产—负债结构。恒大年度销售额从2014年的1 315亿元，增加到2018年的5 513亿元，复合增长率为43.1%。恒大2018年年度销售目标金额为5 500亿元，公司本年度实际合约销售额为5 513.4亿元。

一、精细化的收入—成本管控

恒大上述业绩的取得，主要得益于集团精细化的收入与成本管控。一方面，进行大规模精品化开发，提升产品性价比和产品品质，获得合约销售价格稳健上升。另一方面，以更强大的品牌效应和成本控制措施，从土地源头上控制成本，与供应商形成战略联盟，通过集中采购来控制各项成本。恒大2018年销售成本与合约销售额的比率为3.3%，同比降低了0.1个百分点。恒大这种业务规模适度增长、经济效益显著增加的模式可以不断提高集团在地产行业的竞争力，从而扩大市场份额提高销售额。2018年年底恒大集团现金及现金等价物为2 042.1亿元，充足的营运资金保证了公司的正常运营，也为集团寻找最佳商机提供了支持。

二、超前的土地储备

截至2018年年底，恒大在228个城市拥有811个项目，单个项目规模大，土地储备达3.03亿平方米。2018年年度累计实现598个项目竣工，交楼666个项目，销售面积5 243.5万平方米，交楼金额4 527.6亿元。截至2018年12月31日，恒大集团在建项目714个，新开工面积7 567万平方米，在建工程面积1.35亿平方米。房企一般交楼周期为三年，恒大的历史平均去存货周期大概在三年左右，预计恒大在2019年内可实现交楼面积5 933万平方米。2019年恒大销售面积将同比增长超过13%，以恒大一直以来销售土地成交均价稳健的历史来看，2019年恒大销售金额也将同比增长超过13%，恒大2019年销售额超过6 000亿元毫无悬念。

三、良好的资产—负债结构

2018年年度末，恒大集团净资产增加至3 086.3亿元，较2017年同比增长27.4%；资产负债比率为83.58%，与2017年相比下降了2.67%；总借贷水平较2017年年底下降595亿元，降幅为8.1%。集团显著提高的运营效率不断改善公司整体的资产负债结构，全面贯彻“三低一高”的经营模式。通过控制新增土地储备、减少运营费用以及扩大盈利规模来增加权益，利用自有资金提前偿还永续债，实现负债水平下降。恒大逐步优化的资产负债结构可以提高资产的使用效率，实现企业收益最大化，稳定增长财务资源以适应销售增长的需要。

（资料来源：新浪财经. 财报解读：地产“利润王”是如何炼成的？新浪网，2019年3月29日.）

［问题］中国恒大集团是如何获取高额利润的？

［分析］引例主要涉及企业营运资金管理的相关内容。营运资金管理在企业财务管理中处于重要地位。学完本模块的内容，将为你提供分析问题、解决问题的思路和方法。

一、营运资金的含义

营运资金是指在企业生产经营活动中占用在流动资产上的资金。营运资金有广义和狭义之分，广义的营运资金是指一个企业流动资产的总额。这是一个具体的概念，主要用来研究企业资产的流动性和周转状况。而这些具体的营运资金控制、持有状况确定等的管理，是企业日常财务管理中的重要部分。狭义的营运资金是指流动资产减去流动负债后的余额。这是一个抽象的概念，并不特指某项资产，但它是判断和分析企业流动资金运作状况和财务风险程度的重要依据，这个概念主要在研究企业的偿债能力和财务风险时使用。因此，企业营运资金的持有状况和管理水平直接关系到企业的盈利水平和财务风险两个方面。营运资金的内容则包括了流动资产的管理和流动负债的管理。

营运资金管理的目的，必须符合企业整体财务管理的目的。一般来说，营运资金管理的目的是通过管理活动的实施，保证企业具有足够的流动性，并同时努力提高企业的盈利能力。企业应合理确定现金持有量，保持良好的流动资产结构，加快应收账款的回收等，使企业整个营运资金按照营运资金政策预定的目标进行运营，促使企业实现价值最大化。为达到这一目的，在营运资金管理中，要求做好以下几点：①合理确定企业营运资金的占用数量；②合理确定短期资本的来源结构；③加快资本周转，提高资本的利用效率。

码5－1　营运资金的概念及管理目的

二、营运资金的特点

要想有效地管理企业的营运资金，就必须认真研究营运资金的特点，以便在企业营运资金运作过程中采取有针对性的措施。营运资金一般有以下特点。

（一）营运资金周转期短

企业占用在营运资金上的资金，周转速度较快，其周转期较短，通常是在一年或一个营业周期内收回。因此，企业在营运资金的供应上，可以根据这一特点，采用短期的筹资方式来解决。如短期银行借款、商业信用等。

（二）营运资金形态波动大

营运资金的实物形态除了按货币资产、储备资产、生产资产、成品资产、结算资产顺序转化外，其占用的数量也会随着企业内外经营条件的变化而变化。时高时低，波动很大。因此，企业在流动资产管理上，必须对各项流动资产合理配置，并根据波动情况，随时调整其数量。

（三）营运资金变现性强

营运资金中的大部分资产一般都具有较强的变现能力。即便在企业出现紧急状况时，相比长期资产，更容易变现而获得现金，以满足企业生产经营中的急需。

（四）营运资金来源多而灵活

营运资金的来源渠道多，其筹集的形式也多，期限的选择较为灵活。

三、营运资金管理的目的

营运资金是企业总资产管理的一个重要组成部分。所以，营运资金管理的目的必须符合企业整体财务管理的目的。

一般来说，营运资金管理的目的是通过管理活动的实施，保证企业具有足够的流动性，并同时努力提高企业的盈利能力。

流动性既是蕴含于企业经营过程中的动态意义上的偿付能力，也是企业资产运用的固有特征。保持营运资金具有适度的流动性以便应付日常经营的需要和具有良好的偿债能力。

企业营运资金管理的基本目标就是最大限度地服务于企业的长远财务规划，围绕经营活动现金流量的创造，实现企业价值最大化。当然，流动资产自身没有创造现金流量的能力，对企业价值的形成没有直接的影响。但在资本投资性质及其效率既定的情况下，无能的、低效的营运资金管理却会在很大程度上抵减企业经营活动现金流量的创造力。因此，企业应合理确定现金持有量，保持良好的流动资产结构，加快应收账款的回收等，使企业整个营运资金按照营运资金政策预定的目标进行运营，促使企业实现价值最大化。

为达到这一目的，在营运资金管理中，要求做好以下几点：

（1）合理确定企业营运资金的占用数量；

（2）合理确定短期资本的来源结构；

（3）加快资本周转，提高资本的利用效率。

归纳起来企业应作出两个基本决策：一是确定流动资产的最佳投资水平；二是为维持这一水平而进行短期融资和长期融资的适当组合。

由于资金筹集在本书项目三已做详细阐述，故本项目主要阐述第一个问题，即流动资产的最佳投资水平。

模块二　现金管理

引导案例

贵州茅台2019年3月29日发布的公告，披露2018年年度利润分配方案：以本公司2018年年末总股本125 619.78万股为基数，对公司全体股东每10股派发现金红利145.39元（含税），共分配利润18 263 859 814.20元，剩余77 718 084 139.36元留待以后年度分配。

据贵州茅台2018年年报显示，截至2018年12月31日，茅台完成茅台酒及系列酒基酒产量7.02万吨，同比增长10.08%，其中茅台酒基酒产量4.97万吨，同比增长15.98%；系列酒基酒产量2.05万吨，同比降低1.98%；实现营业收入736.39亿元，同比增长26.49%；实现营业利润513.43亿元，同比增长31.85%；实现归属于母公司所有者的净利润352.04亿元，同比增长30.00%；每股收益28.02元，每股净资产89.83元，净资产收益率34.46%。

截至2018年12月31日，该公司资产负债表中货币资金高达1 120.75亿元。查阅茅台历年的年报得知，茅台账面上的货币资金保有量逐年攀升：2017年公司货币资金为878.69亿元，2016年公司货币资金为668.55亿元，2015年公司货币资金为368.01亿元。

财务方面的专家认为，公司的货币资金一般是以现金或“银行存款”的形式存在的，而相对于茅台主营业务的收益率来讲，银行存款的利息收益是微不足道的。面对逐年增长的货币资金，有投资者提出下列质疑：贵州茅台为什么要在账面上保有上百亿元的货币资金？有这么多钱存在银行，为什么不给投资者派发更多的红利？因为相对于茅台900元左右的高股价，以及28.02元的每股收益，它每10股派145.39元的分红方案还是有些吝啬。再者，以茅台的强大融资能力，即使有技改项目、扩张产能等投资计划，也可以通过银行贷款和二级市场融资来筹措，似乎也没有必要让这千亿元的资金趴在银行账户上啊？这是否意味着巨额资金的低效利用？

[问题] 如何评价茅台公司持有大量的货币资金？如何改进公司的现金管理水平？

[分析] 引例主要涉及企业现金管理的相关内容，主要包括：持有现金的动机与成本，最佳现金持有量的确定，现金的日常管理。学完本模块的内容，将为你提供企业现金管理方面分析问题、解决问题的思路和方法。

一、持有现金的动机

（一）交易动机

交易动机是指企业为满足生产经营活动中的各种支付需要（如购买原材

料、支付工资、偿还利息、支付现金股利等）而持有的现金。由于企业在生产经营活动中不可能始终保持现金收入与现金支出相等。因此，保持一定的现金余额以应付各种日常开支是必要的。通常情况下，企业的销售量越大，所要保持的现金余额也越大。

（二）预防动机

预防动机是指企业保持一定的现金余额以应付意外的现金需求。企业生产经营活动中正常现金需要可通过资金预测和计划来估算，但许多意外事件的发生将会影响和改变企业的正常现金需要量。比如，自然灾害、生产事故、客户款项不能如期支付以及国家政策的某些突然变化等，这些都会打破企业原先预计的现金收支平衡。因此企业需要保持一定的额外现金余额来应付可能发生的意外情况。一般来讲，企业保持的用于预防动机的现金余额的多少取决于以下几个因素：①现金收支预测的可靠程度；②企业的临时借款能力；③企业其他流动资产（如有价证券等）的变现能力；④企业对意外事件发生的可能性大小的判断和风险承受能力。

（三）投机动机

企业持有现金的另一个可能的动机是投机，即通过在证券市场上的炒作或原材料市场的投机买卖来获取投机收益。比如，当企业预计原材料价格将有较大幅度的上升时，可利用手中多余的现金以目前较低价格购入原材料，使将来价格上升时少受影响。投机动机只是企业确定现金余额所需考虑的次要因素之一，其持有数量往往与企业在金融市场上的投资机会和企业对待风险的态度有关。

二、持有现金的成本

持有现金的成本是指持有现金付出的各种代价。企业持有现金的成本具体包括：

码 5－2　企业持有现金的成本

（一）机会成本

机会成本是指因持有现金而丧失的再投资收益，一般可用企业投资收益率来表示。假设某企业的投资收益率为 8%，年平均持有现金 100 万元，则该企业每年现金的机会成本为 8 万元（100×8%）。机会成本与现金持有量正相关，即现金持有越多，机会成本越高。机会成本一般与现金持有量成正比。

（二）管理成本

管理成本是指企业为管理现金而发生的管理费用。如管理人员工资和安全措施费等。管理成本具有固定成本的性质，它与现金持有量之间无明显的比例关系。

（三）转换成本

转换成本是指现金与有价证券转换过程中所发生的交易费用，如经纪人佣金、税金、证券过户费等。转换成本一般只与交易的次数有关，而与现金持有量的多少无关。

（四）短缺成本

短缺成本是指企业因现金短缺而遭受的损失。如不能按时支付购料款而造成的信用损失；不能按期缴纳税款而被罚滞纳金等。短缺成本随现金持有量的增加而下降，即与现金持有量负相关。

三、最佳现金持有量的确定

确定最佳现金持有量的模式主要有成本分析模式和存货模式。

（一）成本分析模式

成本分析模式，是根据对企业持有现金的机会成本、管理成本和短缺成本来确定最佳现金持有量的方法。其计算公式为：

现金总成本 = 机会成本 + 管理成本 + 短缺成本

成本分析模式就是对机会成本、管理成本和短缺成本进行分析，找出三种成本之和最低点时的现金持有量，该点就是最佳现金持有量。总成本、机会成本、管理成本、短缺成本和现金持有量之间的关系如图 5－1 所示。

码 5－3　运用成本模型确定最佳现金持有量

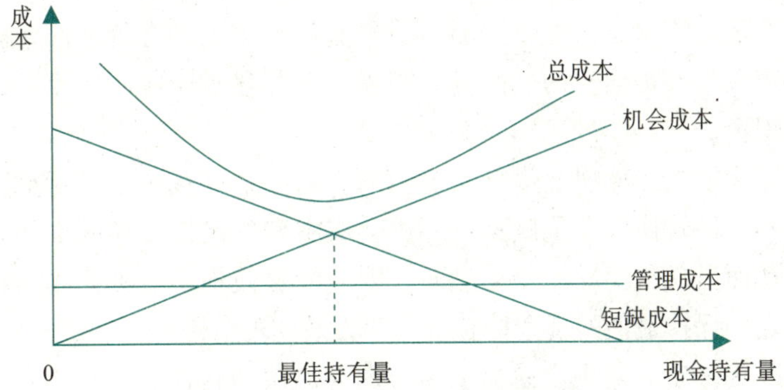

图 5－1　成本分析模式示意图

【工作实例 5－1】 三木公司为寻求最佳现金持有量，现拟定四种现金持有方案，有关资料如表 5－1 所示。假设三木公司的投资收益率为 10%，请确定其最佳现金持有量。

表 5－1　四种现金持有方案对比表　　单位：元

项目	甲方案	乙方案	丙方案	丁方案
现金持有量	100 000	200 000	300 000	400 000
机会成本率	10%	10%	10%	10%
管理成本	10 000	10 000	10 000	10 000
短缺成本	48 000	25 000	10 000	8 000

解： 编制三木公司最佳现金持有量测算表，如表 5－2 所示。

表 5－2　　最佳现金持有量测算表　　单位：元

项目	甲方案	乙方案	丙方案	丁方案
现金持有量	100 000	200 000	300 000	400 000
机会成本	10 000	20 000	30 000	40 000
管理成本	10 000	10 000	10 000	10 000
短缺成本	48 000	25 000	10 000	8 000
总成本	68 000	55 000	50 000	58 000

由表 5－2 可知，四个方案中丙方案的总成本最低。因此，该企业的最佳现金持有量是 300 000 元。

（二）存货模式

码 5－4　运用存货模型确定最佳现金持有量

存货模式是将现金看作企业的一种特殊存货，按照存货管理中的经济批量法的原理，确定企业现金最佳持有量的方法。这一模式是由美国经济学家鲍莫尔（W. J. Baumol）于 1952 年首先提出的，故又称为“鲍莫尔模型”。

采用存货模式测算最佳现金持有量是建立在下列假设基础上的：①企业未来年度的现金需求总量可以预测；②可通过出售短期有价证券来获得所需现金；③现金支出是均匀的，而且每当现金余额接近于零时，短期证券可随时转换为现金。

利用存货模式计算现金最佳持有量时，对于短缺成本不予考虑，只对机会成本和固定性转换成本予以考虑。机会成本和固定性转换成本随着现金持有量的变动而呈现出相反的变动趋向，因而能够使现金的机会成本与固定性转换成本之和保持最低的现金持有量，即为最佳现金持有量。

假设 T 为一定时期现金总需求量，F 为每次的转换成本，C 为最佳现金持有量（每次证券变现的数量），K 为有价证券利息率（机会成本），TC 为现金管理总成本。则：

现金管理相关总成本＝持有机会成本＋固定性转换成本

即：$TC=(C/2)\times K+(T/C)\times F$

现金管理相关总成本、持有成本和转换成本的关系如图 5－2 所示。

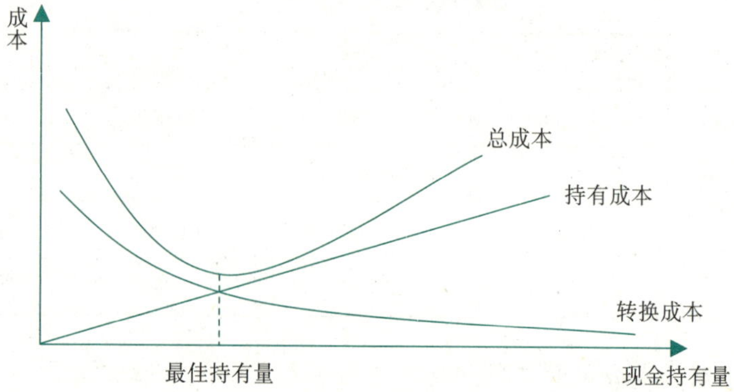

图 5－2　存货模式示意图

图5-2中，现金管理总成本与现金持有量呈凹形曲线关系。可用导数的方法求出最小值。其计算公式为：

$$最佳现金持有量\ C=\sqrt{\frac{2\times T\times F}{K}}$$

$$最小相关总成本=\sqrt{2\times T\times F\times K}$$

【工作实例5-2】 三木公司预计全年现金需要量为400 000元，现金与有价证券的转换成本为每次200元，有价证券的年利率为10%，计算该公司最佳现金持有量。

解： 最佳现金持有量为：

$$C=\sqrt{\frac{2\times 400\ 000\times 200}{10\%}}=40\ 000\ (元)$$

$$最低现金管理相关总成本=\sqrt{2\times 400\ 000\times 200\times 10\%}=4\ 000\ (元)$$

即三木公司的最佳现金持有量为40 000元，此时现金管理的相关总成本为4 000元。

四、现金的日常管理

企业在确定了最佳现金持有量后，还应采取各种措施，加强现金的日常管理。尽快加速账款的回收和现金的周转，尽量延缓现金支出的时间，充分利用闲置现金，以提高现金的使用效益。

（一）收款管理

一个高效的收款系统能够使收款成本和收款浮动期达到最小，同时能够保证与客户汇款及其他现金流入来源相关的信息的质量。

收款成本包括浮动期成本、管理收款系统的相关费用（例如银行手续费）及第三方处理费用或清算相关费用。在获得资金之前，收款在途项目使企业无法利用这些资金，也会产生机会成本。信息的质量包括收款方得到的付款人的姓名、付款的内容和付款时间。信息要求及时、准确地到达收款方，以便收款人及时处理资金，作出发货的安排。

收款浮动期是指从支付开始到企业收到资金的时间间隔。收款浮动期主要是由其支付工具导致的，有以下三种类型：①邮寄浮动期，是指从付款人寄出支票到收款人或收款人的处理系统收到支票的时间间隔。②处理浮动期，是指支票的接收方处理支票和将支票存入银行以收回现金所花的时间。③结算浮动期，是指通过银行系统进行支票结算所需要的时间。

（二）付款管理

现金支出管理的主要任务是尽可能延缓现金的支出时间。控制现金支出的目标是在不损害企业信誉的条件下，尽可能推迟现金的支出。企业现金支出的控制主要包括金额上的控制和时间上的控制。控制现金支出的方法有以下几种：

1. 合理利用现金浮游量

现金浮游量是指由于企业提高收款效率和延长付款时间所产生的企业账户上的现金余额与银行账户上列示的存款余额之间的差额。浮游量实际上是由企业与银行双方在款项接受和划转上的时间差造成的。如果可以正确预测浮游量并加以利用，可节约大量现金。但是，一定要控制好使用的时间，否则会发生银行存款透支。

2. 推迟支付应付款

为了最大限度地利用现金，企业在不影响自身信誉的前提下，可采取一定措施，尽可能地推迟应付款的支付时间。

3. 汇票代替支票

与支票不同的是，承兑汇票并不是见票即付。它推迟了企业调入资金支付汇票的实际所需时间，这样企业就只需在银行中保持较少的现金余额。

4. 改进工资支付模式

企业通常会为支付工资而设立一个专门的存款账户。为了减少这一存款数额，企业可以预先估计出从开出支付工资支票到银行兑现的具体时间，合理安排工资存款账户的存款数额，达到节约使用现金的目的。

5. 透支

企业开出支票的金额大于活期存款余额。它实际上是银行向企业提供的信用。透支的限额，由银行和企业共同商定。

6. 力争现金流量同步

现金流量同步是指企业尽量使它的现金流入和现金流出发生的时间趋于一致，可使企业所持有的交易性现金余额降到最低水平。为此，企业可通过合理编制现金预算，并依照现金预算来安排现金流入和现金流出，尽量使现金流入和流出同步。

7. 使用零余额账户

企业与银行合作，保持一个主账户和一系列子账户。企业只在主账户中保持一定的安全储备，而在一系列子账户中不需要保持安全储备。当从某个子账户签发的支票需要现金时，所需要的资金立即从主账户划拨过来，从而使更多的资金可以用作他用。

案例分析

保险业的现金管理

一、背景与情景

M公司是中国一家全国性股份制财产保险公司，20世纪90年代在北京正式开业，公司注册资本金14亿元人民币，50余家股东多为实力强、规模大、效益好的大型国有企业和企业集团，公司开展财产损失、责任、意外伤害、健康等四大类保险业务，目前还开发信用类保险产品，涵盖国计民生诸多领域。公司实行总分制，分公司不作为单独的利润中心，资金由总公司统一支配运行，基本流程如下：

（1）分支公司逐级申请资金，经由分公司汇总，提交总公司审批下拨。

（2）分支公司营业收入通过银行集团账户服务，以人工划拨的形式集中到总公司。

（3）分支公司资金需求通过计划预算控制，由总公司逐级下拨给分支公司。

（4）总公司将资金交给资产管理部进行运作。

（5）资产管理部门属于一级部门，其主要职能是负责集团资金的集中、预算安排以及投资管理等。

二、存在的问题

（一）资金集中管理模式不完备

（1）粗放的资金计划：M公司各地分支公司制订一年的资金使用计划，不能按照实际管理要求随时调整计划的时间段，不能将资金计划与资金划拨同步操作，而是分别在财务系统和银行的网上银行系统分开进行。

（2）烦琐的资金申请和划拨过程：分支公司计划内资金的申请划拨采用逐级申请资金的方式，这样的流程使资金的申请、下拨和账务处理需要分别在网上银行系统和财务系统中分开操作，不仅过程烦琐，也增加了操作风险。

（3）没有有效的现金流分析和预测：不能及时向上级领导提供现金流的各项分析以及各机构银行账户变动情况。粗放的现金使用计划，滞后的资金预测和分析手段，使资金管理部门不能作出由短期到长期精细化的现金流预测。

（4）没有系统化的账户管理：M公司没有实行收支两条线，无法通过有效手段进行监控管理。保险资金层层沉淀、层层漏损，总公司对分支机构上划保费资金不能及时进行账务处理，也没有灵活的监督检查手段。

（二）保费的快速增长和资金运用渠道狭窄之间矛盾突出

根据法律要求，M公司的资金无法得到充分利用，较多的资产均处于低效益的空转状态。

（三）保险资金运用的潜在风险不断积累

（1）M公司的资产与负债严重不匹配，存在较大的再投资风险。

（2）现有资产组合的利率风险较高。

（3）单一品种投资产品在保险资金组合中所占比例过高且占市场规模比例过大，非系统性风险呈上升趋势。

（四）保险资金投资结构不合理，收益率明显偏低。

目前M公司资金运用结构中大约50%以上的保险资金为银行存款。国债和同业拆借比例不大，证券投资基金、金融债券、企业债券比例更低，不能达到保险资金资源的优化配置，获得满意收益。

三、拟定的解决方案

（一）深入的银企合作

M公司的资金管理体系需要在企业内部管理与金融市场投融资之间进行统筹平衡。促成了新的外包形式，即保险资金的银行全托管模式。

（二）全面的解决方案

M公司选择GD银行作为其合作银行，实现资金全面托管。包括：账户体系设置、资金集中管理，实行收支两条线，通过降低“现金滞后”提高投资收益，通过投资渠道的多样化，同行拆借等模式，实现保险资金托管，促进保险业稳定、持续、健康、快速发展。

［问题］请简要分析M公司的现金管理模式。

模块三 应收账款管理

引导案例

受累大客户坏账 天奈科技现金流量净额连续三年为负

近日，上海证券交易所官网公布了科创板首批上市申请的9家企业名单，江苏天奈科技股份有限公司（以下简称“天奈科技”）位列其中。此次天奈科技拟募集8.7亿元，拟投资年产3 000吨碳纳米管与8 000吨导电浆料及年收集450万吨副产物氢项目，石墨烯、碳纳米管与副产物氢及相关复合产品生产项目和碳纳米材料研发中心建设项目。

在查阅科创板受理的首批9家企业的招股说明书中发现，2016—2018年，天奈科技不论是净利润总额，还是其三年的经营活动产生的现金流量净额均处在相对靠后的位置。

在上交所公布的首批9家企业中，2016—2018年实现净利润总额在亿元以上的有6家，科前生物、晶晨半导体实现的净利润总额居前两位。

具体来看，科前生物在2016—2018年实现的净利润分别为1.86亿元、3.2亿元和3.89亿元。晶晨半导体2016—2018年实现净利润分别为7 301.65万元、7 791.53万元、2.82亿元。

此外，2016—2018年，睿创微纳、利元亨、容百科技、江苏北人实现的净利润总额也均在亿元以上，分别约为1.98亿元、1.84亿元、2.51亿元以及1.08亿元。而天奈科技仅排在第8的位置，2016—2018年实现净利润总额仅约为0.62亿元，其中2017年处于亏损的状态。

天奈科技表示，2017年天奈科技净利润为负的主要原因是公司大客户沃特玛资金链出现问题，致使公司应收商业承兑汇票无法兑付，应收账款无法收回而计提6 979.52万元的坏账准备。

沃特玛为上市公司坚瑞沃能的子公司，2017年6月至2018年3月，天奈科技向坚瑞沃能的供货价值为6 304.75万元，其间坚瑞沃能支付6 169.42万元的电子商业承兑汇票，但到期后该汇票无法兑付。为此，天奈科技向法院起诉坚瑞沃能，涉案金额为6 404.74万元（货款及利息），并于2019年2月12日收到法院传票。

在2017年和2018年，天奈科技分别计提了近7 000万元和5 200万元的坏账准备。但即使这样，天奈科技2016—2018年的应收账款面值仍然高达7 567.37万元、16 504.44万元和17 842.80万元。另外，天奈科技经营活动产生的现金流量净额的表现也难言乐观。2016—2018年，这一数据分别为-537.42万元、-2 212.63万元和-5 689.09万元。

天奈科技对此解释称，报告期内公司生产经营处于快速发展阶段，随着公司营业收入的连年增长，公司存货和应收账款也有所增长，从而使经营活动产生的现金流量净额为负。2018年该数据下降幅度较大，主要原因系沃特玛出现债务危机，对其应收票据及应收账款未能及时按期收回。

（资料来源：秦枭，吴可仲．受累大客户坏账　天奈科技现金流量净额连续三年为负．中国经营报，2019年3月31日．）

［问题］请简要分析天奈科技巨额的应收账款将对其生产经营活动造成什么影响?

［分析］引例主要涉及应收账款管理的相关内容，主要包括：应收账款的成本，信用政策的制定，应收账款的日常管理。学完本模块的内容，将为你提供企业应收账款管理方面分析问题、解决问题的思路和方法。

应收账款是指企业因对外赊销产品、材料、供应劳务等而应向购货或劳务接收的单位收取的款项。应收账款的功能主要表现为增加销售和减少存货两个方面。应收账款作为企业为扩大销售和盈利的一项投资，也会发生一定的成本，所以，企业需要在应收账款所增加的盈利和所增加的成本之间作出权衡。应收账款管理就是分析赊销的条件，是赊销带来的盈利增加大于应收账款投资产生的成本费用增加，最终使企业现金收入增加，企业价值上升。

一、应收账款的成本

应收账款作为企业为增加销售和盈利进行的投资，会发生一定的成本。应收账款的成本主要有：

（一）机会成本

应收账款的机会成本是指将资金投资于应收账款而不能进行其他投资所丧失的收益。这一成本的大小通常与企业维持赊销业务所需要的资金数量、资金成本率有关。其计算公式为：

码5-5　应收账款的成本

应收账款的机会成本 = 日赊销额 × 应收账款平均收现期 × 变动成本率 × 资本成本率

【工作实例5-3】 三木公司预计下年度销售净额为1 800万元，应收账款周转天数为90天（一年按360天计算），变动成本率为60%，资本成本为8%，则该公司应收账款的机会成本是多少？

解： 应收账款机会成本 = 1 800/360 × 90 × 60% × 8% = 21.6（万元）

即三木公司应收账款的机会成本为21.6万元。

（二）管理成本

应收账款的管理成本是指企业对应收账款进行管理而耗费的开支，是应收账款成本的重要组成部分。管理成本主要包括：调查顾客信用状况的费用、收集信息的费用、收账费用、账簿的记录费用、数据处理成本、相关管理人员成本和从第三方购买信息的成本等。

（三）坏账成本

应收账款的坏账成本是指由于应收账款无法收回而给企业造成的损失。这一成本与应收账款数量呈同方向变动。即应收账款越多，坏账成本也越多。坏账成本一般用以下公式测算：

应收账款的坏账成本 = 赊销额 × 预计坏账损失率

二、信用政策的制定

信用政策也称赊销政策，它是企业基于对客户资信情况的认定，而对客户给予先行付款之后再收款的结算优惠，这种优惠的实质是企业对客户的一种短期融资。企业应收账款管理的重点，就是要根据企业的实际情况和客户不同的信誉情况制定合理的信用政策，这是企业信用管理的重要内容。因此，企业在制定信用政策时，一方面要考虑有利于扩大销售；另一方面要考虑有利于降低应收账款占用的资金，缩短应收账款的回收期，防止发生坏账损失。

信用政策包括信用标准、信用条件和收账政策三个方面。

（一）制定信用标准

码5-6 制定信用标准

信用标准，是指客户获得企业商业信用所应具备的最低条件，通常以预期的坏账损失率表示。如果企业执行的信用标准过于严格，可能会降低对符合可接受信用风险标准客户的赊销额，减少坏账损失，减少应收账款的机会成本，但不利于企业扩大销售量甚至会因此限制企业的销售机会。如果企业执行的信用标准过于宽松，可能会对不符合可接受信用风险标准客户提供赊销，从而增加随后还款的风险并增加应收账款的管理成本和坏账成本。

企业应对申请赊购的客户进行信用状况分析，一般可采用信用标准的定性分析和定量分析。

1. 信用的定性分析

信用的定性分析是指对申请人“质”的方面的分析。常用的信用定性分析法是5C信用评价系统，即评估申请人信用品质的五个方面：品质（Character）、能力（Capacity）、资本（Capital）、抵押（Collateral）和条件（Condition）。

（1）品质是指个人申请人或公司申请人的诚实和正直表现。品质反映了个人或企业在过去的还款中所体现的还款意图和愿望，这是“5C”中最主要的因素。通常要根据过去记录结合现状调查来进行分析。

（2）能力是指经营能力。通常通过分析申请者的生产经营能力及获利情况，管理制度是否健全，管理手段是否先进，产品生产销售是否正常，在市场上有无竞争力，经营规模和经营实力是否逐年增长等来评估。

（3）资本是指如果企业或个人当前的现金流不足以还债，他们在短期和长期内可供使用的财务资源。信用分析必须调查了解企业资本规模和负债比率，反映企业资产或资本对负债的保障程度。

（4）抵押是指当公司或个人不能满足还款条款时，可以用作债务担保的资产或其他担保物。信用分析必须分析担保抵押手续是否齐备，抵押品的估值和出售有无问题，担保人的信誉是否可靠等。

（5）条件是指影响申请人还款能力和还款意愿的经济环境。信用分析必须对企业的经济环境，包括企业发展前景、行业发展趋势、市场需求变化等进行分析，预测其对企业经营效益的影响。

2. 信用的定量分析

进行商业信用的定量分析可以从考察信用申请人的财务报表开始。通常使用比率分析法评价顾客的财务状况。常用的指标有：流动性和营运资本比率（如流动比率、速动比率以及现金对负债总额比率）、债务管理和支付比率（如利息保障倍数、长期债务对资本比率、带息债务对资产总额比率，以及负债总额对资产总额比率）、盈利能力（如销售回报率、总资产回报率和净资产收益率）。

将这些指标和信用评级机构及其他协会发布的行业标准进行比较，可以观察申请人的信用状况。

（二）制定信用条件

信用条件是销货企业要求赊购客户支付货款的时间，由信用期限、现金折扣和折扣期限三个要素组成。

1. 信用期限

信用期限，是指企业允许客户从购货到付款之间的时间，即企业为客户规定的最长付款期限，一般简称信用期。通常，延长信用期限，有利于企业扩大销售，增加收入，但应收账款占用资金的数量和时间也会相应增加，从而导致机会成本等信用成本的增加；若缩短信用期限，虽然能减少信用成本的发生，但可能难以吸引客户，不利于企业扩大销售，甚至会使收入减少。因此，信用期限的确定应进行利弊分析，可将信用期限延长产生的边际收益与其成本相比较，以确定最佳信用期限。

码5－7　制定信用条件

码5-8　不同信用期限下的信用政策选择

2. 现金折扣和折扣期限

现金折扣是企业为了鼓励客户尽早（在规定的期限内）付款而给予的价格扣减。现金折扣包括两方面的内容，一是折扣期限，即在多长时间内给予折扣；二是折扣率，即在折扣期内给予客户多少折扣。现金折扣通常表示为“3/10、2/20、*n*/30”，其含义为：客户在10天以内付款可享受3%的价格优惠，客户在20天内付款可享受2%的价格优惠，客户在30天内付款将全额付款。

企业采用什么程度的现金折扣，要与信用期限结合起来考虑。例如，要求顾客最迟不超过30天付款，若希望顾客在20天、10天付款，能给予多大折扣？或者给予3%、2%的折扣能吸引顾客在多少天内付款？不论是信用期限还是现金折扣，都可能会给企业带来收益，但也会增加成本。现金折扣能鼓励顾客尽早付款，但也会带来折扣损失。当企业给予顾客某种现金折扣时，应当考虑折扣所能带来的收益与成本孰高孰低，权衡利弊，最终确定最佳方案。

【工作实例5-4】三木公司目前采用现金交易销售方式，每年销售产品3 000万元，变动成本率为60%。为了扩大产品销售，企业拟订了两个信用条件备选方案，有关资料如表5-3所示。假设有价证券利息率为12%，企业收账政策不变，固定成本总额不变。试为该公司作出信用条件决策。

表5-3　　信用期限备选方案　　单位：万元

备选方案	信用条件	销售额	坏账损失率	收账费用
A	*n*/30	3 600	2%	36
B	*n*/60	3 960	3%	60

解：三木公司信用条件的决策过程如下：

根据以上资料，决策过程如表5-4所示。

表5-4　　信用条件分析评价表　　单位：万元

项目	A方案（n/30）	B方案（n/60）
年赊销额	3 600	3 960
变动成本	3 600×60%＝2 160	3 960×60%＝2 376
边际收益	3 600－2 160＝1 440	3 960－2 376＝1 584
信用成本： 机会成本 坏账成本 收账成本	 3 600÷360×30×60%×12%＝21.6 3 600×2%＝72 36	 3 960÷360×60×60%×12%＝47.52 3 960×3%＝118.8 60
小计	129.6	226.32
净收益	1 440－129.6＝1 310.4	1 584－226.32＝1 357.68

以上计算表明，在两个方案中，B 方案增加的净收益较多，故应采用 B 方案。

【工作实例 5－5】仍以工作实例 5－4 所列资料为例，如果三木公司采用 B 方案，但为了加速应收账款回收，决定提供现金折扣，将信用条件改为“2/10，1/20，n/60”（C 方案），预计有 60% 的客户利用 2% 的折扣，15% 的客户将利用 1% 的折扣，坏账损失率下降为 1.5%，收账费用下降为 42 万元。试为三木公司是否采用现金折扣方案作出决策。

解：三木公司现金折扣的决策过程如下：

应收账款的机会成本＝3 960÷360×（60%×10＋15%×20＋25%×60）×60%×12%＝19.01（万元）

现金折扣成本＝3 960×（60%×2%＋15%×1%）＝53.46（万元）

根据以上资料，决策过程如表 5－5 所示。

码 5－9　不同折扣条件下的信用政策选择

表 5－5　　现金折扣分析评价表　　单位：万元

项目	B 方案（n/30）	C 方案（2/10，1/20，n/30）
年赊销额	3 960	3 960
变动成本	3 960×60%＝2 376	3 960×60%＝2 376
边际收益	3 960－2 376＝1 584	3 960－2 376＝1 584
信用成本：		
机会成本	3 960÷360×60×60%×12%＝47.52	19.01
坏账成本	3 960×3%＝118.8	3 960×1.5%＝59.4
收账成本	60	42
现金折扣成本		53.46
小计	226.32	173.87
净收益	1 584－226.32＝1 357.68	1 584－173.87＝1 410.13

以上计算表明，C 方案比 B 方案增加的净收益更多，因此应该采用现金折扣的方案。

（三）制定收账政策

收账政策是指企业针对客户违反信用条件时，企业所采取的收账策略和措施。对于短期拖欠的账款，企业可以采取发信、打电话催收的方法；对于拖欠期较长的账款可以采用派人上门催款，请公司法律顾问协助等方法；对于长期拖欠的账款企业可以请有关代理机构帮助催收，以至于上法院起诉等方法。一般来讲，积极的收账政策会产生较好的收账效果，减少坏账损失，但积极的收账政策也必然产生较高的收账费用。如出差人员的差旅费、聘请律师的费用，交付给代理机构的费用等显性费用，以及一些难以量化的隐性费用（如与客户关系的破裂，与地方保护主义的矛盾等，这些很可能影响企业以后的经营活动，这些隐性费用在我国有时表现得尤为明显)。因此，合理的收账政策应在权衡增加的收账费用和减少的坏账损失后制定。

三、应收账款的日常管理

应收账款的管理难度比较大，企业在确定合理的信用政策后，还要做好应收账款日常管理工作，及时发现问题，采取有力措施进行分析、控制。管理措施主要包括调查客户信用状况、分析应收账款账龄、应收账款的催收工作等。

(一) 信用调查

企业的信用调查，是指通过收集有关信息资料，对客户的偿债能力和主观愿望作出判断和估计，以便企业制定正确、合理的信用政策。企业对客户进行信用调查可采用两种方法：

1. 直接调查

直接调查是企业调查人员通过对客户当面采访、询问、观看、记录等方式获取信用资料的一种方法。这种方法的优点是保证收集资料的准确性和及时性，但若不能获得被调查客户诚意合作的意愿，则会使调查资料不完整或部分失真。

2. 间接调查

间接调查是企业通过信用评估机构、商业银行的信用部门和财务咨询公司等取得信用资料，了解客户信用情况的一种调查方法。这些信用资料主要来源于：

(1) 财务报表。这是信用资料的主要来源，它包括资产负债表、利润表、现金流量表及有关说明。通过对客户的流动性、支付能力和经营业绩等方面的分析，企业基本上可以掌握客户的财务状况和盈利水平。

(2) 信用评估机构。许多国家都有信用评估的专门机构，这些机构的评估方法先进，调查细致，秩序合理，可信度较高。

(3) 银行。银行是信用资料的一个重要来源，每个银行都设有信用部，并为其客户提供服务。企业可以通过银行了解到客户的一些信用情况。

(4) 其他。如财税部门、消费者协会、工商管理部门、证券交易部门等，都可以作为了解客户信用状况的渠道。

(二) 应收账款的账龄分析

企业已发生的应收账款的时间有长有短，对于已经超过信用期限的应收账款要特别关注。一般来说，逾期拖欠时间越长，款项催收越困难，形成坏账的可能性越大。因此，企业应定期对应收账款账龄进行分析，密切注意应收账款的回收情况，以加强应收账款的监督和控制。

企业应收账款账龄分析工作，主要是通过定期编制应收账款账龄分析表来进行的。

（三）应收账款回收

企业对不同拖欠时间的账款和不同信用品质的客户，应采用不同的收账方法，制订出经济可行的收账方案。比如，对刚过信用期的客户，可不予过多地打扰；对拖欠期稍长的客户，可措辞婉转地写信催款；对过期较长的客户，进行频繁的信件催款并电话催询；对过期很长的客户，可以催款时措辞严厉，必要时提请有关部门仲裁或提请诉讼等。一般来说，应从收账费用最小的方法开始，逐渐增加收账费用，即从信函通知、电讯催收、派员面谈直至诉诸法律。

业务拓展

应收账款保理

应收账款保理是指企业将未到期的应收账款按一定折扣卖给第三方（保理机构），以获得流动资金，加快资金的周转。应收账款保理业务的分类如下：

（1）有追索权保理是指销售合同并不真正转让给银行，银行只是拿到该合同的部分收款权，一旦采购商最终没有履行合同的付款义务，银行有权向销售商要求付款。无追索权保理是指银行将销售合同完全买断，并承担全部的收款风险。

（2）明保理是指银行和销售商需要将销售合同被转让的情况通知采购商，并签订银行、销售商、采购商之间的三方合同。暗保理是指销售商为了避免让客户知道自己因流动资金不足而转让应收账款，并不将债权转让情况通知客户，货款到期时仍由销售商出面催款，再向银行偿还借款。

（3）折扣保理又称为融资保理，即在销售合同到期前，银行将剩余未收款部分先预付给销售商，一般不超过全部合同额的70%～90%。到期保理是指银行并不提供预付账款融资，而是在赊销到期时才支付，届时不管货款是否收到，银行都必须向销售商支付货款。

案例分析

浩丰创源涉嫌财务造假：应收账款超过交易总额

客户的应收账款比当年的交易总额还多，如此明显的造假嫌疑使浩丰创源的上市前景日渐暗淡。

自招股书开始公布，浩丰创源过多的应收账款就一直受到市场诟病。数据显示，2009—2011年应收账款净额为2 174.64万元、2 730.44万元和2 873.17万元，占当期流动资产总额的比例为36.83%、29.73%和22.55%。

浩丰创源也解释称，随着公司经营规模的扩大，应收账款金额呈逐年上升的趋势。不能排除客户受经济波动或其他因素的影响而陷入经营困难，从而使公司无法收回经营性资金，面临应收账款无法收回的风险。

不过这些问题似乎仅仅只是表面的，浩丰创源在应收账款方面涉嫌的数据造假，则可能断送其上市美梦，因为无论如何也无法解释一家公司为什么“当年的应收账款会超过交易总额”。

根据浩丰创源的招股书，2011 年第四大客户中国仪器进出口（集团）公司（以下简称“中国仪器”）的交易金额为 796 万元，而在 2011 年的应收账款栏中显示，对中国仪器的应收账款为 877 万元，占当年应收账款比例的 28.51%，也就是说其应收账款比交易总额还多。

有财务专家向记者表示，浩丰创源的这种情况确实非常异常，但有一种情况是，这个应收账款是累加值，可能是 2010 年的部分应收账款累加到 2011 年，因为财报中公布的是截至 2011 年 12 月 31 日的应收账款余额。

不过，招股书中的账龄则推翻了这位专家的说法，因为中国仪器 877 万元应收账款的账龄在 1 年以内。

对此，上海一位专业证券律师认为，就上述情形来看，2011 年应收账款超过了交易金额，而这两个数据都是当年的，那么其中有一个应该是假的，浩丰创源涉嫌非常严重的财务造假。

实际上，浩丰创源有疑点的财务数据并不止这一处，单就不合逻辑应收账款数据来说，在 2010 年也曾经发生过。根据招股书，2010 年对北京鑫利文豪科技发展有限公司（以下简称“鑫利文豪”）的应收账款为 768 万元，占公司应收账款的比例为 26.52%，账龄为一年以内。

对鑫利文豪的应收账款数额同样超过当年的交易总额。虽然在 2010 年鑫利文豪并没有进入浩丰创源的前五大客户，也无从知晓浩丰创源 2010 年与鑫利文豪的交易额，但是有一个可以比较的数据是，2010 年浩丰创源第五大客户的交易额为 726 万元。

这就是说，鑫利文豪与浩丰创源在 2010 年的交易总额肯定是低于 726 万元，因为前者未进入前五大客户名单，但是当年浩丰创源对鑫利文豪的账龄在一年以内的应收账款却为 768 万元。在鑫利文豪身上，应收账款超过交易总额的离奇事件再次发生。

（资料来源：浩丰创源涉嫌财务造假　应收账款超过交易总额．搜狐财经，2014 年 8 月 12 日．）

[问题] 请分析浩丰创源涉嫌财务造假的原因何在，并简要评价其应收账款管理情况。

模块四　存货管理

引导案例

小米供应链短板亟待改善

小米手机销量下滑最根本的原因就是长期缺货，其背后深层次原因是供应链管理水平亟待提升。反观所谓“饥饿营销”，不过是皇帝的新衣罢了。它不是为了营销，是真的没货。

小米之所以一直搞不定供应链，是因为“极致性价比”的销售策略和“实物销售”的库存策略存在根本性的冲突。前者需要严格控制成本，向供应商压价；后者需要尽量减少库存，给供应商的量上不去。手机兼具科技产品和快销品的双重逻辑，抛开品牌、渠道等要素不谈，上市时间差一两个月就是爆款和“菜鸡”的区别。而货源充不充足，新产品能不能抢在对手之前发布，也会反过来影响品牌形象和渠道建设。

所以，很多元器件还没生产出来就已经有各大手机厂商在蹲守，这方面最典型的例子就是去年 OPPO 和 VIVO 争夺汇顶科技的指纹模组产量，最终 OPPO 的产品上市时间被压了三个月，咽不下这口气的 OPPO 也宣布“拉黑”汇顶，暂停双方合作。手机一旦走到量产阶段，生产商就是超级乙方，哪个供应商有货会先给钱少量小的小米？所以雷军 2016 年 7 月接管供应链后要亲自到三星总部请求屏幕供应。

至于手机最核心的部件芯片和基带，看看蓝绿厂（VIVO 和 OPPO）不停攀升的市场份额，再看看缺货缺到粉转黑的小米，高通有货先给谁已经是显而易见了。2019 年 3 月 14 日晚，小米发布声明，由于备货不足，原定于 3 月 15 日进行的小米 9 系列两款手机的发售被取消。

近年来小米 IOT 业务发展很快，这些智能硬件的技术含量相对低，生产难度不大。但复杂产品线导致整个集团物料需求更加庞杂，供应链管理的难度极大增加。2018 年小米手机缺货的情况未见改善，但是以制成品为主的存货却大增 80% 达到 294.81 亿部。这说明，在手机销售下滑之外，小米的智能硬件产品可能有比较严重的库存积压。

（资料来源：星空财富．雷军的困局：年报暴露小米的四个怪圈．新浪网，2019 年 3 月 31 日．）

［问题］请简要分析小米手机的存货管理存在哪些问题？

［分析］引例主要涉及企业存货管理的相关内容，主要包括：持有存货的成本、存货经济批量模型、存货的日常管理。学完本模块的内容，将为你提

供企业存货管理方面分析问题、解决问题的思路和方法。

存货是指企业在生产经营过程中为销售或者耗用而储备的物资，包括材料、燃料、低值易耗品、在产品、半成品、产成品、协作件、商品等。存货管理水平的高低直接影响着企业的生产经营能否顺利进行，并最终影响企业的收益、风险等状况。因此，存货管理是财务管理的一项重要内容。存货管理的目标，就是在保证生产或销售经营需要的前提下，最大限度地降低存货成本。具体包括以下几个方面：①保证生产正常进行；②有利于销售；③便于维持均衡生产，降低产品成本；④降低存货取得成本；⑤防止意外事件的发生。

一、存货的成本

（一）取得成本

码5－10 如何分析存货的成本

取得成本是指为取得某种存货而支出的成本，通常用 TC_a 来表示。它又可分为订货成本和购置成本。

1. 订货成本

订货成本是指取得存货订单的成本，如办公费、差旅费、邮资、电报电话费、运输费等支出。订货成本有一部分与订货次数无关，如常设机构的基本开支等，称为订货的固定成本，用 F_1 表示；另一部分与订货次数有关，如邮资和差旅费等，称之为订货的变动成本，每次订货的变动成本用 K 表示；订货次数等于存货年需求量 D 与每次进货量 Q 之商。订货成本的计算公式为：

$$订货成本 = F_1 + \frac{D}{Q}K$$

2. 购置成本

购置成本是指存货本身的价值，一般用数量与单价的乘积来确定。如果年需求量用 D 表示，单价用 U 表示，则购置成本为 DU。

订货成本与购置成本之和，便为存货的取得成本。其公式为：

取得成本 = 订货成本 + 购置成本

= 订货固定成本 + 订货变动成本 + 购置成本

$$TC_a = F_1 + \frac{D}{Q}K + DU$$

（二）储存成本

储存成本指为保存存货而发生的成本，包括存货占用资金所应计的利息（即机会成本）、仓储成本、保险费用、存货破损和变质损失等，通常用 TC_c 表示。

储存成本也分为固定成本和变动成本。固定成本与存货数量的多少无关，如仓库折旧、仓库职工的固定工资等，常用 F_2 表示。变动成本与存货的数量有关，如存货资金的应计利息、存货的破损和变质损失、存货的保险费用等，其单位变动成本用 K_c 表示。由此，储存成本的公式为：

$$TC_c = F_2 + K_c\frac{Q}{2}$$

（三）缺货成本

缺货成本是指由于存货供应中断而造成的损失，包括材料供应中断造成的停工损失、产成品库存缺货造成的拖欠发货损失和丧失销售机会的损失等。缺货成本用 TC_s 表示。

如果以 TC 表示与存货相关的总成本，其公式为：

$$TC = TC_a + TC_c + TC_s = F_1 + \frac{D}{Q}K + DU + F_2 + K_c\frac{Q}{2} + TC_s$$

企业存货的最优化，就是使上式中的 TC 值最小。

二、存货经济批量模型

经济订货批量，是指一定时期储存成本和订货成本之和最低时（不考虑缺货成本）的采购批量。储存成本与采购批量的大小直接相关，这是因为储存成本的高低取决于存货的储存量，而储存量又是由每次的采购批量所决定的。在存货需求量一定的条件下，每次的采购批量越大，存货的平均储存量就越大，储存成本就越大；反之，则越小。订货成本与每次采购批量的大小无关，它与订货的次数相关，即订货成本会随着订货次数的增加而上升。由此可以看出，企业如果减少储存成本的同时又引起了订货成本的上升，这两种成本是互为消长的，存货控制的目的就是要找到能使这两种成本合计数最低的点，即经济批量。

（一）经济订货批量基本模型

经济订货批量是建立在一系列严格假设条件基础之上的。这些假设包括：①存货总需求量是已知常数；②订货提前期是常数；③货物是一次性入库；④单位货物成本为常数，无批量折扣；⑤库存储存成本与库存水平呈线性关系；⑥货物是一种独立需求的物品，不受其他货物影响。

码5－11　经济订货批量基本模型下最优存货量的确定

设立上述假设后，前述的总成本公式可以简化为：

$$TC = TC_a + TC_c + TC_s = F_1 + \frac{D}{Q}K + DU + F_2 + K_c\frac{Q}{2}$$

采用微分极值定理，可得出经济订货批量基本模型，公式如下：

$$经济订货批量（Q）= \sqrt{\frac{2KD}{K_c}}$$

$$与批量有关的存货总成本（TC）= \sqrt{2KDK_c}$$

【工作实例5－6】三木公司全年需要耗用甲材料360 000千克，该材料的单位采购价格为100元，每千克材料年储存平均成本为4元，平均每次订货成本为200元。计算该公司经济订货批量模型决策的订货批量与相关总成本。

解：三木公司的经济订货批量决策如下：

$$经济订货批量（Q）= \sqrt{\frac{2KD}{K_c}} = \sqrt{\frac{2 \times 200 \times 360\ 000}{4}} = 6\ 000（千克）$$

与批量有关的存货总成本（TC）$=\sqrt{2KDK_c}=\sqrt{2\times200\times360\ 000\times4}=$ 24 000（元）

上述计算结果表明，当进货批量为6 000千克时，进货费用与储存成本总额最低。

（二）基本模型的改进

经济订货批量基本模型是在前述各种假设条件下建立的，但现实生活中能够满足这些条件的情况十分罕见。为使模型更接近于实际情况，具有较高的可用性，需要对基本模型的条件进行放宽，同时改进模型。

1. 再订货点

一般情况下，企业的存货不能做到随用随时补充，因此需要在没有用完时提起订货。再订货点就是在提前订货的情况下，为确保存货用完时订货刚好到达，企业再次发出订货单时应保持的存货库存量。它的数量取决于订货提前期的长短和平均每天正常用量的多少，即：

再订货点＝每天平均正常用量×订货提前期

式中：订货提前期，是指从发出订货单到存货运抵企业验收入库所用的时间。

【工作实例5－7】承前工作实例5－6，三木公司甲材料的日均正常用量为40千克，订货提前期为15天，计算公司的再订货点。

解： 甲材料再订货点＝40×15＝600（千克）

即当甲材料尚存600千克时，就应当再次订货，等到下批订货到达时，原有甲材料刚好用完。

2. 保险储备

企业按照某一订货批量（如经济订购批量）和再订货点发出订单后，如果存货用量突然增大或到货延迟，就会发生缺货或供应中断。为了防止由此造成的损失，就需要在正常存货储备的基础上，多储备一些存货以备应急之用，即需要建立保险储备。

保险储备又称为安全存量，是指为防止耗用突然增加或交货误期等而建立的储备。其计算公式为：

保险储备量＝(预计每天最大用量－平均每天正常用量)×订货提前期

若有保险储备时，再订货点将提高为：

再订货点＝平均每天正常用量×订货提前期＋保险储备

【工作实例5－8】承前工作实例5－7，三木公司甲材料的每天最大用量为50千克，试确定甲材料的保险储备及再订货点。

解： 甲材料的保险储备为：

保险储备量＝(50－40)×15＝150（千克）

A材料的再订货点为：

再订货点 $=40\times15+150=750$（千克）

三、存货的日常管理

存货的日常管理是指在日常生产经营活动中，根据存货计划和生产经营活动的实际要求，对各种存货的使用和周转状况进行组织、调节和监督，将存货数量保持在一个合理的水平上。最常见的方法为存货 ABC 分类管理法。ABC 分类法就是按照一定标准，将企业的存货划分为 A、B、C 三类，分别实行按品种重点管理，按类别一般控制和按总额灵活掌握的存货管理办法。

码 5－12　存货的日常管理

（一）ABC 分类法的分类标准

分类标准主要有两个：一是金额标准；二是品种数量标准。其中金额标准是最基本的，品种数量标准仅作为参考。具体分类如下：

A 类存货的特点是金额巨大，但品种数量较少（品种数量占总品种数量的 10% 左右，金额占总金额的 70% 左右）；B 类存货金额一般，品种数量相对较多（品种数量占总品种数量的 20% 左右，金额占总金额的 20% 左右）；C 类存货的特点是金额很小，但品种数量繁多（品种数量占总品种数量的 70% 左右，金额占总金额的 10% 左右）。

（二）存货 ABC 分类法的运用

通过对存货进行 ABC 分类，可以使企业分清主次，突出重点，照顾一般，采取相应的对策进行有效的存货控制和管理。企业在组织经济进货批量、储存期分析时，对 A、B 两类存货可以分别按品种、类别进行。对 C 类存货只需要加以灵活掌握即可，一般不必进行上述各方面的测算与分析。此外，企业还可以运用 ABC 分类法区分为 A、B、C 三类，通过研究各类消费者的消费倾向、档次等，对各档次存货的需要量（额）加以估算，并购进相应的存货。这样，能够使存货的购进与销售工作有效地建立在市场调查的基础上，从而收到良好的控制效果。

业务拓展

适时制存货控制系统

适时制存货控制系统最早是由丰田公司提出并将其应用于实践。适时制存货控制系统又称零库存管理、看板管理系统，是指制造企业事先与供应商和客户协调好如下事宜：只有当制造企业在生产过程中需要原料或零件时，供应商才会将原料或零件送来；而每当产品生产出来就被客户拉走。这样，制造企业的存货持有水平就可以大大下降，企业的物资供应、生产和销售形成连续的同步运动过程。显然，适时制存货控制系统需要的是稳定而标准的生产程序以及诚信的供应商。否则，任何一环出现差错将导致整个生产线的停止。目前，已有越来越多的企业利用适时制存货控制系统减少甚至消除对存货的需求——实行零库存管理，比如说，丰田、沃尔玛、海尔等。适时制存货控制系统进一步的发展被应用于企业整个生产管理过程中，集开发、生产、库存和分销于一体，大大提高了企业运营管理效率。

项目小结

营运资金有广义和狭义之分，广义的营运资金又称总营运资金，是指一个企业投放在流动资产上的资金。狭义的营运资金是流动资产与流动负债的差额。企业营运资金的持有状况和管理水平直接关系到企业的盈利水平和财务风险两个方面。营运资金的内容则包括了流动资产的管理和流动负债的管理。一般来说，营运资金管理的目的是通过管理活动的实施，保证企业具有足够的流动性，并同时努力提高企业的盈利能力。营运资金具有周转期短、形态波动大、变现性强与营运资金来源多而灵活的特点。

企业持有现金的目的包括：交易动机、预防动机和投机动机。持有现金的成本是指持有现金付出的各种代价，具体包括：机会成本、管理成本、转换成本和短缺成本。最佳现金持有量的确定可以通过成本分析模式，是根据对企业持有现金的机会成本、管理成本和短缺成本来确定最佳现金持有量的方法；也可以通过存货模式，是将现金看作企业的一种特殊存货，按照存货管理中的经济批量法的原理，确定企业现金最佳持有量的方法。企业在确定了最佳现金持有量后，还应采取各种措施，加强现金的日常管理。尽快加速账款的回收和现金的周转，尽量延缓现金支出的时间，充分利用闲置现金，以提高现金的使用效益。

应收账款主要有以下功能：增加销售、扩大市场占有率或开拓新市场以及减少存货。持有应收账款的成本包括：管理成本、机会成本和坏账成本。企业应收账款管理的重点，就是要根据企业的实际情况和客户不同的信誉情况制定合理的信用政策，这是企业信用管理的重要内容。信用政策由信用标准、信用期限和现金折扣政策三部分组成。企业在制定信用政策后，对于已经发生的应收账款，企业还应进一步加强日常管理工作，及时发现问题，采取有力措施进行分析、控制。管理措施主要包括调查客户信用状况、分析应收账款账龄、组织应收账款回收和建立坏账准备。

存货的功能是指存货在生产经营过程中的作用，具体表现为：保证正常生产经营活动、适应市场变化要求、便于均衡组织生产和降低进货成本。存货的成本包括：取得成本、储存成本与缺货成本。企业存货的最优化关键在于确定经济订货批量，后者是指一定时期储存成本和订货成本之和最低时（不考虑缺货成本）的采购批量。再订货点就是订购下一批存货时本批存货的储存量。为了防止由此造成的损失，就需要在正常存货储备的基础上，多储备一些存货以备应急之用，即需要建立保险储备。

项目六
收益分配管理

职业能力目标

了解利润分配的内容与程序，理解不同股利政策的内涵，比较不同股利政策的适用范围，熟悉股利分配的不同形式，了解股票股利和股票回购、股票分割的影响。

典型工作任务

序号	典型工作任务
1	按合法的程序分配公司利润
2	比较不同股利政策，并选择适合公司的股利政策
3	根据企业的实际情况，选择适合的股利支付形式
4	分析股票股利、股票分割和股票回购对公司、股东的影响

模块一　收益分配管理认知

引导案例

中国人保利润分配方案公告预案

中国人民保险集团股份有限公司（以下简称“公司”）于2020年3月27日召开了第三届董事会第十八次会议，会议审议通过了《关于2019年度利润分配的议案》，该议案尚需提请公司2019年年度股东大会审议。现将相关事宜公告如下：

一、利润分配方案内容

经德勤华永会计师事务所（特殊普通合伙）审计，截至2019年12月31

日，公司期末可供分配利润为52.14亿元人民币。经董事会决议，公司拟以总股本44 223 990 583股为基数分配2019年年度利润。本次利润分配方案如下：

公司拟向全体股东每10股派发现金红利1.16元人民币（含税）。

截至2019年12月31日，公司总股本44 223 990 583股，以此计算合计拟派发现金红利51.30亿元人民币（含税）。本年度公司现金分红金额占合并报表归属于母公司股东净利润的比例为22.9%。

如在本公告披露之日起至实施权益分派股权登记日期间，公司总股本发生变动的，将另行公告具体调整情况。

本次利润分配方案尚需提交股东大会审议。

二、本年度现金分红比例低于30%的情况说明

报告期内，公司合并报表归属于母公司股东净利润224.01亿元人民币，母公司报表净利润50.93亿元人民币，提取法定盈余公积金后母公司2019年期末累计未分配利润为52.14亿元人民币。公司拟分配的现金红利总额为51.30亿元人民币（分红金额同比增长153.8%），占2019年年度归属于母公司股东净利润的比例为22.9%，较2018年年度现金分红比例提升7.9个百分点。

公司利润分配重视对投资者的合理投资回报，利润分配政策保持连续性和稳定性。具体的现金分红比例综合考虑了本公司及子公司的业务发展情况和需求、经营业绩、股东回报以及集团母子两级法人股权及财务架构的影响等因素，根据本集团经营战略和业务发展需要进行制定。公司未分配利润留存主要为增强内生性资本留存，以满足资本补充的需要，促进集团可持续发展，但尚无法确定预计收益情况。

三、公司履行的决策程序

（一）董事会会议的召开、审议和表决情况

公司于2020年3月27日召开第三届董事会第十八次会议，会议以11票同意，0票反对，0票弃权，审议通过了《关于2019年度利润分配的议案》，同意提交股东大会审议。

（二）独立董事意见

独立董事认为，公司利润分配重视对投资者的合理投资回报，利润分配政策保持连续性和稳定性，具体的现金分红比例综合考虑了本公司及子公司的业务发展情况和需求、经营业绩、股东回报以及集团母子两级法人股权及财务架构的影响等因素，符合本集团经营战略和业务发展需要，同意此次现金分红比例低于百分之三十。本次利润分配不存在损害股东特别是中小股东利益的情况，符合相关法律、法规及《公司章程》的规定，合法有效。

（三）监事会意见

公司监事会认为，董事会严格执行现金分红政策和股东回报规划，严格履行现金分红相应决策程序并真实、准确、完整地披露了现金分红政策及其执行情况。

四、相关风险提示

大额现金分红将减少上市公司净资产，造成现金流出，可能对公司经营发展产生一定不利影响。

特此公告。

中国人民保险集团股份有限公司董事会

2020 年 3 月 27 日

（资料来源：中国人保：2019 年年度利润分配方案公告 . 中财网，2020 年 3 月 27 日 .）

［问题］中国人保公司利润分配的形式是什么？公司利润分配决策的依据是什么？

［分析］引例主要涉及企业收益分配管理的相关内容。收益分配管理在企业财务管理中处于重要地位。学完本模块的内容，将为你提供分析问题、解决问题的思路和方法。

一、收益分配的含义

收益分配管理是对企业收益与分配的主要活动及其形成的财务关系的组织与调节，是企业将一定时期内所创造的经营成果合理地在企业内、外部各利益相关者之间进行有效分配的过程。

企业的收益分配有广义和狭义两种概念。广义的收益分配是指对企业的收入和净利润进行分配，包含两个层次的内容：第一层次是对企业收入的分配；第二层次是对企业净利润的分配。狭义的收益分配则仅仅是指对企业净利润的分配。

企业通过经营活动取得收入后，要按照补偿成本、缴纳所得税、提取公积金、向投资者分配利润等顺序进行收益分配。对于企业来说，收益分配不仅是资产保值、保证简单再生产的手段，同时也是资产增值、实现扩大再生产的工具。收益分配可以满足国家政治职能与组织经济职能的需要，是处理所有者、经营者等各方面物质利益关系的基本手段。

二、收益分配的原则

收益分配作为一项重要的财务活动，应当遵循以下原则：

码 6－1　收益分配的原则

（一）依法分配原则

企业的收益分配必须依法进行。为了规范企业的收益分配行为，维护各利益相关者的合法权益，国家颁布了相关法规。这些法规规定了企业收益分配的基本要求、一般程序和重要比例，企业应当认真执行，不得违反。

（二）分配与积累并重原则

企业的收益分配必须坚持积累与分配并重的原则。企业通过经营活动赚取收益，既要保证企业简单再生产的持续进行，又要不断积累企业扩大再生产的财力基础。恰当处理分配与积累之间的关系，留存一部分净收益以供未来分配之需，能够增强企业抵抗风险的能力。同时，也可以提高企业经营的稳定性与安全性。

（三）兼顾各方利益原则

企业的收益分配必须兼顾各方面的利益。企业是经济社会的基本单元，企业的收益分配涉及国家、企业股东、债权人、职工等多方面的利益。正确处理它们之间的关系，协调其矛盾，对企业的生存、发展是至关重要的。企业在进行收益分配时，应当统筹兼顾，维护各利益相关者的合法权益。

（四）投资与收益对等原则

企业进行收益分配应当体现“谁投资谁受益”、收益大小与投资比例相对等的原则。这是正确处理投资者利益关系的关键。企业在向投资者分配收益时，应本着平等一致的原则，按照投资者投资额的比例进行分配，不允许任何一方随意多分多占，以从根本上实现收益分配中的公开、公平和公正，保护投资者的利益。

码6-2 收益分配的程序

三、收益分配的程序

根据我国《公司法》规定，公司进行利润分配涉及的项目包括盈余公积和股利两部分，公司税后利润分配的顺序是：

（一）弥补亏损

公司法定公积金不足以弥补公司前期亏损的，应先用当期利润弥补亏损。弥补亏损后即可得出本年累计盈利或亏损。如为累计亏损，则不能进行后续的分配。

（二）提取法定盈余公积金

经计算有本年盈利的，按抵减年初累计亏损后的本年净利润计提法定盈余公积金。提取盈余公积金的基数，不是累计盈利，也不一定是本年的税后利润。只有在不存在年初亏损的情况下，才能按本年税后利润计算提取。这样规定的目的是，企业不能用资本发放股利和提取盈余公积金。法定盈余公积金按照10%提取，法定盈余公积金达到注册资本的50%时，可不再提取。法定盈余公积可用于弥补亏损、扩大公司生产经营或转增资本，但企业用盈余公积金转增资本后，法定盈余公积金的余额不得低于公司注册资本的25%。

（三）提取任意盈余公积金

任意盈余公积金按照公司章程或股东会议决议提取和使用，其目的是控制向投资者分配利润的水平以及调整各年利润的波动，通过这种方法对投资者分利加以限制和调节。

（四）向投资者分配利润或股利

净利润扣除上述项目后，再加上以前年度的未分配利润，即为可供普通股分配的利润。公司应按照同股同权、同股同利的原则，向普通股股东支付股利。

根据《公司法》的规定，股东会、股东大会或者董事会违反相关规定，在公司弥补亏损和提取法定公积金之前向股东分配利润的，股东必须将违反规定分配的利润退还给公司。

【工作实例6－1】三木公司开始经营的前八年中实现的税前利润（发生亏损以"－"号表示）如表6－1所示。

表6－1　　三木公司税前利润　　单位：万元

年份	第1年	第2年	第3年	第4年	第5年	第6年	第7年	第8年
利润	－100	－40	30	10	10	10	60	40

假设除弥补亏损以外无其他纳税调整事项，该公司的所得税率一直为25%，三木公司按规定享受连续五年税前利润弥补亏损的政策，税后利润（弥补亏损后）按10%计提法定盈余公积金，公司不提取任意盈余公积金。请你分析后回答下列问题：

(1) 该公司第7年是否需要缴纳企业所得税？是否有利润用于提取法定盈余公积金？

(2) 该公司第8年是否有利润用于提取法定盈余公积金？是否有利润可分配给股东？

解：公司第1年亏损的100万元可以由第3～6年的利润弥补，但尚有40万元不足弥补，需用以后年度的税后利润加以弥补。公司第7年的利润60万元应弥补第2年发生的亏损40万元，弥补亏损后的利润20万元应缴纳所得税5万元，税后利润15万元还要弥补第1年尚未弥补完的亏损，故第7年应缴纳所得税，但不应提取法定盈余公积金。

公司第8年的利润40万元应首先缴纳所得税10万元，税后利润30万元弥补第1年亏损后还剩余5万元，故第8年应提取法定盈余公积金，剩下的利润可用于向股东分配股利。

案例分析

三孚股份：2019年年度利润分配方案

背景与情景：

唐山三孚硅业股份有限公司关于2019年年度利润分配方案的公告如下：

本公司董事会及全体董事保证本公告内容不存在任何虚假记载、误导性陈述或者重大遗漏，并对其内容的真实性、准确性和完整性承担个别及连带责任。

重要内容提示：

唐山三孚硅业股份有限公司（以下简称"公司"）拟以截至2019年12月31日的公司总股本15 016.66万股为基数，向全体股东每10股派发人民币1.50元（含税），合计派发现金股利人民币22 524 990.00元。公司本年度不进行资本公积转增股本，剩余未分配利润结转以后年度分配。

本议案已经公司第三届董事会第二十二次会议、第三届监事会第十三次会议审议通过，尚需提交公司2019年年度股东大会审议。

一、公司可供分配的利润情况

经信永中和会计师事务所（特殊普通合伙）审计，唐山三孚硅业股份有限公司2019年年度实现净利润107 352 027.58元，其中归属上市公司股东的净利润107 666 283.23元，提取盈余公积金10 023 592.31元，加年初未分配利润444 281 893.69元，扣除2019年已对股东分配的2018年年度现金股利24 026 656.00元，2019年年度公司累计可供分配利润517 897 928.61元。

基于对公司未来发展的良好预期，综合考虑公司经营现状、资产规模及盈余情况，在保证公司正常经营和长远发展的前提下，为回报全体股东并使全体股东分享公司的经营成果，公司董事会提议拟以2019年年末的总股本15 016.66万股为基数，向全体股东每10股派发人民币1.50元（含税），合计派发现金股利人民币22 524 990.00元。公司本年度不进行资本公积转增股本。

二、利润分配预案的说明

公司2019年年度拟分配的现金红利金额与当年归属于上市公司股东的净利润之比低于30%，主要原因如下：

公司主要从事三氯氢硅、高纯四氯化硅、电子级二氯二氢硅、电子级三氯氢硅、氢氧化钾、硫酸钾等化工产品的研发、生产和销售。近年来，公司不断积极延伸产业链条，致力于优化产品结构，提高产品附加值，故规划内在建项目及各研发项目在未来几年将面临较大规模的资金支出。

（1）截至2019年年末，公司“年产500吨电子级二氯二氢硅及年产1 000吨电子级三氯氢硅项目”土建施工和设备安装已全部完成，管道、电仪等环节安装进程已达80%，其他投产前的准备工作也在稳步推进过程中。2020年上半年预计项目建设完工。按照合同约定，设备、工艺管道安装、土建工程等尾款将于项目试车成功后集中支付，为降低公司资金成本，公司拟继续以自有资金进行投入。

（2）公司在建项目“年产15 000吨硅烷偶联剂中间体项目”按可行性研究报告预计投资31 035万元。2020年，该项目将全面进入土建、设备招标采购及安装、工艺管道安装等阶段，资金将面临较大需求。

（3）2020年，公司将继续加大研发投入力度，力争提高公司整体科技研发水平，通过科技创新，优化工艺条件、降低原辅材料及能源消耗、提高产品综合竞争实力。目前已列入2020年研发计划的项目有：“一种新型高效光催化反应器的研制”“盐水精制去除钙离子工艺的改进”等。

（4）未来随着公司业务、资产规模的扩大，为使公司保持稳定的生产经营，加强应对原材料和产品价格波动的能力，公司需要留存充足收益用于经营资金周转。

为有效推动公司战略目标、已规划项目顺利建设、研发新产品及生产经营计划的顺利实现，保障公司长久持续发展，增强公司给予投资者长期、持续回报的能力，减少公司财务费用，结合公司近年来自身发展资金需求较大的情况，公司拟将自有资金用于支持自身发展。

公司将按照相关规定的要求，在公司2019年年度股东大会股权登记日前召开投资者说明会（现金分红说明会），并在投资者说明会之前发布公告，预告说明会的具体事项。

三、留存未分配利润的确切用途

公司留存未分配利润将继续用于公司业务发展、在建项目建设及研发投入，以保障公司未来产业规划顺利推进，补充公司经营所需流动资金，支持公司新产品研发及市场拓展，进一步提高公司核心竞争力。同时，将留存未分配利润继续投入公司经营，能相应减少公司向银行或金融机构借款，节约财务成本，有利于公司未来的长远发展。

四、董事会审议和表决情况

公司已于2019年3月19日召开第三届董事会第二十二次会议，并以“7票赞成，0票反对，0票弃权”的表决结果审议通过了《关于2019年度利润分配方案的议案》。

五、独立董事意见

公司本次现金分红方案充分考虑到公司现阶段盈利水平及项目建设资金需求，平衡了公司未来发展投入、股东短期现金分红回报与中长期回报，符合公司经营和长远发展的合理需要，不存在损害公司和广大投资者，特别是中小投资者的利益的情形，符合相关法律、法规及《公司章程》的规定，有利于公司持续、稳定、健康发展。同意本次利润分配方案。

六、监事会意见

公司2019年年度利润分配方案符合相关法律、法规以及《公司章程》的规定，严格履行了现金分红决策程序。公司2019年年度利润分配预案综合考虑了内外部因素、公司经营现状、未来发展规划、未来资金需求以及董事的意见和股东的期望。同意本次利润分配方案。

七、相关风险提示

本次利润分配议案尚需提交公司2019年年度股东大会批准，敬请广大投资者注意投资风险。

特此公告。

唐山三孚硅业股份有限公司董事会

2020年3月20日

（资料来源：三孚股份：关于2019年年度利润分配方案的公告．中财网，2020年3月19日．）

[问题] 如何评价三孚股份2019年年度拟分配的现金红利金额与当年归属于上市公司股东的净利润之比低于30%的合理性及其合法性？公司在分红时受到哪些因素影响？

业务拓展

关于修改上市公司现金分红若干规定的决定

上市公司现金分红是实现投资者投资回报的重要形式，对于培育资本市场长期投资理念，增强资本市场的吸引力和活力，具有十分重要的作用。为了引导和规范上市公司现金分红，现就有关事项决定如下：

(1) 在《上市公司章程指引（2006 年修订）》第一百五十五条增加一款，作为第二款："注释：公司应当在章程中明确现金分红政策，利润分配政策应保持连续性和稳定性。"

(2) 在《关于加强社会公众股股东权益保护的若干规定》第四条第（一）项增加规定："上市公司可以进行中期现金分红。"

(3) 将《上市公司证券发行管理办法》第八条第（五）项"最近三年以现金或股票方式累计分配的利润不少于最近三年实现的年均可分配利润的百分之二十"修改为："最近三年以现金方式累计分配的利润不少于最近三年实现的年均可分配利润的百分之三十。"

(4) 将《公开发行证券的公司信息披露内容与格式准则第 2 号——年度报告的内容与格式（2005 年修订）》第三十七条修改为："上市公司应披露本次利润分配预案或资本公积金转增股本预案。对于本报告期内盈利但未提出现金利润分配预案的公司，应详细说明未分红的原因、未用于分红的资金留存公司的用途。公司还应披露现金分红政策在本报告期的执行情况。同时应当以列表方式明确披露公司前三年现金分红的数额及其与净利润的比率。"

(5) 将《公开发行证券的公司信息披露内容与格式准则第 3 号——半年度报告的内容与格式（2007 年修订）》第三十七条第一款修改为："公司应当披露以前期间拟定、在报告期实施的利润分配方案、公积金转增股本方案或发行新股方案的执行情况。同时，披露现金分红政策的执行情况，并说明董事会是否制定现金分红预案。"

(6) 在《公开发行证券的公司信息披露编报规则第 13 号——季度报告的内容与格式特别规定（2007 年修订）》第十三条后增加一条，作为第十四条："公司应当说明本报告期内现金分红政策的执行情况。"

(7) 中国证监会派出机构、上海证券交易所、深圳证券交易所和中国证券登记结算有限责任公司应当督促上市公司按照本决定修改公司章程、履行信息披露义务，做好监管和服务工作。

(8) 本决定自 2008 年 10 月 9 日起施行。《关于规范上市公司行为若干问题的通知》（证监上字（1996）7 号）同时废止。

模块二　确定收益分配政策

引导案例

40余家上市公司发布利润分配预案

2019年2月2日，上市公司江苏爱朋医疗科技股份有限公司发布《关于2018年度利润分配预案的预披露公告》显示，拟以公司现有总股本为基数，向全体股东每10股派发现金股利4.00元（含税）。据Wind资讯统计，2019年以来，截至2月11日，依据2018年年报为报告期计算，共有方大集团、沃华医药、澳洋顺昌等44家上市公司发布分红预案。其中，比较慷慨的有小天鹅A、兰州民百拟每股分别派息4元（税前）、1.6元（税前）。在2018年中期分红派息实施方案中，兰州民百曾“大手笔”向全体股东每10股派发现金红利1.0元（含税），合计派发现金红利总额为7 831万元。总体看，2019年以来披露分红预案的上市公司数量明显多于2018年同期，拟派发现金红利的公司明显多于送股或转增股票的公司。

如果把时间拉长到过去5年可见A股上市公司分红情况明显改善。除了2018年受多重内外因素影响之外，2013—2018年发布分红方案的公司数量明显增多，这6年具备分红分配方案的上市公司数量分别为1 869家、1 935家、2 059家、2 339家、2 775家和156家，现金分红的公司数量分别为1 825家、1 872家、1 981家、2 299家、2 736家和132家。另有部分公司选择送股和转增股票等方式派发红利。

即便在上市公司相对“保守”的2018年，A股也有130余家上市公司发布现金分红方案，其中，25家公司既有送股或者转增股票的方案，又有现金分红方案。但是，2018年至今，现金分红占比不少于30%的公司仅有3家。

分行业看，据wind资讯统计显示，2019年披露分红预案的40余家公司中，计算机行业、专用设备制造、橡胶和塑料制品业等三个行业成为拟分红最多的行业，拟分红上市公司数量分别为7家、5家和4家。此外，互联网和相关服务、化学制造、家具制造、零售行业、医药制造、装卸和搬运等24个行业均有拟分红公司，而采掘业、农业、房地产、银行等行业尚无分红预案出现。拉长时间看，2013年至今，实施分红最多的行业是工业、可选消费、材料业、能源、信息技术等大行业。

从现金分红与盈利的数据比较看，近5年多数上市公司基本能做到赚钱与分红相匹配，有部分公司在净利润亏损的情况下仍然坚持分红，但也有少数“铁公鸡”公司连续5年未分红。据Wind资讯显示，2013年至今，有

3 205家上市公司能够分红，累计分红总额达4.55万亿元，与之相匹配的净利润为1.40兆元。另有379家上市公司在过去5年里没有实施分红，其中不乏海航国际、迈瑞医疗、青岛港等净利润较高的上市公司。从上市时间来看，中国天楹、阳煤化工、紫光学大等23家公司上市超过20年从未现金分红，其中金杯汽车与*ST毅达于1992年上市，上市26年来未分红。

现金分红率是上市公司当年现金分红总额占合并报表归属于母公司股东净利润的比例，是反映上市公司分红水平的重要指标。平安证券分析师魏伟表示，现金分红率达到30%是市场广泛认可的高比例分红线，近年来，沪深两市现金分红金额和现金分红率明显提高。预计未来随着分红制度的改革提速，A股市场化、国际化进程加快，在机构投资者参与度加大，企业部门去杠杆化等影响下，A股市场的分红率及股息率会相应提升，带来更多稳健的收益。

中国证监会有关部门负责人曾表示，投资者通过投资上市公司股票，分享经济发展和上市公司成长带来的收益和回报，是投资者的合理诉求。近年来，证监会在始终坚持依法全面从严监管的理念下，积极倡导上市公司现金分红，引导上市公司更加注重投资者回报，强化股东回报机制，对长期不分红的上市公司持续强化监管，推动上市公司不断提高现金分红水平。

（资料来源：周琳：40余家上市公司发布利润分配预案．经济日报，2019年2月11日．）

[问题] 为什么在资本市场上一些上市公司要向股东分红，而另外一些上市公司则不向股东分红？

[分析] 引例主要涉及企业收益分配政策的制定问题，收益分配政策主要包括：剩余股利分配政策、固定或稳定增长的股利政策、固定股利支付率政策、低正常股利加额外股利政策。学完本模块的内容，将为你提供分析问题、解决问题的思路和方法。

股利政策不仅会影响股东的财富，而且会影响到企业在资本市场上的形象和股票的价格，更会影响到企业的长短期利益。因此，合理的股利政策对企业及股东来讲是非常重要的。

股利政策是由企业在不违反国家有关法律、法规的前提下，根据本企业具体情况制定的。股利政策既要保持相对稳定，又要符合公司财务目标和发展目标。在实际工作中，通常有以下4种股利政策可供选择：剩余股利分配政策、固定或稳定增长的股利政策、固定股利支付率政策、低正常股利加额外股利政策。

码6-3 剩余股利政策

一、剩余股利分配政策决策

（一）剩余股利分配政策含义

剩余股利政策是指公司生产经营所获得的净利润首先应满足公司的资金

需求，如果还有剩余，则分配股利；如果没有剩余，则不分配股利。实际应用中，因为很多公司都有自己最佳的目标资本结构，公司的股利政策不应当破坏最佳资本结构。

（二）剩余股利政策决策步骤

根据这一政策，公司按如下步骤确定其股利分配额：

（1）根据公司的投资计划确定公司的最佳资本预算；

（2）根据公司的目标资本结构及最佳资本预算预计公司资金需求中所需要的权益资本数额；

（3）尽可能用留存收益来满足资金需求中所需要增加的股东权益数额；

（4）留存收益在满足公司股东权益增加需求后，如果有剩余再用来发放股利。

（三）剩余股利政策的优缺点

1. 剩余股利政策的优点

（1）留存收益优先保证再投资的需要，从而有助于降低再投资的资金成本；

（2）保持最佳的资本结构，实现企业价值的长期最大化。

2. 剩余股利政策的缺点

（1）股利发放额会每年随投资机会和盈利水平的波动而波动。即使在盈利水平不变的情况下，股利也将与投资机会的多寡呈反方向变动：投资机会越多，股利越少；反之，投资机会越少，股利发放越多。而在投资机会维持不变的情况下，股利发放额将因公司每年盈利的波动而同方向波动。

（2）剩余股利政策不利于投资者安排收入与支出，也不利于公司树立良好的形象，一般适用于公司初创阶段。

【工作实例 6－2】 三木公司 2020 年税后净利润为 2 000 万元，2021 年的投资计划需要资金 2 200 万元，公司的目标资本结构为权益资本占 70%，债务资本占 30%，请计算公司 2020 年年度可供分配股利。

解： 按照目标资本结构的要求，公司投资计划需要的权益资本额为：

$2\,200 \times 70\% = 1\,540$（万元）

公司当年全部可用于分配的盈利为 2 000 万元，可以满足投资计划所需的权益性资本外，还有剩余盈利可用于分配股利，可供发放的股利额为：

$2\,000 - 1\,540 = 460$（万元）

二、固定或稳定增长的股利政策决策

（一）固定或稳定增长的股利政策含义

固定或稳定增长的股利政策是指公司将每年派发的股利额固定在某一特定水平或是在此基础上维持某一固定比率逐年稳定增长。只有确信公司未来的盈利增长不会发生逆转时，才会宣布实施固定或稳定增长的股利政策。

码 6－4　固定或稳定增长的股利政策

（二）固定或稳定增长的股利政策决策步骤

在固定或稳定增长的股利政策下，首先应确定的是股利分配额，而且该分配额一般不随资金需求的波动而波动。

（三）固定或稳定增长股利政策的优缺点

1. 固定或稳定增长股利政策的优点

（1）它能将公司未来的获得能力、财务状况以及管理层对公司经营的信心等信息传递出去。它传递给股票市场和投资者一个公司经营状况稳定、管理层对未来充满信心的信号，这有利于公司在资本市场上树立良好的形象、增强投资者的信心，进而有利于稳定公司股价。

（2）有利于吸引那些打算作长期投资的股东，这部分股东希望其投资的获利能够成为其稳定的收入来源，以便安排各种经常性的消费和其他支出。

2. 固定或稳定增长股利政策的缺点

（1）这种政策下的股利分配只升不降，股利支付与公司盈利相脱离，即不论公司盈利多少，均应按固定的乃至固定增长的比率派发股利。

（2）在公司的发展过程中，难免会出现经营状况不好或短暂的困难时期，如果这时仍执行固定或稳定增长的股利政策，那么派发的股利金额大于公司实现的盈利，必将侵蚀公司的留存收益，影响公司现有的资本，给公司的财务运作带来很大压力，最终影响公司正常的生产经营活动。

【工作实例 6－3】 三木公司执行的是固定股利政策，2020 年税后净利润为 2 000 万元，现金股利分配额为 600 万元。(1) 公司如果执行固定股利政策，那么 2020 年年度公司应分配股利额为多少？(2) 公司如果执行固定增长股利政策，公司固定股利增长率为 10%，那么 2020 年年度公司应分配股利额为多少？

解：（1）执行固定股利政策，公司应分配现金股利额为 600 万元。

（2）执行固定增长股利政策，公司应分配现金股利额为：600 ×（1 + 10%）＝660（万元）

三、固定股利支付率政策决策

（一）固定股利支付率政策含义

固定股利支付率政策是指公司将每年净收益的某一固定百分比作为股利分派给股东。这一百分比通常称之为股利支付率，股利支付率一经确定，一般不得随意变更。固定股利支付率越高，公司留存收益越少。

码 6－5　固定股利支付率政策

（二）固定股利支付率政策决策步骤

在这一股利政策下，只要公司的税后利润一经计算确定，所派发的股利也就相应确定了。

（三）固定股利支付率政策优缺点

1. 固定股利支付率政策的优点

（1）股利与公司盈余紧密结合，体现了多盈多分、少盈少分、无盈不分的股利分配原则。

（2）由于公司的获利能力在年度间是经常变动的，因此，每年的股利也应当随着公司收益的变动而变动，并保持分配与留存收益间的一定比例关系。采用固定股利支付率政策，公司每年按固定的比例从税后利润中支付现金股利，从企业支付能力的角度看，这是一种稳定的股利政策。

2. 固定股利支付率政策的缺点

（1）传递的信息容易成为公司的不利因素。因为波动的股利向市场传递的信息就是公司未来收益前景不明确、不可靠等，很容易给投资者带来公司经营状况不稳定、投资风险较大的不良印象。

（2）容易使公司面临较大的财务压力。如果公司现金流量状况不太好，却还要按固定比率支付股利的话，就很容易给公司造成较大的财务压力。

（3）缺乏财务弹性。

（4）合适的固定股利支付率的确定难度大。

【工作实例 6-4】三木公司长期以来采用固定股利支付率政策进行股利分配，确定的股利支付率为 40%。2020 年税后利润为 1 500 万元，公司仍然继续执行固定股利支付率政策，请确定公司本年度应支付的股利。

解：公司应支付的股利 = 1 500 × 40% = 600（万元）

四、低正常股利加额外股利政策决策

（一）低正常股利加额外股利政策含义及其决策步骤

低正常股利加额外股利政策，是指企业事先设定好一个较低的正常股利额，每年除了按正常的股利额向股东发放现金股利外，还在企业盈利情况较好、资金较为充裕的年度向股东发放高于每年度正常股利的额外股利。

码 6-6 低正常股利加额外股利政策

（二）低正常股利加额外股利政策的优点

（1）该政策赋予公司一定的灵活性，使公司在股利发放上留有余地和具有较大的财务弹性，同时，每年可以根据公司的具体情况，选择不同的股利发放水平，以完善公司的资本结构，进而实现公司的财务目标。

（2）有助于稳定股价，增加投资者信心。

（三）低正常股利加额外股利政策缺点

（1）由于年份之间公司的盈利波动使额外股利不断变化，或时有时无，造成分派的股利不同，容易给投资者造成公司收益不稳定的感觉。

（2）当公司在较长时期持续发放额外股利后，可能会被股东误认为是“正常股利”，而一旦取消了这部分额外股利，传递出去的信号可能会使股东认为这是公司财务状况恶化的表现，进而可能会引起公司股价下跌的不良后果。相对来说，对那些盈利水平随着经济周期而波动的较大的公司或行业，这种股利政策也许是一种不错的选择。

案例分析

万科经济利润奖金分配详情

倍受争议的万科经济利润奖金制度在实行7年后首度被披露详情。2018年2月5日，万科在港交所发布公告，披露了董事会主席在2010—2016年间获得薪酬的具体构成。万科名誉董事会主席王石在这一时期担任此职。王石的薪酬由年度即时薪酬和长期激励（经济利润奖金）构成。

年度即时薪酬则包括固定月薪和年终奖金两部分。公告显示，在经济利润奖金分配制度在万科实行的7年间，王石共计获得了3 408万元的税后薪酬(2010—2013年）和3 043.4万元的税前薪酬（2014—2016年），以及2 122.87万元的税前股票分红。

万科2月5日的公告称，根据公司经济利润奖金方案，经董事会薪酬与提名委员会审议确认，2010—2015年董事会主席获得年度经济利润奖金的年功积分比例为公司当年度授予年功积分总数的2.2%~4%。

万科董事会在2018年1月审议通过了《关于修订经济利润奖金方案的议案》，取消了操作烦琐的“集体奖金”和“年功积分”机制。因此，公告建议，2016年及以后的董事会主席经济利润奖金分配比例，确定为公司年度经济利润奖金的1.8%~2.2%，具体比例和金额授权董事会薪酬与提名委员会每年决定。此次调整薪酬的议案已由万科董事会审议通过，将在2月23日召开的临时股东大会上进行审议。

万科在2016年年报中曾表示，该年度计提经济利润奖金11.77亿元。如此次调整薪酬的议案获得通过，按照公告显示的分配比例，王石2016年获得经济利润奖金的区间范围为2 118.6~2 589.4万元。

万科董事会主席的年度即时现金薪酬包括固定月薪和年终奖金两部分，与公司实现的归属于上市公司股东的净利润增长幅度挂钩，将净利润增长15%设为及格基准线。

万科2月5日的公告显示，王石在2014—2016年共计获得年度即时薪酬总额3 043.4万元（税前）。结合新披露的经济利润奖金分配比例数据，根据万科年报披露的计提经济利润奖金数据计算，王石在2010—2013年共计获得年度即时薪酬总额3 408万元（税后）。

因此，王石共计获得了3 408万元的税后薪酬和3 043.4万元的税前薪酬，以及2 122.87万元的税前分红。

此外，从2010年到2016年，王石持有万科的股份也从681.72万股上升至761.72万股，共计获得股票分红2 122.87万元（税前）。

（资料来源：史额黎．万科首次披露经济利润奖金分配详情，王石7年获酬6 451万元．搜狐财经，2018年2月14日．）

［问题］万科是如何获取高额利润的？

模块三　制订收益分配方案

引导案例

民生银行提高利润分配方案

2018年4月11日，民生银行召开第七届董事会第八次临时会议，审议通过了《关于调整公司2017年下半年利润分配预案的决议》和《关于公司2017年度资本公积转增股本预案的决议》，同意将2017年下半年利润分配预案调整为：每10股派发现金股利人民币0.90元（含税）；拟以股本溢价形成的资本公积向股东转增股本，每10股转增2股。现金股利总额共计约人民币32.84亿元。资本公积转增股本总数共计约72.97亿股。

此前的3月29日，民生银行第七届董事会第七次会议审议通过了《关于公司2017年下半年利润分配预案的决议》。当时的分配方案为：每10股派送股票股利2股；现金分红由每10股派发现金股利人民币0.30元（含税）。民生银行表示，公司正处于战略转型阶段，留存的未分配利润主要用于加快推进战略转型落地实施以及优化和调整业务结构，不断增强风险抵御能力。

民生银行称，在上述利润分配预案发布后，该行不断收集投资者意见、充分倾听投资者声音。经过全面考虑、慎重研究，民生银行董事会决定调整该利润分配预案。

民生银行表示，作为一家A+H上市公司，该行致力于实现公司价值最大化和投资者利益最大化，一直通过各种渠道与投资者交流，倾听投资者声音，在确保长远健康发展的基础上，尽量满足广大投资者特别是中小投资者的合理诉求。

（资料来源：民生银行提高利润分配方案：每10股派发现金0.9元　送股改为资本公积转股.21世纪经济报道，2018年4月12日.）

[**问题**] 请简要说明民生银行利润分配方案的主要内容，以及民生银行为何选择此种利润分配方案？

[**分析**] 引例主要涉及企业收益分配方案制定的相关决策，主要包括：股利支付形式，股利发放的日程安排，股票分割与股票回购。学完本模块的内容，将为你提供分析问题、解决问题的思路和方法。

码6-7　股利支付形式

一、股利支付形式

股利分配方案的制订涉及选择股利政策、确定股利支付水平、确定股利支付形式等环节。财务管理人员应在明确收益分配基本政策的前提下，结合企业的实际情况，具备制订股利分配方案的能力。

按照股份有限公司对股东支付股利形式的不同，股利可分为不同的种类。其中，常见的有以下四类：

（一）现金股利

现金股利是指以现金支付的股利，它是股利支付最常见的方式。发放现金股利将同时减少公司资产负债表上的留存收益和现金，所以公司选择支付现金股利时，除了要有足够的留存收益外，还要有足够的现金。而充足的现金往往会成为公司发放现金股利的主要制约因素。

（二）财产股利

财产股利是以现金以外的其他资产支付的股利，主要是以公司所拥有的其他公司的有价证券，如公司债券、公司股票等，作为股利发放给股东。

（三）负债股利

负债股利是以负债方式支付的股利，通常以公司的应付票据支付给股东，有时也以发行公司债券的方式支付股利。

财产股利和负债股利实际上都是现金股利的替代方式，但目前这两种股利方式在我国公司实务中极少使用。

（四）股票股利

股票股利是公司以增发股票的方式所支付的股利，我国实务中通常也称其为“红股”。股票股利对公司来说，并没有现金流出企业，也不会导致公司的财产减少，而只是将公司的留存收益转化为股本。但股票股利会增加流通在外的股票数量，同时，降低股票的每股价值。它不会改变公司股东权益总额，但会改变股东权益的构成。

业务拓展

什么是含权、含息股、填权和贴权

上市公司在宣布董事会、股东大会的分红、配股方案后，尚未正式进行分红、配股工作，股票未完成除权、除息前就称为“含权”“含息”股票。股票在除权后交易，交易市价高于除权价，取得分红或配股者得到市场差价而获利，为填权。交易市价低于除权价，取得分红，配股者没有得到市场差价，造成浮亏，则为贴权。

注：除权、除息价均由交易所在除权日当天公布。

二、股利发放的日程安排

公司在选择了股利政策、确定了股利支付水平和方式后，应当进行股利的发放。公司股利的发放必须遵循相关要求，按照日程安排来进行。一般情况下，股利的发放需要按照下列日程来进行：

（一）预案公布日

上市公司分派股利时，首先要由董事会制订分红预案，包括本次分红的数量、分红的方式，股东大会召开的时间、地点及表决方式等，以上内容由公司董事会向社会公开发布。

（二）股利宣布日

董事会制订的分红预案要经过股东大会讨论。只有讨论通过之后，才能公布正式分红方案及实施的时间。

（三）股权登记日

这是由公司在宣布分红方案时确定的一个具体日期。凡是在此指定日期收盘之前取得了公司股票，成为公司在册股东的投资者都可以享受公司分派的股利。在此日之后取得股票的股东则无权享受已宣布的股利。

（四）除息日

在除息日，股票的所有权和领取股息的权利分离，股利权利不再从属于股票，所以在这一天购入公司股票的投资者不能享有已宣布发放的股利。另外，由于失去了“附息”的权利，除息日的股价会下跌，下跌的幅度约等于分派的股息。

（五）股利发放日

股利发放日即公司按照公布的分红方案向股权登记日在册的股东实际支付股利的日期。

【工作实例6－5】 三木公司于2020年4月10日公布2019年年度的最后分红方案，其发布的公告如下：“2020年4月9日在深圳召开的股东大会，通过了2020年4月2日董事会关于每股分派0.2元的2019年股息分配方案。股权登记日为4月25日，除息日是4月26日，股东可以在5月10日至25日之间通过深圳交易所按交易方式领取股息。特此公告。”

请根据该公告确定股东参与股利分配的时间。

解： 三木公司的股利支付程序如图6－1所示。

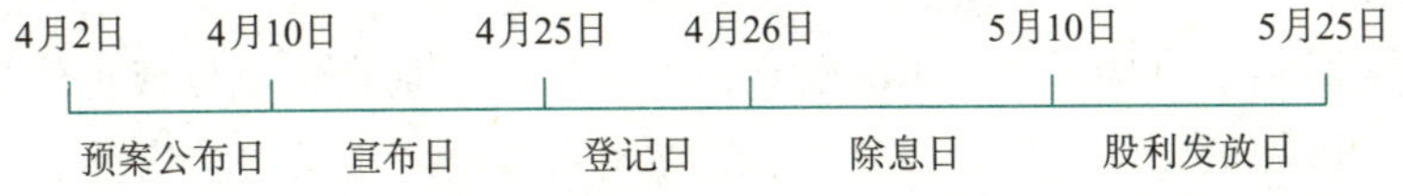

图6－1　股利分配的日程安排

案例分析

现金分红方案高股息率知多少

在市场风险偏好有所降低、高收益资产日渐稀缺的背景下，越来越多的投资者开始寻找高股息率个股，“存银行不如存股票”的言论在市场中再次兴起。

据券商中国记者统计，截至目前共有560家上市公司已宣告了现金分红预案，以最新股价计算，共有67只个股的宣告股息率超过1.5%的一年期银行定存基准利率，占比达到11.96%。其中，还有41只个股的宣告股息率超过2%、16只个股股息率超过3%。

值得一提的是，贵州茅台虽然公布了“10派现61.71元、合计派现77.52亿元”的惊人分红预案，但在对比现有股价后，贵州茅台的股息率只有2.52%，虽然也非常优异，但只能排到两市第25名。

华能国际的股息率目前位居两市第一。公告显示，华能国际董事会计划每10股派现4.7元，应付股息合计达71.44亿元，相较之下，华能国际的最新股价只有7.74元，换言之，华能国际的股息率将达到6.04%，为目前两市第一名。此外，华域汽车、华电国际和福耀玻璃的股息率也超过5%，分别达到5.39%、5.37%和5.07%。在关注高股息个股的投资者中，不少投资者计划长期持有个股、持续分享高比例的现金分红。但如只是看重单一的股息率或看似惊人的分红预案，或有可能掉入高股息个股的“价值陷阱。”

追根究底，股票现金分红的根本来源是企业经营成果，如果企业继续保持良好运营，高股息率确实是投资者在低迷市场时的保护伞，但如果企业基本面伴随股价一同恶化，投资者或将遭受较大损失。

业内人士表示，投资者在挑选高分红个股时，除了要看其股息率水平外，也应该同时关注其分红的持续性、分红目的和现金来源，才能尽可能避免掉入“价值陷阱”。

（资料来源：18只股有望延续高股息率！快把这些高分红大蓝筹收入你的自选股．和讯网，2016年3月26日．）

［问题］上市公司如何才能保持持久的分红能力？

三、股票股利

股票股利是公司以发放的股票作为股利的支付方式。具体又分为两种：一种是以红利送股，即红股；另一种是以公积金送股。

股票股利不直接增加股东的财富，不导致公司资产的流出或负债的增加，同时也不增加公司的财产，但是会引起所有者权益各项目的结构发生变化。

（一）股票股利对股价的影响

在上市公司分红时，我国股票投资者普遍都偏好送红股。对于股东来说，采取送红股的形式分配利润将优于不分配利润。这种方式不会改变股东的持股比例，也不增减股票的含金量，但送红股却有可能提高股票投资者的经济效益。其根据如下：

（1）上市公司发放股票股利时，股东不必承担纳税义务。

（2）在股票供不应求阶段，送红股增加了股东的股票数量，在市场炒作下有利于股价的上涨，从而有助于提高股民的价差收入。

（3）送红股以后，股票的数量增加了，同时因为除权降低了股票的价格，所以降低了购买这种股票的门槛，改变了股票的供求关系。

（二）股票股利对股东的意义

股票股利尽管不直接增加股东的财富，也不增加企业的价值，但对股东和企业都有特殊意义。

1. 获得股票价值相对上升的利益

公司发放股票股利后其股价一般并不成比例下降；一般在发放少量股票股利（如2%～3%）后，大体不会引起股价的立即变化。这可使股东得到股票价值相对上升的好处，即填权好处，否则就会发生贴权。

2. 股票股利往往预示着公司将会有较大发展

发放股票股利通常是成长中的公司所为，因此投资者往往认为发放股票股利预示着公司将会有较大发展，利润将大幅度增长，足以抵消增发股票带来的消极影响，这种心理会稳定住股价甚至导致股价上升。

3. 使股东可以从中获得纳税上的好处

在股东需要现金时，还可以将分得的股票股利出售，有些国家税法规定出售股票所需缴纳税率比收到现金股利所需缴纳的税率低，这使股东可以从中获得纳税上的好处。

发放股票股利后，由于增加了股份数，每股净资产会下降。与此同时，如果股票市场价格下跌幅度大于每股净资产下降的幅度，则会给股东造成实质性的损失，这就是股票股利对股东而言的最大缺点。

（三）股票股利对公司的意义

（1）有利于控制现金流出。发放股票股利一方面可以使股东享受公司盈余的好处，另一方面使公司留存了大量现金，便于进行再投资，这有利于公司长远发展。

（2）发放股票股利可以降低每股市场价格。在企业盈余和现金股利不变的情况下，会吸引更多的投资者。

（3）发放股票股利往往会向投资者传递企业将会继续发展的信息，从而提高投资者对企业的信心，在一定程度上稳定股票价格。

但是，公司采用股票股利支付形式，有可能被认为是公司现金周转不灵的征兆。特别是当公司财务报表所反映的投资收益率低于投资者的预期或投资项目运转不良时尤其如此，从而会影响到公司的财务形象和再筹资能力，降低投资者对企业的信心，导致公司股价下跌。

四、股票分割

（一）股票分割的概念

股票分割又称拆股，是指股份公司用某一特定数额的新股按一定比例交换一定数额的流通在外的股份的行为。例如，将原来的 1 股股票交换成 5 股股票。

码6－8　股票分割

股票分割不属于某种股利方式，但其所产生的效果与发放股票股利近似，因而在此一并介绍。

从会计的角度看，股票分割对公司的资本结构、资产的账面价值、股东权益的各账户（普通股、资本公积、留存收益等）都不产生影响，只是使公司发行在外的股票总数增加，每股股票代表的账面价值降低。因此，股票分割与发放股票股利的作用非常相似，都是在不增加股东权益的情况下增加股票的数量。所不同的是股票分割导致的股票数量的增加量可以远大于发放股票股利，而且在会计处理上也有所不同。从实务上看，由于股票分割与股票股利非常接近，所以一般要根据证券管理部门的具体规定对两者加以区分。有的国家证券交易机构规定，发放25%以上的股票股利即属于股票分割。

（二）股票分割的意义

1. 降低公司股票价格

由于股票分割是在不增加股东权益的情况下增加流通中的股票数量，分割后每股股票所代表的股东权益的价值将降低，每股股票的市场价格也将相应降低。当股票的市场价格过高时，股票交易会因每手交易所需的资金量太大而受到影响，特别是许多小户、散户，因资金实力有限而难以入市交易，使这类股票的流通性降低，股东人数减少。因此，许多公司在其股价过高时采用股票分割的方法降低股票的交易价格，提高公司股票的流通性，使公司的股东更为广泛。

2. 传递远期良好信号

一般而言，股票分割往往是成长中的公司所为。因此，企业进行股票分割往往被视为一种利好消息而影响其股票价格，这样公司股东就能从股份数量和股票价格中获得相对收益。

3. 增加股东的现金股利

股票分割在有些情况下也会增加股东的现金股利。尽管股票分割后各股东持有的股数增加，但持股比例不变，持有股票的总价值不变。不过，只要股票分割后每股现金股利的下降幅度小于股票分割幅度，股东仍能多获现金股利。

4. 有助于公司并购的实施

在并购另一个公司之前，首先将自己的股票分割，可以提高对被并购方股东的吸引力。

5. 为新股发行做准备

在新股发行之前利用股票分割降低股价，有利于提高股票的可转让性和促进市场交易活动，由此增加投资者对股票的兴趣，促进新发行股票的畅销。

尽管股票分割与发放股票股利都能达到降低企业股价的目的，但一般来讲，只有在企业股价剧涨且预期难以下降时，才采用股票分割的办法降低股价，而在企业股价上涨幅度不大时，往往通过发放股票股利将股价维持在理想的范围之内。

【工作实例6-6】 三木公司20×0年实现的净利润为500万元，资产合计

5 600 万元，当前每股市价 10 元。年终利润分配前的股东权益项目资料如表6－2所示。

表6－2　利润分配前的股东权益项目表

项　目	金　额
股本—普通股（每股面值4元，200万股）	800 万元
资本公积金	320 万元
未分配利润	1 680 万元
所有者权益合计	2 800 万元

要求：计算回答下述互不相关的问题：

(1) 计划按每10股送1股的方案发放股票股利，股票股利的金额按市价计算，计算完成这一分配方案后的股东权益各项目数额，以及每股收益和每股净资产。

(2) 若计划将每1股分割为4股，计算完成这一分配方案后的股东权益各项目数额，以及每股收益和每股净资产。

解：(1) 发放股票股利后的普通股数＝200×(1＋10%)＝220（万股）

发放股票股利后的普通股本＝4×220＝880（万元）

发放股票股利后的未分配利润＝1 680－20×10＝1 480（万元）

发放股票股利后的资本公积金＝320＋20×(10－4)＝440（万元）

发放股票股利后的所有者权益总额为 2 800 万元

每股收益＝500/220＝2.27（元）

每股净资产＝2 800/220＝12.73（元）

(2) 分割后的股数为 800 万股，股东权益项目金额不变。

每股收益＝500/800＝0.63（元）

每股净资产＝2 800/800＝3.5（元）

五、股票回购

（一）股票回购的概念

股票回购是指上市公司从股票市场上购回本公司一定数额发行在外的股票的行为。公司在股票回购完成后可以将所回购的股票注销，但在绝大多数情况下，公司将回购的股份作为“库藏股”保留，仍属于发行在外的股份，但不参与每股收益的计算和收益分配。库藏股日后可移作他用（如雇员福利计划、发行可转换债券等），或在需要资金时将其出售。

码6－9　股票回购

（二）股票回购的意义

1. 稳定公司股价

过低的股价，无疑将对公司经营造成严重影响，股价过低，使人们对公司的信心下降，使消费者对公司产品产生怀疑，削弱公司出售产品、开拓市场的能力。在这种情况下，公司回购本公司股票以支撑公司股价，有利于改善公司形象，股价在上升过程中，投资者又重新关注公司的运营情况，消费者对公司产品的信任增加，公司也有了进一步配股融资的可能。因此，在股价过低时回购股票，是维护公司形象的有力途径。在西方国家，股份回购也是政府稳定股市的重要手段之一。

2. 帮助股东从股票回购中获得少纳税或推迟纳税的好处

在美国现金股利要按普通收入所得税率纳税，而资本利得就可以较低的优惠税率纳税。股东从回购股票得到的现金只有在回购价格超出股东的购买价格时才须纳税，并且是按照较低的优惠税率缴纳的。股票回购使股东能够以较低的资本利得税取代现金股利必须缴纳的较高普通个人所得税。由于个人资本利得税低于股利收入税，且可延期支付，加大了公司以股票回购来代替现金股利支付的动力。我国股利的个人所得税税率为20%，而股票转让所得的个人所得税还未征收，将来需要卖出股票换取现金时只需付出成交额一定比例的佣金、过户费和印花税。因此，通过股票回购，用提高股价的方式代替向股东支付现金股利，对公司和股东均有好处。

3. 分配公司超额现金

如果公司的现金超过其投资机会的需要量，但又没有较好的投资机会可以使用该笔现金时，最好是分配股利。但出于股东避税、控股等多种因素的考虑，就可能通过以股票回购而非现金股利的方式进行分配。这是因为，股票回购会引起每股收益和每股市价的上升。假定市盈率不变，则股东所持有的股份的总价值将会随之增加，从而起到了分配超额现金的作用。

4. 反收购措施

股票回购在国外经常是一种重要的反收购措施，此举有助于公司管理者避开竞争对手企图收购的威胁。股票回购导致股价上升和公司流通在外的股票数量减少，从而使收购方要获得控制公司的法定股份比例变得更为困难；股票回购后，公司流通在外的股份少了，可以防止浮动股票落入进攻企业手中（不过，由于回购的股票无表决权，回购后进攻企业持股比例也会有所上升，因此公司需将回购股票再卖给稳定股东，才能起到反收购的作用）；在反收购战中，目标公司通常在股价已上升后实施股票回购，此举使得目标公司流动资金减少，财务状况恶化，减弱了公司被作为收购目标的吸引力。

5. 改善资本结构，追求财务杠杆利益

当企业管理当局认为，其权益资本在整个企业资本结构中所占的比例过大，资产负债率过小时，就有可能利用留存收益或通过对外举债来回购企业发行在外的普通股，实践证明，这是一种迅速提高资产负债率的好方法。

无论是用现金回购还是负债回购股份，都会改变公司的资本结构，提高财务杠杆比率。在现金回购方式下，假定公司中长期负债规模不变，则伴随股票回购而来的是股权资本在公司资本结构中的比重下降，公司财务杠杆比率提高；在用增加债务回购股份的情况下，一方面是公司中长期负债增加；

另一方面是股权资本比重下降，公司财务杠杆比率提高。

（三）股票回购的负面效应

股票回购是一把双刃剑，我们在正确认识股票回购的积极意义的基础上，必须对由于股票回购而可能带来的负面效应保持清醒的头脑。

1. 财务风险效应

一般来说，股票回购因减少总股本，在利润预期不变的情况下，可以增加每股利润，从而使股价上升。但具体到某一公司，如果利用债务资金回购股票，会使资产负债率提高，企业债务负担增加，财务风险加大。所以，在一般情况下，上市公司不应仅仅为了追求财务杠杆效应而进行股票回购，对于高资产负债率的企业特别应该注意。

2. 支付风险效应

由于股票回购需要大量的现金支出，因此不可避免地会对上市公司形成很大的支付压力。一次性支付巨额资金用于股票回购，仍将不可避免地会对企业的正常运营带来一定的影响，面临严峻的支付风险。

3. 容易导致内幕操纵股价

公司可能利用股票回购操纵股价，误导投资者，导致证券的管理混乱，损害社会股东的利益。

总之，虽然从各种法规上看，股票回购不一定可行，但是从理论上讲，它确实是股份公司可以采用的一种股利支付、调整资本结构、筹集资金、企业兼并和掌握控制权的有效方法。

案例分析

哈尔滨三联药业股份有限公司回购公司股份的进展公告

哈尔滨三联药业股份有限公司（以下简称“公司”）于2018年12月21日召开第二届董事会第十九次会议、2019年1月9日召开2019年第一次临时股东大会，审议通过了《关于回购部分公司社会公众股份的预案》，并于2019年1月22日披露了《关于以集中竞价交易方式回购公司股份的回购报告书》，具体内容详见公司在指定信息披露媒体《中国证券报》《上海证券报》《证券时报》《证券日报》和巨潮资讯网（www.cninfo.com.cn）上刊登的相关公告。

公司于2019年1月31日披露了《关于首次回购公司股份的公告》、2019年2月1日披露了《关于回购公司股份的进展公告》、2019年3月4日披露了《关于回购公司股份的进展公告》、2019年3月9日披露了《关于回购公司股份比例达1%暨回购进展公告》、2019年4月1日披露了《关于回购公司股份的进展公告》、2019年5月6日披露了《关于回购公司股份的进展公告》。上述具体内容详见公司在指定信息披露媒体上刊登的相关公告。

一、回购公司股份的具体情况

根据《上市公司回购社会公众股份管理办法（试行）》《关于支持上市公司回购股份的意见》《深圳证券交易所上市公司回购股份实施细则》（以下简称《实施细则》）等有关规定，上市公司在回购期间应当在每个月的前3个交易日内披露截至上月末的回购进展情况，现将公司回购股份的进展情况公告如下：

截至2019年5月31日，公司已累计通过回购专用证券账户以集中竞价交易方式实施回购公司股份5 011 067股，占公司总股本的1.582 8%，最高成交价为13.89元/股，最低成交价为11.15元/股，成交总金额为64 315 223.74元（不含交易费用）。本次回购股份符合公司股份回购方案及相关法律法规的要求。

二、其他说明公司回购股份的时间、回购股份数量及集中竞价交易的委托时间段符合《实施细则》第十七条、十八条、十九条的相关规定

1. 未在下列期间内回购公司股票

（1）公司定期报告、业绩预告或业绩快报公告前10个交易日内；

（2）自可能对本公司股票交易价格产生重大影响的重大事项发生之日或者在决策过程中，至依法披露后2个交易日内；

（3）中国证监会及深圳证券交易所规定的其他情形。

2. 未在下列交易时间进行回购股份的委托

（1）开盘集合竞价；

（2）收盘前半小时内；

（3）公司首次回购股份事实发生日（2019年1月30日）前5个交易日公司股票累计成交量为7 958 077股。因此，根据《实施细则》相关规定，每5个交易日最大回购股份数量不得超过7 958 077股的25%，即1 989 519股；

（4）本次回购股份的价格低于当日交易涨幅限制，后续公司将根据市场情况及资金安排情况在回购实施期限内实施本次回购计划，并将按相关法律、法规和规范性文件的规定及时履行信息披露义务。敬请广大投资者注意投资风险。

特此公告。

哈尔滨三联药业股份有限公司
董事会
2019年6月3日

[问题] 哈三联公司股票回购的动机和效果是什么？

项目小结

收益与分配管理是对企业收益与分配的主要活动及其形成的财务关系的组织与调节，是企业将一定时期内所创造的经营成果合理地在企业内、外部各利益相关者之间进行有效分配的过程。收益与分配管理作为现代企业财务管理的重要内容之一，对于维护企业与各相关利益主体的财务管理、提升企

业价值具有重要意义。收益分配作为一项重要的财务活动，应当遵循：依法分配原则、分配与积累并重原则、兼顾各方利益原则与投资与收益对等原则。收益分配的一般程序是弥补亏损、提取法定盈余公积金和提取任意盈余公积金与向投资者分配利润或股利。

股利政策的种类有剩余股利政策、固定股利政策、固定股利支付率政策及低正常股利加额外股利政策，每一种股利政策都有其各自的优劣势。

股利支付方式可以采用现金股利、股票股利、财产股利和负债股利 4 种方式，前 2 种比较常见，后 2 种在实务中较少采用。股利支付要经过股利宣告日、股权登记日、除息日、股利发放日 4 个阶段。股票股利并不会使企业资产和权益减少，只是股东权益内部结构发生变化，即企业股本将增加，未分配利润减少，但总的股东权益不变。

股票分割是将大面值股票分割成小面值股票的过程，股票分割的主要目的是便于股票的流通转让。股票回购是指公司出资购回其自身所发行的流通在外的股票，是替代现金股利的一种方法。股票股利、股票分割和股票回购都会对公司资产、负债和所有者权益及结构产生影响，也会对公司股价和投资者利益产生影响。

项目七

预算管理

职业能力目标

了解预算的含义与作用，熟悉预算的分类与预算体系，熟悉预算的编制程序；能够熟练掌握预算的编制方法与程序，正确区分固定预算与弹性预算、增量预算与零基预算、定期预算与滚动预算；能够正确熟练地编制各种业务预算，能够熟练编制现金预算和预计财务报表；熟悉预算的执行、调整、分析与考核方法。

典型工作任务

序号	典型工作任务
1	区分固定预算与弹性预算
2	区分增量预算与零基预算
3	区分定期预算与滚动预算
4	编制业务预算
5	编制现金预算
6	编制预计财务报表

模块一　预算管理认知

引导案例

中国有色集团全面预算案例分析

一、中国有色集团公司背景

中国有色矿业集团有限公司（简称“中国有色集团”）是国资委管理的

大型中央企业，2016年位列“世界500强”第386位。中国有色集团下属各级企业261家，主业为有色金属矿产资源开发、建筑工程、相关贸易及服务，是我国有色金属工业最早实施“走出去”战略的企业之一。

企业战略的指导思想是以党的十八大和十八届中央委员会会议精神为指导，认真落实《国民经济和社会发展第十三个五年规划纲要》和《中央企业“十三五”发展规划》，积极贯彻“533”战略，即树立“创新、协调、绿色、开放、共享”5大发展理念，大力实施“抓资源、国际化、走高端”3大战略，确保3个不动摇：有色行业“走出去”排头兵地位不动摇、保障国家矿产资源安全支柱企业地位不动摇，早日建成世界一流矿业集团目标不动摇。以质量效益为中心，以结构调整为重点，实现做强做优做大。

二、中国有色集团预算体系

集团已经形成了预算预报、正式预算、预算调整三套完整的预算体系，并配合管理报表查询、预算分析、滚动预算等分析报表，以满足集团财务人员的预算分析工作的要求。具体而言：

一是预算预报以及预算调整解决了子公司预算上报时间、内容不统一的问题，提高了预算的效率。预算编制既是中国有色集团战略目标的具体体现，也是年度预算目标实现的基本保证。2012年7月开始实施的Oracle Hyperion Planning（海波龙预算系统）基于WEB设置，提供了一个统一、共享的信息输入平台，方便地支持集团内各个责任单元在有权限的基础上共享信息。

二是全面预算系统覆盖更全面、内容更细致，满足了集团及各子公司的单位预算业务要求。新的全面预算系统Oracle Hyperion Planning（海波龙预算系统）的基础表基于共享的平台，由各个责任单元填报，因此更细致全面，将各子公司在权限的基础上纳入共享的预算平台，使各基础表能够兼顾行业特点。

三是全面的正式预算系统解决了子公司相对孤立的问题，便于预算由部门层面上升至集团战略层面，有助于企业整体决策。中国有色集团财务部基于海波龙系统建立制定预算目标的财务模型，通过敏感性分析为高层决策提供依据。中国有色集团新的全面预算系统打破原来自下而上的预算格局，加入了顶层设计的考虑，采用了上下结合的方式，集团综合考虑多方面因素制定合理的年度预算目标。

四是分析报表简化了财务人员的分析工作，使其免于对数据的额外处理，节省了人力物力。新的全面预算系统整合多种数据源、加大预算分析力度，编制预算报告，提高决策效率和质量。由于其接口功能强大，新预算系统与中国有色集团原有的ERP系统接合方便，能实现数据相互导入，从而对实际数据和预算数据进行对比分析。该系统还可以根据不同时间的不同需要编制不同的预算，保留不同的版本。

鉴于中国有色集团下属子公司众多，且其子公司在8个国家及地区分别上市，新全面预算系统的这一功能也极大地降低了集团预算需要消耗的人力物力。

［问题］中国有色集团预算管理体系的核心思想是什么？中国有色集团全面预算管理的主要做法是什么？

［分析］引例主要涉及企业预算管理的相关内容。预算管理在企业财务管理中处于重要地位。学完本模块的内容，将为你提供相关方面分析问题、解决问题的思路和方法。

一、预算的特征与作用

（一）预算的特征

码7－1　什么是预算

预算是企业在预测、决策的基础上，以数量和金额的形式反映企业未来一定时期内经营、投资、财务等活动的具体计划，是为实现企业目标而对各种资源和企业活动作出的详细安排。预算是一种可据以执行和控制经济活动的、最为具体的计划，是对目标的具体化，是将企业活动导向预定为目标的有力工具。

预算具有两个特征：第一，预算与企业的战略或目标保持一致。因为预算是为实现企业目标而对各种资源和企业活动作出详细安排。第二，预算是数量化的并具有可执行性。因为预算作为一种数量化的详细计划，它是对未来的细致、周密安排，是未来经营活动的依据。因此，数量化和可执行性是预算最主要的特征。

（二）预算的作用

预算的作用主要表现在以下三个方面：

1. 预算通过引导和控制经济活动，使企业经营达到预期标准

通过预算指标可以控制实际活动过程，随时发现问题，采取必要的措施，纠正不良偏差，避免经营活动漫无目的、随心所欲，通过有效的方式实现预期目标。因此，预算具有规划、控制、引导企业经济活动有序进行、以最经济有效的方式实现预定目标的功能。

2. 预算可以实现企业内部各部门之间的协调

从系统论的观点来看，局部计划的最优化，对全局来说不一定是最合理的。为了使每个职能部门向着共同的战略目标前进，它们的经济活动必须密切配合，相互协调，统筹兼顾，全面安排，搞好综合平衡。各部门预算的综合平衡，能促使各部门管理人员清楚地了解本部门在全局中的地位和作用，尽可能地做好部门之间的协调工作。各级各部门因其职责不同，往往会出现相互冲突的现象。各部门之间只有协调一致，才能最大限度地实现企业整体目标。例如，企业的销售、生产、财务等各部门可以分别编制出对自己来说最好的计划，但该计划在其他部门却不一定行得通。全面预算经过综合平衡后可以提供解决各级各部门冲突的最佳办法，代表企业的最优方案，可以使各级各部门的工作在此基础上协调地进行。

3. 预算可以作为业绩考核的标准

预算作为企业财务活动的行为标准，使各项活动的实际执行有章可循。预算标准可以作为各部门责任考核的依据。经过分解落实的预算规划目标能与部门、责任人的业绩考评结合起来，成为奖勤罚懒、评估优劣的准绳。

二、预算的分类

（一）根据内容不同，企业预算可以分为业务预算（即经营预算）、专门决策预算和财务预算

（1）业务预算是指与企业日常经营活动直接相关的经营业务的各种预算。它主要包括销售预算、生产预算、直接材料预算、直接人工预算、制造费用预算、产品成本预算、销售费用预算和管理费用预算等。

（2）专门决策预算是指企业不经常发生的、一次性的重要决策预算。专门决策预算直接反映相关决策的结果，是实际中选方案的进一步规划。如资本支出预算，其编制依据可以追溯到决策之前收集到的有关资料，只不过预算比决策估算更细致、更精确一些。例如，企业对一切固定资产购置都必须在事先做好可行性分析的基础上来编制预算，具体反映投资额需要多少、何时进行投资、资金从何筹得、投资期限多长、何时可以投产、未来每年的现金流量是多少。

（3）财务预算是指企业在计划期内反映有关预计现金收支、财务状况和经营成果的预算，主要包括现金预算和预计财务报表。财务预算作为全面预算体系的最后环节，它是从价值方面总括地反映企业业务预算与专门决策预算的结果。也就是说，业务预算和专门决策预算中的资料都可以用货币金额反映在财务预算内，这样一来，财务预算就成为各项业务预算和专门决策预算的整体计划，故亦称为总预算，其他预算则相应称为辅助预算或分预算。显然，财务预算在全面预算中占有举足轻重的地位。

（二）按预算指标覆盖的时间长短，企业预算可分为短期预算和长期预算

短期预算是指预算期在1年以内（含1年）的预算。长期预算是指预算期在1年以上的预算。预算的编制时间可以视预算的内容和实际需要而定，可以是1周、1月、1季、1年或若干年等。在预算编制过程中，往往应结合各项预算的特点，将长期预算和短期预算结合使用。一般情况下，企业的业务预算和财务预算多为1年期的短期预算，年内再按季和月细分，而且预算期间往往与会计期间保持一致。

三、预算体系

各种预算是一个有机联系的整体。一般将由业务预算、专门决策预算和财务预算组成的预算体系，称为全面预算体系。其结构如图7－1所示。

码7－2　预算体系

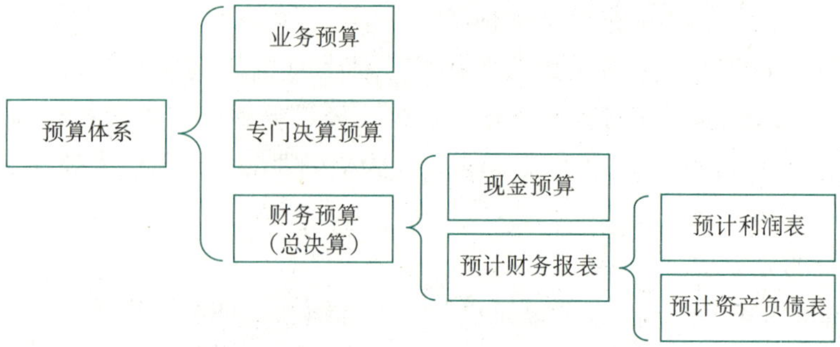

图 7－1　全面预算体系

四、预算工作的组织

预算工作的组织包括决策层、管理层、执行层和考核层，具体如下：

（1）企业董事会或类似机构应当对企业预算的管理工作负总责。企业董事会或者经理办公会可以根据情况设立预算委员会或指定财务管理部门负责预算管理事宜，并对企业法定代表负责。

（2）预算委员会或财务管理部门主要拟订预算的目标、决策，制定预算管理的具体措施和办法，审议、平衡预算方案，组织下达预算，协调解决预算编制和执行中的问题，组织审计、考核预算的执行情况，督促企业完成预算目标。

（3）企业财务管理部门具体负责企业预算的跟踪管理，监督预算的执行情况，分析预算与实际执行的差异及原因，提出改进管理的意见与建议。

（4）企业内部生产、投资、物资、人力资源、市场营销等职能部门具体负责本部门业务涉及的预算编制、执行、分析等工作，并配合预算委员会或财务管理部门做好企业总预算的综合平衡、协调、分析、控制与考核等工作。其主要负责人参与企业预算委员会的工作，并对本部门预算执行结果承担责任。

（5）企业所属基层单位是企业预算的基本单位，在企业财务管理部门的指导下，负责本单位现金流量、经营成果和各项成本费用预算的编制、控制、分析工作，接受企业的检查、考核。其主要负责人对本单位财务预算的执行结果承担责任。

案例分析

三类集团公司预算管理的三种适配模型

根据组织结构模式理论，企业的组织类型可分别归为直线职能型（U型）、控股公司结构（H型）和事业部制（M型）。基于组织结构不同，企业所适配的预算管理体系也有所不同。

第一，神华集团是U型企业，是战略规划型集团公司，属于全面控制和全程控制。这类企业适宜采用集权型全面预算管理模式。具体表现为：集团总部是预算决策机构，是集团预算的编制者和下达者，子公司基本不参与预算的编制，更多体现为预算执行主体；集团总部强化预算的资源规划功能，在预算目标确定的基础上将一切经营活动所消耗的财务资源全部纳入预算体系，编制流程主要以自上而下的方式为主，集团通过预算财务指标的综合性特征对下属单位实施控制，对全面预算管理进行全面综合评价。

第二，国投集团是H型企业，是战略控制型集团公司，适宜采用折中型全面预算管理模式。具体表现为：集团总部根据市场环境与集团战略，提出集团战略预算大纲和预算假设，对成员单位编制的预算进行审批和下达，编制流程主要以上下结合的方式为主，总部着重审核各子公司的重点业务预算，对获准通过的业务预算进行全方位的监控，按照预算监控的关键指标进行考核评价。

第三，华润集团是M型企业，是财务控制型集团公司，适宜采用分权型全面预算管理模式。具体表现为：集团总部确立导向型的预算目标，主要进行资本管理，审定资本预算并分配资本，子公司主要进行具体运营，享有较为充分的预算决策权并可根据情况变化进行预算调整，预算编制流程主要以自下而上的方式为主，集团总部利用预算监控来保证预算目标的实现，但预算监控以不损害各子公司独立财务运作为前提，集团总部通过对子公司的预算考核和经营业绩评价，以确定“继续持有”或“卖出”子公司。

［资料来源：中华人民共和国财政部管理会计案例索引（六）］

［问题］

（1）请分析预算管理在现代企业管理中有何重要意义？

（2）简要分析神华集团、国投集团、华润集团的预算管理经验。

模块二　预算编制方法与程序

引导案例

卡夫亨氏整合战略　零基预算驱动效益提升

在股神沃伦·巴菲特的撮合下，HJ亨氏和卡夫食品集团有限公司2015年达成合并协议，成立卡夫亨氏公司，从而组建北美第三大、全球第五大食品和饮料公司。卡夫亨氏中国区总经理狄山接受了《第一财经日报》记者专访，在其合并后，首次公开表示卡夫亨氏对中国市场的看法，“目前，卡夫亨氏全年营收达270亿美元，有8个品牌的销售超过10亿美元，相对而言，中国的销售额还较少。不过，我们对中国市场的目标是将其发展成卡夫亨氏最大的海外市场”。

巴菲特的撮合，让亨氏（Heinz）、卡夫（Kraft）、奥斯卡·麦尔（Oscar Mayer）、新奥丽达（Ore－Ida）和菲力（Philadelphia）成为一家。在过去的12个月，这家新合并的公司已经被3G资本“修理”了一番：卡夫亨氏2014年宣布在北美关闭7个工厂并裁减约2 600名员工，以便削减成本；现在，他们正在实行零基预算。

在一次业绩发布会上，卡夫亨氏的首席执行官Bernardo Hees（其本身为3G资本合伙人）就透露，卡夫亨氏2015年继续通过零基预算节约资金，在公司内部形成真正的“效益驱动”文化。

零基预算是指在编制成本费用预算时，不考虑以往会计期间所发生的费用项目或费用数额，而是以所有的预算支出为零作为出发点，一切从实际需要与可能出发，逐项审议预算期内各项费用的内容及其开支标准是否合理，在综合平衡的基础上编制费用预算的一种方法。

这种方式，常用在大型食品巨头企业，目的是节约成本，目前奥利奥母公司亿滋、百事可乐都在运用类似的工具降低成本。在亿滋的一次业绩发布会上，亿滋董事长兼首席执行官艾琳·罗森菲尔德还大赞这套方法，她表示零基预算与其他财务工具的应用，让管理费用有所下降，准备将上述成本管理的方法在公司制度化，从而节约成本提升利润率。

狄山则将该管理方法细化到控制各项投入成本上。他举例说，比如卡夫亨氏会要求员工“要将公司的每一分钱都当成自己的钱，不浪费，即使是小到一家酒店的预订，也要严格控制费用”。在合并之后，卡夫亨氏引入了全新的长期激励计划，狄山说：“我们倡导精英文化，员工达成了业绩就能在公司拿到更好的回报，回报与业绩直接相关。”

中国食品研究院研究员朱丹蓬对《第一财经日报》记者表示，零基预算也适合运用于中国企业的管理中，例如，食品企业举办一场促销活动，去年需要费用5 000元，那么今年就用5 000元来做预算，但是每一年不同的成本都会有所浮动，可能今年的场地成本下降了，也可能今年的人员成本更低，这种情况下运用零基预算就可以更精确地将成本核算出来，对于大企业来说，能节省不少费用。

朱丹蓬认为，目前中国运用这套方式的企业仍比较少，特别在没有形成制度的情况下，运用这套机制会相对麻烦一些，“以前我们可能只需要参照过去的经验就能作出预算了，如果运用零基预算，就需要做市场调查，核实实际的成本费用，在做预算的时候会更烦琐。”

（资料来源：卡夫亨氏整合战略　零基预算驱动效益提升．第一财经日报，2016年3月28日．）

［问题］ 卡夫亨氏公司预算管理的主要做法是什么？中国企业在运用此类方法中，有何困难？

［分析］ 引例主要涉及企业预算编制方法的相关内容，主要包括：固定预

算和弹性预算、增量预算和零基预算、定期预算和滚动预算。学完本模块的内容，将为你提供相关方面分析问题、解决问题的思路和方法。

码7-3 固定预算与弹性预算

一、预算的编制方法

预算的编制方法多种多样。常见的预算编制方法主要包括固定预算法和弹性预算法、增量预算法和零基预算法、定期预算法和滚动预算法。

（一）固定预算法和弹性预算法

编制预算的方法按其业务量基础的数量特征不同，可分为固定预算法和弹性预算法。

1. 固定预算法

固定预算法又称静态预算法，是根据预算期内正常的、可实现的某一既定业务量水平为基础来编制预算的方法。一般适用于固定费用或者数额比较稳定的预算项目。

固定预算法的缺点表现在：一是过于呆板。因为固定预算法在编制过程中所依据的业务量基础是事先假定的某个业务量。在这种情况下，不论预算期内业务量水平实际可能发生哪些变动，都只按事先确定的每一个业务量水平作为编制预算的基础。二是可比性差。当事先预定的业务量与实际水平相去甚远时，必然导致有关成本费用及利润的实际水平与预算水平因业务量基础不同而失去可比性，不利于开展控制与考核。

2. 弹性预算法

弹性预算法又称动态预算法，是在成本性态分析的基础上，根据业务量、成本、利润之间的依存关系，按照预算期内可能的一系列业务量（如生产量、销售量、工时等）水平编制系列预算的方法。弹性预算法一般适用于与预算执行单位业务量有关的成本（费用）、利润等预算项目。

弹性预算法的优点表现在：一是预算范围宽；二是可比性强。弹性预算是为了克服固定预算的缺点而设计的，它是指按照预算期内可预见的多种业务量水平而编制的，能够适应不同业务量情况的预算。弹性预算编制的依据不是一个固定的业务量，而是一个可预见的业务量范围，因此能规定不同业务量条件下的预算收支，适用面宽，机动性强，具有弹性，但工作量也大。

编制弹性预算的基本方法是：在可预见的业务量范围内，按照一定业务量间隔，根据收入、成本、费用、利润与业务量之间的内在关系，分析确定其预算额。业务量的间隔不能过大，也不能过小，通常以5%～10%为宜。编制弹性预算的关键在于把握收入、成本、费用的习性特征，即它们与业务量之间的依存关系。收入和变动成本随业务量成正比例增减变动，其单位额乘以预算业务量即可得到预算额，不同业务量下的预算额是不一样的。固定成本则在相关范围内保持不变，可以从总额的角度进行预算，在不同的业务量下的预算额是保持不变的。

【工作实例7-1】假设三木公司只生产一种产品，其单价为50元，单位变动成本为30元，其中变动生产成本为20元，变动销售费用为6元，变动管理费用为4元；固定成本为90 000元，其中固定制造费用为50 000元，固定销售及管理费用为40 000元。公司目前的固定成本与变动成本的相关范围在0~20 000件。要求：请根据以上资料为三木公司编制销售量为10 000件，11 000件和12 000件的弹性预算。

解：根据资料和弹性预算编制原理，三木公司编制弹性利润预算如表7-1所示。

表7-1　　三木公司弹性利润预算　　单位：元

项目	单位预算	弹性预算		
销售数量		10 000	11 000	12 000
销售收入	50	500 000	550 000	600 000
变动成本：	30	300 000	330 000	360 000
变动制造费用	20	200 000	220 000	240 000
变动销售费用	6	60 000	66 000	72 000
变动管理费用	4	40 000	44 000	48 000
贡献毛益	20	200 000	220 000	240 000
固定成本：		90 000	90 000	90 000
固定制造费用		50 000	50 000	50 000
固定销售及管理费用		40 000	40 000	40 000
营业利润		110 000	130 000	150 000

（二）增量预算法和零基预算法

码7-4　增量预算与零基预算

按其出发点的特征不同，编制预算的方法可分为增量预算法和零基预算法。

1. 增量预算法

增量预算法是以基期的成本费用实际水平为基础，结合预算期业务量水平以及有关降低成本的措施，调整部分原有的成本费用项目而编制预算的方法。增量预算法以过去的费用发生水平为基础，主张不需在预算内容上做较大的调整。它的编制遵循以下假定：第一，企业现有业务活动是合理的，不需要进行调整。第二，企业现有各项业务的开支水平是合理的，在预算期予以保持。第三，以现有业务活动和各项活动的开支水平，确定预算期各项活动的预算数。

增量预算法的缺陷是可能导致无效费用开支项目无法得到有效控制，因为不加分析地保留或接受原有的成本项目，可能使原来不合理的费用开支继续存在下去，形成不必要的开支合理化，造成预算上的浪费。

2. 零基预算法

零基预算法的全称为“以零为基础的编制计划和预算的方法，它是在编制费用预算时，不考虑以往会计期间所发生的费用项目或费用数额，而是一切以零为出发点，根据实际需要逐项审议预算期内各项费用的内容及开支标准是否合理，在综合平衡的基础上编制费用预算的一种方法。这种预算方法是为了克服增量预算的缺点，最初由美国德州仪器公司彼得·派尔在 20 世纪 60 年代末提出的，现已被西方国家广泛采用作为管理间接费用的一种新的有效方法。

零基预算法的编制程序如下：第一，企业内部各级部门的员工，根据企业的生产经营目标，详细讨论计划期内应该发生的费用项目，并对每一费用项目编写一套方案，提出费用开支的目的以及需要开支的费用数额。第二，划分不可避免费用项目和可避免费用项目。在编制预算时，对不可避免费用项目必须保证资金供应；对可避免费用项目，则需要逐项进行成本与效益分析，尽量控制可避免费用项目纳入预算当中。第三，划分不可延缓费用项目和可延缓费用项目。在编制预算时，应把预算期内可供支配的资金在各费用项目之间分配。应优先安排不可延缓费用项目的支出。然后，再根据需要，按照费用项目的轻重缓急确定可延缓项目的开支。

零基预算法的优点表现在：①不受现有费用的限制；②不受现行预算的束缚；③能够调动各方面节约费用的积极性；④有利于促使基层单位精打细算，合理使用资金。

（三）定期预算法和滚动预算法

按其预算期的时间特征不同，编制预算的方法可分为定期预算法和滚动预算法。

1. 定期预算法

定期预算法是指在编制预算时，以不变的会计期间（如日历年度）作为预算期的一种预算编制方法。定期预算法的优点在于能够使预算期与会计年度相配合，便于将实际数与预算数进行对比，也有利于对预算执行情况进行分析和评价。但这种方法固定以 1 年为预算期，在执行一段时间后，往往使管理人员只考虑剩下来的几个月的业务量，缺乏长远打算，导致一些短期行为的出现。

码 7－5　定期预算与滚动预算

2. 滚动预算法

滚动预算法又称连续预算法，是指在编制预算时，将预算期与会计期间脱离开，随着预算的执行不断地补充预算，逐期向后滚动，使预算期始终保持为一个固定的长度（一般为 12 个月）的一种预算方法。滚动预算的基本做法是使预算期始终保持 12 个月，每过一个月或一个季度，立即在期末增列 1 个月或 1 个季度的预算，逐期往后滚动，因而在任何时期都使预算保持为 12 个月的时间长度。这种预算能使企业各级管理人员对未来始终保持整整 12 个月的时间去考虑和规划，从而保证企业的经营管理工作能够稳定而有序地进行。滚动预算如图 7－2 所示。

滚动预算使预算期间依时间顺序先后滚动，能够保持预算的持续性，有利于结合企业近期目标和长期目标，考虑未来业务活动。使预算随时间的推进不断加以调整和修订，能使预算与实际情况更加相适应，有利于充分发挥预算的指导和控制作用。当然，采用滚动预算的方法编制预算，也会加大预算的工作量。

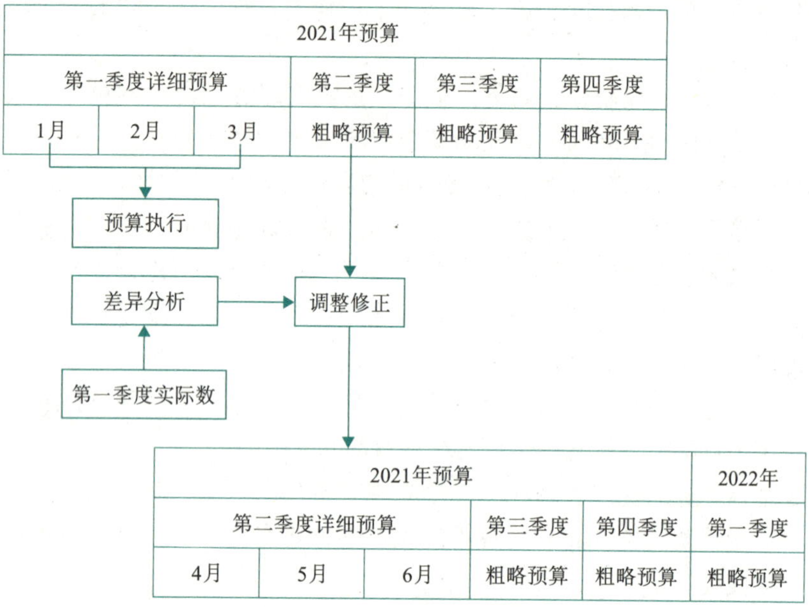

图7－2 滚动预算示意图

码7－6 预算的编制程序

二、预算的编制程序

企业编制预算，一般应按照“上下结合、分级编制、逐级汇总”的程序进行。具体分为以下步骤：

（一）下达目标

企业董事会或经理办公会根据企业发展战略和预算期经济形势的初步预测，在决策的基础上提出下一年度企业预算目标，包括销售或营业目标、成本费用目标、利润目标和现金流量目标，并确定预算编制的政策，由预算委员会下达各预算执行单位。

（二）编制上报

各预算执行单位按照企业预算委员会下达的预算目标和政策，结合自身特点以及预测的执行条件，提出详细的本单位预算方案，上报企业财务管理部门。

（三）审查平衡

企业财务管理部门对各预算执行单位上报的财务预算方案进行审查、汇总，提出综合平衡的建议。在审查、平衡的过程中，预算委员会应当进行充分协调，对发现的问题提出初步调整的意见，并反馈给有关预算执行单位予以修正。

（四）审议批准

企业财务管理部门在有关预算执行单位修正调整的基础上，编制出企业预算方案，报预算委员会讨论。对于不符合企业发展战略或者预算目标的事项，企业预算委员会应当责成预算执行单位进一步修订、调整。在讨论、调整的基础上，企业财务管理部门正式编制企业年度预算草案，提交董事会或总经办审议批准。

（五）下达执行

企业财务管理部门对董事会或总经办审议批准的年度总预算，一般在次年3月底前，分解成一系列的指标体系，由预算委员会逐级下达各预算执行单位执行。

业务拓展

预算工作的组织

预算工作的组织包括决策层、管理层、执行层和考核层，具体如下：

（1）企业董事会或类似机构应当对企业预算的管理工作负总责。企业董事会或者管理办公会可以根据情况设立预算委员会或指定财务管理部门负责预算管理事宜，并对企业法定代表人负责。

（2）预算委员会或财务管理部门主要拟订预算的目标、政策，制定预算管理的具体措施和办法，审议、平衡预算方案，组织下达预算，协调解决预算编制和执行中的问题，组织审计、考核预算的执行情况，督促企业完成预算目标。

（3）企业财务管理部门具体负责企业预算的跟踪管理，监督预算的执行情况，分析预算与实际执行的差异及原因，提出改进管理的意见与建议。

（4）企业内部内产、投资、物资、人力资源、市场营销等职能部门具体负责本部门业务涉及的预算编制、执行、分析等工作，并配合预算委员会或财务管理部门做好企业总预算的综合平衡、协调、分析、控制与考核等工作。其主要负责人参与企业预算委员传播工作，并对本部门预算执行结果承担责任。

（5）企业所属基层单位是企业预算的基本单位，在企业财务管理部门的指导下，负责本单位现金流量、经营成果和各项成本费用预算的编制、控制、分析工作，接受企业检查、考核。其主要负责人对本单位财务预算的执行结果承担责任。

模块三 预算编制

引导案例

三木公司的预算编制

三木有限责任公司2021年有关预算资料如下：

（1）预计公司3～7月的销售收入分别为40万元、50万元、60万元、70万元、80万元。每月销售收入中，当月收到现金70%，下月收到30%。

（2）每月直接材料采购成本按下一个月销售收入的60%计算。所购材料款于当月支付现金50%，下月支付现金50%。

（3）预计公司4～6月的制造费用分别为4万元、4.5万元、4.2万元，每月制造费用中包括折旧费1万元。

（4）预计公司4月购置固定资产，需要现金15万元。

（5）公司在3月末有长期借款20万元，利率为10%。

（6）预计公司现金不足时，向银行申请短期借款（为1 000元的倍数）；现金多余时归还银行借款（为1 000元的倍数）。借款在期初，还款在期末，借款年利率为10%。

（7）预计公司期末现金余额的核定范围是6万～7万元，长期借款利息每季度末支付一次，短期借款利息还本时支付。

（8）4月初现金余额为7万元；工资支出4月为2万元，5月为3.5万元，6月为2.8万元；其他付现费用4月为0.8万元，5月为0.9万元，6月为0.8万元；6月还需预缴所得税5万元。

［问题］ 请根据以上资料，完成三木公司4～6月现金预算的编制工作。

［分析］ 引例主要涉及企业预算编制的相关内容，主要包括：业务预算和财务预算的编制。学完本模块的内容，将为你提供预算编制方面分析问题、解决问题的思路和方法。

一、编制业务预算

业务预算是反映企业在计划期内日常发生的各种具有实质性的基本活动的预算。业务预算是在经营预测和短期经营决策的基础上，对企业在预算期内投入资金的取得、成本费用的发生和利润的实现等所进行的合理调节与全面安排，是控制企业未来一定期间生产经营活动的有效手段，是强化企业内部管理的必要环节。它主要包括销售预算、生产预算、直接材料采购预算、直接人工预算、制造费用预算、销售与管理费用预算、产品成本预算等。

（一）销售预算

销售预算是在销售预测的基础上，根据企业目标利润规划，结合其他方面因素，对预算期内的预计销售量、销售单价和销售收入所做的预算。销售预算既是编制全面预算的出发点，也是日常业务预算的基础。

码7－7　销售预算

企业进行销售预测时，应指导所有营销人员考虑到影响销售的因素，如总体经济状况、竞争、广告、定价、促销等，采用专门方法进行预测，以提高预测的准确性。然后自下而上地要求每位营销人员提交一份销售预测，汇总这些预测结果便得到公司总的销售预测。公司总的销售预测经过预算委员会的核定，包括预期销售量和单价的核定，便成为公司的销售预算。预计销售额可通过下面公式得出：

预计销售额＝预计销售量×预计销售单价

销售预算通常要分产品品种、分月、分季、分区域来编制，然后由公司进行汇总。为了给编制现金预算提供资料，销售预算通常还包括现金收入的预算，以反映每个预算期内因销售而收回现金的预计数。

【工作实例7－2】三木公司2020年销售额为30万元，利润为5万元。由于市场竞争激烈，董事会决定今年目标利润维持去年的5万元，责成销售部门作出销售预测，2021年各季度的产品预计销量及预计售价如表7－2与表7－3所示。据估计，每季度销售收入中60%能用于当期收到现金，其余40%要到下季收回（不考虑坏账因素）。2020年年末应收账款余额为40 000元。根据以上资料，该公司2021年年度销售预算及现金收入预算如表7－2和表7－3所示。

表7－2　　**销售预算表**

项目	第一季度	第二季度	第三季度	第四季度	全年
预计销售量（件）	300	400	400	600	1 700
预计单价（元）	200	200	200	200	200
预计销售额（元）	60 000	80 000	80 000	120 000	340 000

表7－3　　**现金收入预算表**　　单位：元

项目	第一季度	第二季度	第三季度	第四季度	全年
本期现销	36 000	48 000	48 000	72 000	204 000
收回前期欠款	40 000	24 000	32 000	32 000	128 000
合计	76 000	72 000	80 000	104 000	332 000

注：本期现销＝本期预计销售收入×60%。

收回前期欠款＝上期预计销售收入×40%。

码7－8　生产预算

（二）生产预算

生产预算是指为规划一定预算期内预计生产量水平而编制的一种日常业务预算。该预算只使用实物量为计量单位，可以为成本费用预算提供实物量依据。

有了销售预算后，就可以根据其每季度的销售量按产品名称、数量分别编制生产预算。应注意预算期间必须备有充足的产品以供销售，还应考虑计划期初和期末的存货情况。因此，生产预算是在销售预算的基础上编制的，主要内容有销售量、期初和期末存货、生产量。

生产预算的编制方法，主要根据以下公式计算出每季度的预计生产量。

某种产品预计生产量 = 预计销售量 + 预计期末存货量 − 预计期初存货量

预计销售量来源于销售预算数据，预计期初存货量为上季期末存货量，预计期末存货量则需根据长期销售趋势来确定。

在编制生产预算时，经营者应注意保持生产量、销售量、存货量之间合理的比例关系，以避免储备不足、产销脱节或超储备积压等现象的发生。

【工作实例7－3】 接上例，假设三木公司2020年年末存货为20件，2021年年度每季度末存货量按下一季度销售量的10%预计，编制公司2021年年度生产预算如表7－4所示。

表7－4 **生产预算** 单位：件

项目	第一季度	第二季度	第三季度	第四季度	全年
预计销售量	300	400	400	600	1 700
预计期末存货	40	40	60	30	30
预计期初存货	20	40	40	60	20
预计生产量	320	400	420	570	1 710

注：预计期末存货＝下一期预计销售量×10%。

（三）直接材料预算

码7－9 直接材料预算

直接材料预算是以生产预算为基础，对预算期内原材料的采购数量、采购单价及预计采购成本所做的预算。

预算期内原材料的采购数量取决于生产耗用量、原材料期初存货及原材料期末存货的需要量。原材料生产耗用量取决于预计生产量及单位产品材料消耗量，预计生产量即生产预算中的预计生产量，单位产品材料消耗量可以采用单位产品的定额消耗量。期末原材料存货预算可以根据下一期原材料生产耗用量的一定百分比确定，也可以单独做预算。

各预算期的采购数量可以根据下式计算：

预计采购量＝预计生产耗用量＋预计原材料期末存货量－预计原材料期初存货量

预计采购单价可以根据市场有关情况进行预计。

预计采购成本是预计采购数量与预计采购单价的乘积。

购买原材料是企业现金支出的一个重要组成部分，为了给编制现金预算提供资料，编制直接材料预算的同时，需要编制现金支出预算，每一期预计现金支出包括偿还上期的采购欠款和本期预计以现金支付的采购款。每期需要以现金支付的采购款是多少，需要根据企业的实际情况、供应方情况及市场情况进行确定。

【工作实例 7－4】 接上例，假设三木公司期末原材料存货量根据下季度生产耗用量的 20% 计算，材料采购成本的 50% 本期以现金支付，其余 50% 在下期支付，2020 年年末应付账款余额为 12 000 元，编制公司 2021 年年度直接材料预算及现金支出预算如表 7－5 和表 7－6 所示。

表 7－5　直接材料预算表

项目	第一季度	第二季度	第三季度	第四季度	全年
预计生产量（件）	320	400	420	570	1 710
单位产品材料消耗量（千克/件）	10	10	10	10	10
生产耗用量（千克）	3 200	4 000	4 200	5 700	17 100
预计期末材料存货（千克）	800	840	1 140	800	800
合计（千克）	4 000	4 840	5 340	6 500	17 900
预计期初材料存货（千克）	500	800	840	1 140	500
预计采购量（千克）	3 500	4 040	4 500	5 360	17 400
预计单价（元/千克）	10	10	10	10	10
预计采购成本（元）	35 000	40 400	45 000	53 600	174 000

表 7－6　现金支出预算表　　单位：元

项目	第一季度	第二季度	第三季度	第四季度	全年
采购总成本	35 000	40 400	45 000	53 600	174 000
支付本期采购款	17 500	20 200	22 500	26 800	87 000
支付前期采购款	12 000	17 500	20 200	22 500	72 200
合计	29 500	37 700	42 700	49 300	159 200

注：支付本期采购款＝采购总成本 ×50%。

支付前期采购款＝前期采购总成本 ×50%。

（四）直接人工预算

直接人工预算也是以生产预算为基础编制的，是对单位产品工时、每小时人工成本及人工总成本所做的预算。直接人工预算比直接材料预算简单，它不需要考虑存货因素，可以直接根据预算生产量所需要的直接人工小时及每小时人工成本编制。

码 7－10　直接人工预算

单位产品工时及每小时人工成本（每小时人工工资）资料来自于企业的定额资料。

直接人工总成本（直接人工工资）可以通过下式计算：

直接人工总成本＝预计生产量 × 单位产品工时 × 每小时人工成本

由于直接人工工资需要企业以现金支付，所以不需要另外编制现金支出预算，直接人工预算可直接为现金预算提供现金支出资料。

【工作实例 7－5】 接上例，假设三木公司单位产品工时定额为每件 10 小时，每小时人工工资为 2 元，编制公司 2021 年直接人工预算如表 7－7 所示。

表 7－7 直接人工预算表

项目	第一季度	第二季度	第三季度	第四季度	全年
预计生产量（件）	320	400	420	570	1 710
单位产品工时（元/件）	10	10	10	10	10
工时总额（小时）	3 200	4 000	4 200	5 700	17 100
每小时工资（元/小时）	2	2	2	2	2
人工总成本（元）	6 400	8 000	8 400	11 400	34 200

码 7－11 制造费用预算

（五）制造费用预算

制造费用预算是对那些为产品生产服务，但不能直接计入产品成本的间接费用所做的预算。与直接材料、直接人工不同，制造费用与产品生产数量并不保持直接的比例关系，有些制造费用随产品生产数量的增减变化而变化，有些制造费用与产品数量没有直接关系，如折旧费用等。为了编制制造费用预算，通常将制造费用按成本性态分为变动制造费用和固定制造费用，并分别对变动制造费用和固定制造费用编制预算。变动制造费用与产品产量直接相关，所以变动制造费用预算以生产预算为基础来编制，变动制造费用是预计生产量与单位产品变动制造费用的乘积。固定制造费用与本期生产数量无关，需要按照费用项目逐项根据每一预算期内实际需要的支付额进行预计或在上年基础上根据预期变动加以适当修正进行预计。

预算期内预计制造费用＝预计变动制造费用＋预计固定制造费用

为了给编制现金预算提供现金收支信息，在编制制造费用预算的同时，通常需要编制现金支出预算。但值得注意的，制造费用的发生额有些是不需要支付现金的，例如，折旧。因此，编制现金支出预算，应将不需要支付现金的费用项目扣除。即：

预计现金支出＝预计制造费用－不需要以现金支付的制造费用

【工作实例 7－6】 接上例，假设三木公司单位产品应负担的变动制造费用为 5 元，编制公司 2021 年制造费用预算如表 7－8 所示。

表 7－8 制造费用预算表

项目	第一季度	第二季度	第三季度	第四季度	全年
预计产量（件）	320	400	420	570	1 710
单位产品变动制造费用（元/件）	5	5	5	5	5
预计变动制造费用（元）	1 600	2 000	2 100	2 850	8 550
预计固定制造费用：					
折旧（元）	800	800	800	800	3 200
其他（元）	200	300	200	310	1 010
合计（元）	1 000	1 100	1 000	1 100	4 210
预计制造费用（元）	2 600	3 100	3 100	3 960	12 760
减：折旧（元）	800	800	800	800	3 200
预计需要付现的制造费用（元）	1 800	2 300	2 300	3 160	9 560

（六）销售与管理费用预算

销售费用预算是对销售环节的支出所做的预算，同制造费用一样，销售费用按照与销售数量之间的储存关系，可分为变动销售费用和固定销售费用。变动销售费用是指随销售量的变动而变动的销售费用，固定销售费用是指不随销售数量的变动而变动的销售费用，如销售人员的工资，销售机构的折旧费用、广告费用、保险费用等。

码 7－12　销售与管理费用预算

对变动销售费用的预算应当以销售预算为基础编制，预算期内变动销售费用应是预计销售数量与单位变动销售费用的乘积。而且，变动销售费用预算应当与销售预算相协调，也应按产品品种、分月、分季、分区域分别做预算，然后加以汇总。

固定销售费用因不随销售量变动而变动，通常以过去实际开支为基础，根据预算期的变动进行调整来编制预算。

管理费用是企业管理部门为组织和管理企业所发生的费用，一般与生产数量及销售数量都没有必然联系，属于固定费用，可采用增量预算或零基预算的方法进行预算。

销售及管理费用大部分也需要本期支付现金，为了给现金预算提供资料，在编制销售及管理费用预算时应编制现金支出预算，但应注意的是，一些不需要支付现金的销售及管理费用应扣除。

【工作实例 7－7】接上例，编制三木公司 2021 年销售及管理费用预算如表 7－9 所示。

表 7－9　　销售及管理费用预算表

项目	第一季度	第二季度	第三季度	第四季度	全年
预计销售量（件）	300	400	400	600	1 700
单位变动销售费用（元/件）	1	1	1	1	1
变动销售费用（元）	300	400	400	600	1 700
固定销售费用：					
工资（元）	2 000	2 000	2 000	2 000	8 000
广告费（元）	4 000	5 000	3 000	5 000	17 000
折旧（元）	500	500	500	500	2 000
合计（元）	6 500	7 500	5 500	7 500	27 000
预计销售费用（元）	6 800	7 900	5 900	8 100	28 700
预计管理费用：					
折旧（元）	600	600	600	600	2 400
其他（元）	3 000	5 000	3 500	4 800	16 300
合计（元）	3 600	5 600	4 100	5 400	18 700
预计销售及管理费用（元）	10 400	13 500	10 000	13 500	47 400
减：折旧（元）	1 100	1 100	1 100	1 100	4 400
预计现金支出（元）	9 300	12 400	8 900	12 400	43 000

（七）产品成本预算

产品成本预算是对产品的单位成本、总成本的预算。产品成本预算的编制需要以直接材料预算、直接人工预算及制造费用预算为基础。

产品单位成本取决于单位产品的材料费用、单位产品人工费用及单位产品应分担的制造费用。其中：

单位产品的直接材料费用 = 单位产品材料消耗量 × 材料预计单价

单位产品的直接人工费用 = 单位产品工时 × 预计每小时人工成本

单位产品的制造费用 = 每小时制造费用 × 单位产品工时

= 制造费用总额 ÷ 产品工时总额 × 单位产品工时

产品总成本取决于预计生产量及产品单位成本的乘积。

【工作实例 7 - 8】 接上例，编制三木公司 2021 年年度产品成本预算如表 7 - 10 所示。

表 7 - 10　产品成本预算表

季度	单位成本				生产数量（件）	总成本（元）
	直接材料（元）	直接人工（元）	制造费用（元）	合计（元）		
第一季度					320	40 800
第二季度	100	20	7.5	127.5	400	51 000
第三季度					420	53 550
第四季度					570	72 675
合计	100	20	7.5	127.5	1 710	218 025

注：单位产品成本中：

直接材料 = 单位产品材料消耗量 × 单价 = 10 × 10 = 100（元）；

直接人工 = 单位产品工时 × 每小时工资 = 10 × 2 = 20（元）；

制造费用 = 单位工时制造费用 × 单位产品工时 = 12 760 ÷ 17 100 × 10 = 7.5（元）。

（八）产品销售成本预算

码 7 - 13　产品销售成本预算

产品销售成本预算是关于公司年末产品销售成本的预算，是为了编制年度损益表服务的。产品销售成本预算的编制须以产品成本预算及期末产品存货预算为基础。年末预计销售成本可以通过以下公式来计算：

预计销售成本 = 预计总生产成本 + 期初存货成本 - 期末存货成本

其中：期初存货成本是上一年年末的期末存货成本；预计生产总成本来自产品成本预算；期末存货成本是期末存货数量与产品单位成本的乘积，期末存货数量资料来自于生产预算。

【工作实例 7 - 9】 接上例，假设三木公司期初存货成本为 3 500 元，编制公司 2021 年年度产品销售成本预算如表 7 - 11 所示。

表 7－11　　**产品销售成本预算表**　　单位：元

预计期初存货成本	3 500
预计生产成本	218 025
可供销售成本	221 525
减：期末存货成本	3 825
预计产品销售成本	217 700

注：期末存货成本＝期末存货数量（30）×单位成本（127.5）＝3 825（元）。

（九）资本支出预算

资本支出预算是对预算期内长期投资项目（回收期超过一年）的未来现金流量进行估算。资本支出预算是与营业预算相对应的，是长期投资决策已选定方案的集中、概括和系统化、表格化，其主要内容是列示投资方案分年度的用款额度及企业各年需要投入的资金总量，以便据以筹划相应的资金来源。

资本支出预算的要点是准确反映项目资金投资支出与筹资计划的依据，同时也是编制现金预算和预计资产负债表的依据。

【工作实例 7－10】 接上例，假设三木公司为开发新产品，决定于 2021 年上马一条新的生产线，该项目资本支出及资金筹措预算如表 7－12 所示。

表 7－12　　**资本支出及筹资预算表**　　单位：元

项目	第一季度	第二季度	第三季度	第四季度	全年
固定资产投资：					
设备购置	50 000		500		50 500
安装工程	10 000		1 000		11 000
其他	5 000		600		5 600
合计	65 000		2 100		67 100
流动资金投资	35 000			20 000	55 000
投资支出总计	100 000		2 100	20 000	122 100
投资资金筹措：					
发行优先股					
发行公司债					
合计					

二、编制现金预算

现金预算是用来反映企业在计划期间预计的现金收支的详细情况而编制的预算。现金预算实际上是其他预算有关现金收支部分的汇总，以及收支差额平衡措施的具体计划。它的编制，要以其他各项预算为基础，或者说其他预算在编制时要为现金预算做好数据准备。

码 7－14　现金预算

（一）现金预算的内容

现金预算包括：现金收入、现金支出、现金溢余或短缺、资金的筹集和运用四个部分。

1. 现金收入

现金收入部分包括期初现金余额和预算期现金收入，包括：现销、应收账款收回、应收票据到期兑现、票据贴现收入、出售长期性资产、收回投资等产生现金的业务，销货取得的现金收入是其主要来源。期初的“现金余额”是在编制预算时预计的，“销货现金收入”的数据来自销售预算，“可供使用现金”是期初余额与本期现金收入之和。

2. 现金支出

现金支出部分包括预算期预计的各项现金支出，如材料采购支付货款、支付工人工资、支付办公用品费用、支付广告费用、支付税金、应付利润以及资本性支出等。值得指出的是，短期借款的利息支付不列入该项，而是放在资金的筹集和运用中。“直接材料”“直接人工”“制造费用”“销售及管理费用”的数据分别来自前述有关预算。此外，还包括所得税费用、购置设备、股利分配等现金支出，有关的数据分别来自另行编制的专门预算。

3. 现金溢余或短缺

现金溢余或短缺是当前可动用现金合计数与预计现金支出合计数的差额，差额为正，说明现金多余，可用于偿还过去向银行取得的借款，或者用于短期投资；差额为负，说明现金不足，要向银行取得新的借款。

4. 资金的筹集和运用

资金的筹集和运用是根据预算期现金收支的差额和企业有关资金管理的各项政策确定筹集和运用资金的数额。如果资金不足，可向银行取得借款或通过其他方式筹集资金，并预计还本付息的期限和数额。如果现金多余，除了可用于偿还借款外，还可用于购买有价证券作为短期投资。

现金收入、现金支出、现金溢余或短缺、资金的筹集和运用这四个部分之间的基本关系如下：

期初现金余额 + 现金收入 = 当前可动用现金合计

当前可动用现金合计 − 现金支出 = 现金溢余或短缺

现金溢余（短缺）+ 资金的筹集与运用 = 期末现金余额

（二）现金预算的编制

现金预算以各项业务预算为基础，确定现金收入，计划现金支出，编制现金预算表。因此，现金预算表的数据大多来源于其他各项预算。

【工作实例 7－11】 以三木公司前述各项预算为基础，编制公司现金预算。假设公司年初现金余额为 45 000 元，所得税在每季度末预交 5 775 元，在预算期内没有预付股利，最低现金持有量为 40 000 元，编制公司 2021 年现金预算如表 7－13 所示。

表 7-13　现金预算表　单位：元

项目	第一季度	第二季度	第三季度	第四季度	全年
一、期初现金余额	45 000	40 275	45 150	44 025	45 000
二、现金收入	76 000	72 000	80 000	104 000	332 000
可供使用的现金	121 000	112 275	125 150	148 025	377 000
三、现金支出					
直接材料	29 500	37 700	42 700	49 300	159 200
直接人工	6 400	8 000	8 400	11 400	34 200
制造费用	1 800	2 300	2 300	3 160	9 560
销售及管理费用	9 300	12 400	8 900	12 400	43 000
预交所得税	5 775	5 775	5 775	5 775	23 100
分配股利					
资本支出	100 000		2 100	20 000	122 100
现金支出合计	152 775	66 175	70 175	102 035	391 160
四、最低现金余额	40 000	40 000	40 000	40 000	40 000
五、现金需求总额	192 775	106 175	110 175	142 035	431 160
六、现金溢余或不足	-71 775	6 100	14 975	5 990	-54 160
七、现金筹措和使用					
借款	20 000				20 000
发行债券	50 000				50 000
出售有价证券	3 000				3 000
还款		0	-10 000		-10 000
支付利息	-950	-950	-950	-850	-3 700
购买有价证券			0		0
合计	72 050	-950	-10 950	-850	59 300
八、期末现金余额	40 275	45 150	44 025	45 140	45 140

注：企业借款利率为4%，债券利率为6%，借款与发行债券都是期初进行，借款偿还发生在季末，利息于每期期末计算并支付一次，则

第一季度利息 $=20\ 000\times4\%\div4+50\ 000\times6\%\div4=950$（元）；

第二季度利息 $=20\ 000\times4\%\div4+50\ 000\times6\%\div4=950$（元）；

第三季度利息 $=20\ 000\times4\%\div4+50\ 000\times6\%\div4=950$（元）；

第四季度利息 $=10\ 000\times4\%\div4+50\ 000\times6\%\div4=850$（元）。

三、预计财务报表的编制

（一）预计利润表

预计利润表，是指以货币形式综合反映预算期内企业经营活动成果（包括利润总额、净利润）计划水平的一种财务预算。编制预计利润表的依据是各种业务预算、专门决策预算和现金预算。

预计利润表是以货币为单位，全面、综合地反映预算期内经营成果的利

润计划。该表可以分季，也可以按年编制。预计利润表是按照权责发生制编制的，这与现金预算的编制原则是不同的。

【工作实例 7－12】 根据以上各预算资料，三木公司 2021 年年度预计利润表如表 7－14 所示。

表 7－14　　预计利润表

2021 年年度　　单位：元

项目	金额
销售收入	340 000
减：销售成本	217 700
销售毛利	122 300
减：销售及管理费用	47 400
财务费用	3 700
利润总额	71 200
减：所得税	23 100
净利润	48 100

（二）预计资产负债表

预计资产负债表是以货币单位反映预算期末财务状况的总括性预算，表中除上年期末数事先已知外，其余项目均应在前面所列的各项预算指标的基础上分析填列。

【工作实例 7－13】 根据以上各预算资料，三木公司 2021 年年度预计资产负债表如表 7－15 所示。

表 7－15　　预计资产负债表

2021 年 12 月 31 日　　单位：元

资产	年初数	年末数	负债及所有者权益	年初数	年末数
流动资产：			流动负债：		
货币资金	45 000	45 140	应付票据及应付账款	12 000	26 800
应收票据及应收账款	40 000	48 000	短期借款	0	10 000
原材料存货	5 000	33 000	长期负债：		
产品存货	3 500	33 825	应付债券		50 000
有价证券投资	50 000	47 000	负债合计	12 000	86 800
合计	143 500	206 965	所有者权益：		
固定资产：			股本	150 000	150 000
土地	100 000	100 000	盈余公积	6 250	13 475
设备	50 000	117 100	未分配利润	121 750	162 690
减：折旧	3 500	11 100			
固定资产合计	146 500	206 000	所有者权益合计	278 000	326 165
资产总计	290 000	412 965	负债及所有者权益总计	290 000	412 965

编制说明：

货币资金余额来自于现金预算表（见表7－13）。

应收票据及应收账款余额为第四季度赊销额的40%，参见销售预算表（见表7－2）和现金收入预算表（见表7－3）。

原材料存货余额来自直接材料预算表（见表7－5）。

产品存货余额来自于产品销售成本预算表（见表7－11）。

有价证券年末余额为上年末余额，加上本年购买数，减去本年出售数。数据来自于现金预算表（见表7－13）。

土地余额即为上年末数字，本年度没有变动。

设备余额为上年末数字，加上本年度固定资产投资。

累计折旧余额为上年末数字，加上本年度在制造费用预算列支的3 200元，参见制造费用预算表（见表7－8），在销售费用及管理费用预算中列支的折旧费用4 400元，参见销售及管理费用预算表（见表7－9）。

应付账款的余额为第四季度购货成本的50%。

普通股余额为上年末数字，本年度没有变动。

未分配利润余额为上年末数字，加上本年度预计利润，减去本年计提的盈余公积。企业按本年净利润的15%提取盈余公积。参见预计利润表（见表7－14）。

业务拓展

销售观起点论的预算模式的局限性

以销售为起点的预算模式是指以销售预算的结果为起点，分别编制销售预算、生产预算、成本预算、利润预算、现金预算等的一种预算编制模式。这种模式以市场为导向，以销售为基点，适应市场状况，得到普遍采用。然而，这种模式在理论和实务上存在以下致命缺陷，不能达到强化公司内部控制效率，提高公司价值的预算管理目标。

销售观起点论的预算模式隐含的两个假设是：①预算编制者具有强烈追求无限利润的动机，其唯一限制是销售；②销售与利润的增减变化具有一致性。

现代公司制度下的所有者与经营者的委托代理契约、公司利润内涵都内生地决定了这两个假设都没有存在的现实土壤。现代公司制的主要特征就是所有权与经营权分离，所有者与经营者之间是一种委托代理关系，双方存在明显的信息不对称现象。在预算编制上，公司所有者处于直接生产经营之外，经营者编制预算并执行；所有者当然追求利润，而经营者就不一定像所有者那样在任何情况下都去追求利润，他往往从自身当前利益出发进行管理决策。或者不计成本和风险，片面追求销售的增长，不正常扩大市场而导致利润下降，甚至亏本；或者在可以开拓市场增加利润时，极端保守，怕冒风险有损当前稳定报酬而对市场机会视而不见。可见，作为预算编制者的经营者具有强烈追求无限利润的动机的假设是不能成立的。此外，将销售视为利润的唯一限制也不合理，至少利润目标须考虑销售与成本两方面因素。

公司利润的内涵内生地决定了销售与利润增减变化并非简单的一致性

关系。从数量上看，利润 = 收入 - 成本，收入的增长并不必然导致利润的增长，须考虑对应的成本变化情况，过分追逐收入，造成对市场的过度开发，忽视对成本的管理，会因经营风险过大而陷入困境。从质量上看，利润是否会带来净现金流量的流入是关键，否则，利润增加往往成为呆账、坏账，造成虚假繁荣的陷阱。最后，从利润与公司战略关系看，需要考虑不同的战略类型及其相关影响因素对利润的影响，如市场竞争程度、规模经济、政府政策等，不仅仅是销售的问题。

模块四　预算执行与考核

引导案例

以战略规划为导向加强全面预算管理

为加强集团战略管控，推进三年滚动规划落地实施，促进战略与预算、经营业绩考核的衔接，进一步完善预算管理体系，实现全面预算管理，自2013年12月上旬以来，中国农业发展集团有限公司经营班子召开专门会议，逐家听取了二级企业2013年预算执行情况和2014年预算编制工作。集团经营班子，总部战略、投资、财务、运营、考核等相关部门结合部门职责进行质询和评价，将会议审核确定的各企业预算指标，作为年度业绩考核指标依据，下达各企业执行。

集团要求各企业的预算编制，要以战略为引领，以规划为基础，以经营预算为龙头，为考核和评价各企业经营业绩提供依据，编制中要充分体现战略引领、价值导向和核心竞争力培育要求，认真测算各项经营指标，确保规模、效益、质量相互匹配，体现系统性、完整性。各企业按照集团统一要求，在汇报中对照2013—2015年三年滚动规划进行了认真分析，与规划指标差距大的，分析说明原因；同时加强了对行业及市场的研判，强化了对外并购、市场开拓、内部资源整合、降本增效的措施。

集团总部战略、投资、财务、运营、考核等部门在对各企业2013年预算执行情况进行评价的基础上，分别从预算指标是否与各企业三年规划指标衔接、投资预算是否匹配、财务预算是否存在问题、经营预算是否符合要求、预算指标是否符合业绩考核要求，尤其是各企业在成本费用控制方面是否符合集团降本增效要求等方面，对各企业2014年预算提出了审核意见。集团经营班子成员对各企业上年度预算执行情况及今年预算编制提出了指导意见和要求。对2014年预算存在指标与规划指标差距过大、经营预算不落实、费用控制不符合要求等问题的企业，会议要求重新修订上报。集团将以预算为依据下达年度经营业绩考核指标，做到预算指标向前与规划指标相衔接，向后与考核评价相结合。

（资料来源：张友化．以战略规划为导向加强全面预算管理：集团逐家审核评价二级企业2013年年度预算执行情况和2014年年度预算编制工作．中国农发报，2014年3月18日．）

［问题］ 请简要评述中国农业发展集团有限公司预算的执行与分析的主要特点。

［分析］ 引例主要涉及预算执行与考核的相关内容。企业预算编制出来后，重要的是预算的执行、预算的调整、预算的分析与考核。学完本模块的内容，将为你提供企业预算执行、调整与考核方面分析问题、解决问题的思路和方法。

一、预算的执行

企业预算一经批复下达，各预算执行单位就必须认真组织实施，将预算指标层层分解，从横向到纵向落实到内部各部门、各单位、各环节和各岗位，形成全方位的预算执行责任体系。

企业应当将预算作为预算期内组织、协调各项经营活动的基本依据，将年度预算细节分为月份和季度预算，以分期预算控制确保年度预算目标的实现。

企业应当强化现金流量的预算管理，按时组织预算资金的收入，严格控制预算资金的支付，调节资金收付平衡，控制支付风险。

对于预算内的资金拨付，按照授权审批程序执行；对于预算外的项目支出，应当按预算管理制度规范支付程序；对于无合同、无凭证、无手续的项目支出，不予支付。

企业应当严格执行销售、生产和成本费用预算，努力完成利润指标。在日常控制中，企业应当健全凭证记录，完善各项管理规章制度，严格执行生产经营月度计划和成本费用的定额、定率标准，加强实时监控。对预算执行中出现的异常情况，企业有关部门应及时查明原因，提出解决办法。

企业应当建立预算报告制度，要求各预算执行单位定期报告预算的执行情况。对于预算执行中发现的新情况、新问题及出现偏差较大的重大项目，企业财务管理部门以至预算委员会应当责成有关预算执行单位查找原因，提出改进经营管理的措施和建议。

企业财务管理部门应当利用财务报表监控预算的执行情况，及时向预算执行单位、企业预算委员会以至董事会或经理办公会提供财务预算的执行进度、执行差异及其对企业预算目标的影响等财务信息，促进企业完成预算目标。

二、预算的调整

企业正式下达执行的预算，一般不予调整。预算执行单位在执行中由于市场环境、经营条件、政策法规等重大变化，致使预算的编制基础不成立，或者将导致预算执行结果产生重大偏差的，可以调整预算。

企业应当建立内部弹性预算机制，对于不影响预算目标的业务预算、资本预算、筹资预算之间的调整，企业可以按照内部授权批准制度执行，鼓励预算执行单位及时采取有效的经营管理对策，保证预算目标的实现。

企业调整预算，应当由预算执行单位逐级向企业预算委员会提出书面报告，阐述预算执行的具体情况、客观因素变化情况及其对预算执行造成的影响程度，提出预算指标的调整幅度。

企业财务管理部门应当对预算执行单位的预算调整报告进行审核分析，集中编制企业年度预算调整方案，提交预算委员会以至企业董事会或经理办公会审议批准，然后下达执行。

对于预算执行单位提出的预算调整事项，企业进行决策时，一般应当遵循以下要求：①预算调整事项不能偏离企业发展战略；②预算调整方案应当在经济上能够实现最优化；③预算调整重点应当放在预算执行中出现的重要的、非正常的、不符合常规的关键性差异方面。

三、预算的分析与考核

企业应当建立预算分析制度，由预算委员会定期召开预算执行分析会议，全面掌握预算的执行情况，研究、解决预算执行中存在的问题，纠正预算的执行偏差。

开展预算执行分析，企业管理部门及各预算执行单位应当充分收集有关财务、业务、市场、技术、政策、法律等方面的信息资料，根据不同情况分别采用比率分析、比较分析、因素分析、平衡分析等方法，从定量与定性两个层面充分反映预算执行单位的现状、发展趋势及其存在的潜力。

针对预算的执行偏差，企业财务管理部门及各预算执行单位应当充分、客观地分析产生的原因，提出相应的解决措施或建议，提交董事会或经理办公会研究决定。

企业预算委员会应当定期组织预算审计，纠正预算执行中存在的问题，充分发挥内部审计的监督作用，维护预算管理的严肃性。

预算审计可以采用全面审计或者抽样审计。在特殊情况下，企业也可组织不定期的专项审计。审计工作结束后，企业内部审计机构应当形成审计报告，直接提交预算委员会以至董事会或经理办公会，作为预算调整、改进内部经营管理和财务考核的一项重要参考。

预算年度终了，预算委员会应当向董事会或者经理办公会报告预算执行情况，并依据预算完成情况和预算审计情况对预算执行单位进行考核。

企业内部预算执行单位上报的预算执行报告，应经本部门、本单位负责人按照内部议事规范审议通过，作为企业进行财务考核的基本依据。企业预算按调整后的预算执行，预算完成情况以企业年度财务会计报告为准。

企业预算执行考核是企业绩效评价的主要内容，应当结合年度内部经济责任制进行考核，与预算执行单位负责人的奖惩挂钩，并作为企业内部人力资源管理的参考。

案例分析

全面实施预算绩效管理

财政部于2018年11月下发了关于贯彻落实《中共中央 国务院关于全面实施预算绩效管理的意见》的通知【财预〔2018〕167号】（以下简称《意见》），以加快建成全方位、全过程、全覆盖的预算绩效管理体系，提高财政资源配置效率和使用效益，增强政府公信力和执行力。有关事项通知如下：

一、充分认识全面实施预算绩效管理的重要意义

全面实施预算绩效管理是推进国家治理体系和治理能力现代化的内在要求，是深化财税体制改革、建立现代财政制度的重要内容，是优化财政资源配置、提升公共服务质量的关键举措，是推动党中央、国务院重大方针政策落地见效的重要保障。《意见》以习近平新时代中国特色社会主义思想为指导，全面贯彻党的十九大和十九届二中、三中全会精神，按照高质量发展要求，紧紧围绕统筹推进“五位一体”总体布局和协调推进“四个全面”战略布局，坚持以供给侧结构性改革为主线，聚焦解决当前预算绩效管理中存在的突出问题，对全面实施预算绩效管理进行统筹谋划和顶层设计，是新时期预算绩效管理工作的根本遵循。

全面实施预算绩效管理是政府治理方式的深刻变革，是一项长期的系统性工程，涉及面广、难度大。各地区各部门要切实把思想认识行动统一到党中央、国务院决策部署上来，深刻学习领会《意见》的精神实质，准确把握核心内涵，进一步增强责任感和紧迫感，把深入贯彻落实《意见》要求、全面实施预算绩效管理作为当前和今后一段时期财政预算工作的重点，真抓实干、常抓不懈，确保全面实施预算绩效管理各项改革任务落到实处，不断提高财政资源配置效率和使用效益。

二、结合实际制订贯彻落实方案

各地区各部门要深入分析本地区本部门预算绩效管理工作实际，对照《意见》要求，准确查找存在的差距和突出问题，抓紧研究制订具体、有针对性、可操作的贯彻落实方案，明确下一步全面实施预算绩效管理的时间表和路线图，着力抓重点、补短板、强弱项、提质量，确保贯彻落实党中央、国务院决策部署不跑偏、不走样。各级财政部门要抓紧完善预算绩效管理制度

办法，组织指导本级部门、单位和下级财政部门全面实施预算绩效管理工作，重点关注预算收支总量和结构，加强预算执行监管，推动财政预算管理水平明显提升。各部门、各单位要切实履行预算绩效管理主体责任，健全预算绩效管理操作规范和实施细则，建立上下协调、部门联动、层层抓落实的工作责任制，将绩效管理责任分解落实到具体预算单位、明确到具体责任人，确保每一笔资金花得安全、用得高效。

到2020年年底中央部门和省级层面要基本建成全方位、全过程、全覆盖的预算绩效管理体系，既要提高本级财政资源配置效率和使用效益，又要加强对下转移支付的绩效管理，防止财政资金损失浪费；到2022年年底市县层面要基本建成全方位、全过程、全覆盖的预算绩效管理体系，做到“花钱必问效、无效必问责”，大幅提升预算管理水平和政策实施效果。

三、抓好预算绩效管理的重点环节

（一）预算编制环节突出绩效导向

将绩效关口前移，各部门、各单位要对新出台的重大政策、项目，结合预算评审、项目审批等开展事前绩效评估，将评估结果作为申请预算的必备要件，防止“拍脑袋决策”，从源头上提高预算编制的科学性和精准性。加快实现本级政策和项目、对下共同事权分类分档转移支付、专项转移支付绩效目标管理全覆盖，加快设立部门和单位整体绩效目标。财政部门要严格绩效目标审核，未按要求设定绩效目标或审核未通过的，不得安排预算。

（二）预算执行环节加强绩效监控

按照“谁支出、谁负责”的原则，完善用款计划管理，对绩效目标实现程度和预算执行进度实行“双监控”，发现问题要分析原因并及时纠正。逐步建立重大政策、项目绩效跟踪机制，按照项目进度和绩效情况拨款，对存在严重问题的要暂缓或停止预算拨款。加强预算执行监测，科学调度资金，简化审核材料，缩短审核时间，推进国库集中支付电子化管理，切实提高预算执行效率。

（三）决算环节全面开展绩效评价

加快实现政策和项目绩效自评全覆盖，如实反映绩效目标实现结果，对绩效目标未达成或目标制定明显不合理的，要作出说明并提出改进措施。逐步推动预算部门和单位开展整体绩效自评，提高部门履职效能和公共服务供给质量。建立健全重点绩效评价常态机制，对重大政策和项目定期组织开展重点绩效评价，不断创新评价方法，提高评价质量。

（四）强化绩效评价结果刚性约束

健全绩效评价结果反馈制度和绩效问题整改责任制，形成反馈、整改、提升绩效的良性循环。各级财政部门要会同有关部门抓紧建立绩效评价结果与预算安排和政策调整挂钩机制，按照奖优罚劣的原则，对绩效好的政策和项目原则上优先保障，对绩效一般的政策和项目要督促改进，对低效无效资金一律削减或取消，对长期沉淀的资金一律收回，并按照有关规定统筹用于急需支持的领域。

（五）推动预算绩效管理扩围升级

绩效管理要覆盖所有财政资金，延伸到基层单位和资金使用终端，确保不留死角。推动绩效管理覆盖“四本预算”，并根据不同预算资金的性质和特点统筹实施。加快对政府投资基金、主权财富基金、政府和社会资本合作（PPP）、政府购买服务、政府债务项目等各项政府投融资活动实施绩效管理，实现全过程跟踪问效。积极推动绩效管理实施对象从政策和项目预算向部门和单位预算、政府预算拓展，稳步提升预算绩效管理层级，逐步增强整体性和协调性。

四、加强绩效管理监督问责

（一）硬化预算绩效责任约束

财政部门要会同审计部门加强预算绩效监督管理，重点对资金使用绩效自评结果的真实性和准确性进行复核，必要时可以组织开展再评价。财政部驻各地财政监察专员办事处要发挥就地就近优势，加强对本地区中央专项转移支付绩效目标和绩效自评结果的审核。对绩效监控、绩效评估评价结果弄虚作假，或预算执行与绩效目标严重背离的部门和单位及其责任人要提请有关部门进行追责问责。

（二）加大绩效信息公开力度

大力推动重大政策和项目绩效目标、绩效自评以及重点绩效评价结果随同预决算报送同级人大，并依法予以公开。探索建立部门和单位预算整体绩效报告制度，促使各部门各单位从“要我有绩效”向“我要有绩效”转变，提高预算绩效信息的透明度。

（三）推动社会力量有序参与

引导和规范第三方机构参与预算绩效管理，加强执业质量全过程跟踪和监管。搭建专家学者和社会公众参与绩效管理的途径和平台，自觉接受社会各界监督，促进形成全社会“讲绩效、用绩效、比绩效”的良好氛围。

五、健全工作协调机制

（一）财政部门加强组织协调

各级财政部门要赋予部门和资金使用单位更多的管理自主权，强化预算绩效管理工作考核，充实预算绩效管理机构和人员力量，加大宣传培训力度，指导部门和单位提高预算绩效管理水平。完善共性绩效指标框架，组织建立分行业、分领域、分层次的绩效指标体系，推动绩效指标和评价标准科学合理、细化量化、可比可测，夯实绩效管理基础。加快推进绩效管理信息化建设，逐步完善互联互通的预算绩效“大数据”系统，为全面实施预算绩效管理提供重要支撑。加强与人大、监察、审计等机构的协调配合，健全工作机制，形成改革合力，确保全面预算绩效管理工作顺利实施。

（二）各部门完善内部工作机制

各部门各单位要按照预算和绩效管理一体化要求，结合自身业务特点，优化预算管理流程，完善内控制度，明确部门内部绩效目标设置、监控、评价和审核的责任分工，加强部门财务与业务工作紧密衔接。建立健全本行业、本领域核心绩效指标体系，明确绩效标准，规范一级项目绩效目标设置，理顺二级项目绩效目标逐级汇总流程，推动全面实施预算绩效管理工作常态化、制度化、规范化。

（三）推进配套改革。加强预算绩效管理与机构和行政体制改革、政府职能转变、深化放管服改革等有效衔接，统筹推进中期财政规划、政府收支分类、项目支出标准体系、国库现金管理、权责发生制政府综合财务报告制度等财政领域相关改革，抓紧修改调整与预算绩效管理要求不相符的规章制度，切实提高改革的系统性和协同性。

［**问题**］（1）预算管理系统在企业财务管理中的作用是什么？

（2）预算绩效管理的重点环节有哪些？企业应该如何提高预算管理绩效？

项目小结

财务预算是一系列专门反映企业未来一定预算期内预计财务状况和经营成果，以及现金收支等价值指标的各种预算的总称，包括现金预算、预计利润表、预计资产负债表等内容。编制财务预算是企业财务管理的一项重要工作，它起到了明确目标、协调各部门的工作、有利于控制与考核和合理配置资源的作用。根据预算内容不同，可以分为业务预算（即经营预算）、专门决策预算、财务预算。从预算指标覆盖的时间长短划分，企业预算可分为长期预算和短期预算。预算编制具体分为：下达目标、编制上报、审查平衡、审议批准与下达执行等步骤。

预算的编制方法多种多样，主要包括固定预算和弹性预算、增量预算和零基预算、定期预算和滚动预算。固定预算是根据预算内正常的、可实现的某一业务量水平编制的预算，一般适用于固定费用或者数额比较稳定的预算项目。弹性预算是为了克服固定预算的缺点而设计的，它是指按照预算期内可预见的多种业务量水平而编制的、能够适应不同业务量情况的预算。增量预算是以基期的成本费用实际水平为基础，结合预算期业务量水平以及有关降低成本的措施，调整部分原有的成本费用项目而编制的预算。零基预算对预算收支以零为基点，对预算期内各项支出的必要性、合理性或者各项收入的可行性以及预算数额的大小，逐项审议决策从而予以确定收支水平的预算。定期预算，是指在编制预算时通常以某个特定的会计年度作为预算期的一种预算编制方法。滚动预算是随时间的推移和市场条件的变化而自行延伸并进行同步调整的预算，一般适用于季度预算的编制。

业务预算是反映企业在计划期内日常发生的各种具有实质性的基本活动的预算。业务预算是在经营预测和短期经营决策的基础上，对企业在预算期内投入资金的取得、成本费用的发生和利润的实现等所进行的合理调节与全面安排，是控制企业未来一定期间生产经营活动的有效手段，是强化企业内部管理的必要环节。它主要包括销售预算、生产预算、直接材料采购预算、直接人工预算、制造费用预算、单位生产成本预算、销售及管理费用预算等。现金预算是用来反映企业在计划期间预计的现金收支的详细情况而编制的预算财务报表，包括利润表预算和资产负债表预算。利润表预算是在各项经营预算的基础上，根据权责发生制编制的损益表。资产负债表预算与实际的资产负债表内容、格式相同，只不过数据是反映预算期末的财务状况。

企业预算一经批复下达，各预算执行单位就必须认真组织实施，将预算指标层层分解，从横向到纵向落实到内部各部门、各单位、各环节和各岗位，形成全方位的预算执行责任体系。

企业正式下达执行的预算，一般不予调整。预算执行单位在执行中由于市场环境、经营条件、政策法规等发生重大变化，致使预算的编制基础不成立，或者将导致预算执行结果产生重大偏差的，可以调整预算。

企业应当建立预算分析制度，由预算委员会定期召开预算执行分析会议，全面掌握预算的执行情况，研究、解决预算执行中存在的问题，纠正预算的执行偏差。企业预算执行考核是企业绩效评价的主要内容，应当结合年度内部经济责任制进行考核，与预算执行单位负责人的奖惩挂钩，并作为企业内部人力资源管理的参考。

附表 1　复利终值系数表

n	1%	2%	3%	4%	5%	6%	7%	8%
1	1. 010	1. 020	1. 030	1. 040	1. 050	1. 060	1. 070	1. 080
2	1. 020	1. 040	1. 061	1. 082	1. 103	1. 124	1. 145	1. 166
3	1. 030	1. 061	1. 093	1. 125	1. 158	1. 191	1. 225	1. 260
4	1. 041	1. 082	1. 126	1. 170	1. 216	1. 262	1. 311	1. 360
5	1. 051	1. 104	1. 159	1. 167	1. 276	1. 338	1. 403	1. 469
6	1. 062	1. 126	1. 194	1. 265	1. 340	1. 419	1. 501	1. 587
7	1. 072	1. 149	1. 230	1. 316	1. 407	1. 504	1. 606	1. 714
8	1. 081	1. 172	1. 267	1. 367	1. 477	1. 594	1. 718	1. 851
9	1. 094	1. 195	1. 305	1. 423	1. 551	1. 689	1. 838	1. 999
10	1. 105	1. 219	1. 344	1. 480	1. 629	1. 791	1. 967	2. 159
11	1. 116	1. 243	1. 384	1. 539	1. 710	1. 898	2. 105	2. 332
12	1. 127	1. 268	1. 426	1. 601	1. 796	2. 012	2. 252	2. 518
13	1. 138	1. 294	1. 469	1. 665	1. 886	2. 133	2. 410	2. 720
14	1. 149	1. 319	1. 513	1. 732	1. 980	2. 261	2. 579	2. 937
15	1. 161	1. 346	1. 558	1. 801	2. 079	2. 397	2. 759	3. 172
16	1. 173	1. 373	1. 605	1. 873	2. 183	2. 540	2. 952	3. 426
17	1. 184	1. 400	1. 653	1. 948	2. 292	2. 693	3. 159	3. 700
18	1. 196	1. 428	1. 702	2. 026	2. 407	2. 854	3. 380	3. 996
19	1. 208	1. 457	1. 754	2. 107	2. 527	3. 026	3. 617	4. 316
20	1. 220	1. 486	1. 806	2. 191	2. 653	3. 207	3. 870	4. 661
21	1. 232	1. 516	1. 860	2. 279	2. 786	3. 399	4. 140	5. 033
22	1. 245	1. 546	1. 916	2. 370	2. 925	3. 603	4. 430	5. 436
23	1. 257	1. 577	1. 974	2. 465	3. 072	3. 819	4. 740	5. 871
24	1. 270	1. 608	2. 033	2. 563	3. 225	4. 048	5. 072	6. 341
25	1. 282	1. 641	2. 094	2. 666	3. 386	4. 291	5. 427	6. 848
26	1. 295	1. 673	2. 157	2. 772	3. 556	4. 549	5. 807	7. 396
27	1. 308	1. 707	2. 221	2. 883	3. 733	4. 822	6. 231	7. 988
28	1. 321	1. 741	2. 288	2. 999	3. 920	5. 111	6. 648	8. 627
29	1. 335	1. 776	2. 357	3. 119	4. 116	5. 418	7. 114	9. 317
30	1. 348	1. 811	2. 427	3. 243	4. 322	5. 743	7. 612	10. 062

续表

n	9%	10%	11%	12%	13%	14%	15%	16%
1	1.090	1.100	1.110	1.120	1.130	1.140	1.150	1.160
2	1.188	1.210	1.232	1.254	1.277	1.300	1.323	1.346
3	1.295	1.331	1.368	1.405	1.443	1.482	1.521	1.561
4	1.412	1.464	1.518	1.574	1.630	1.689	1.749	1.811
5	1.539	1.611	1.685	1.762	1.842	1.925	2.011	2.100
6	1.677	1.722	1.870	1.974	2.082	2.195	2.313	2.436
7	1.828	1.949	2.076	2.211	2.353	2.502	2.660	2.826
8	1.933	2.144	2.305	2.476	2.658	2.853	3.059	3.278
9	2.172	2.358	2.558	2.773	3.004	3.252	3.518	3.803
10	2.367	2.594	2.839	3.106	3.395	3.707	4.046	4.411
11	2.580	2.853	3.152	3.479	3.836	4.226	4.652	5.117
12	2.813	3.138	3.499	3.896	4.335	4.818	5.350	5.936
13	3.066	3.452	3.883	4.363	4.989	5.492	6.153	6.886
14	3.342	3.797	4.310	4.887	5.535	6.261	7.076	7.988
15	3.642	4.177	4.785	5.474	6.254	7.138	8.137	9.266
16	3.970	4.595	5.311	6.130	7.067	8.137	9.358	10.748
17	4.328	5.054	5.895	6.866	7.986	9.276	10.761	12.468
18	4.717	5.560	6.544	7.690	9.024	10.575	12.375	14.463
19	5.142	6.116	7.263	8.613	10.197	12.056	14.232	16.777
20	5.604	6.727	8.062	9.646	11.523	13.743	16.367	19.461
21	6.108	7.400	8.949	10.804	13.021	15.668	18.822	22.575
22	6.658	8.140	9.934	12.100	14.714	17.861	21.645	26.186
23	7.257	8.954	11.026	13.552	16.627	20.362	24.891	30.376
24	7.911	9.849	12.239	15.179	18.788	23.212	28.625	35.236
25	8.623	10.834	13.585	17.000	21.231	26.462	32.919	40.874
26	9.399	11.918	15.080	19.040	23.991	30.167	37.857	47.414
27	10.245	13.109	16.739	21.325	27.109	34.390	43.535	55.000
28	11.167	14.420	18.580	23.884	30.633	39.204	50.066	63.800
29	12.172	15.863	20.624	26.750	34.616	44.693	57.575	74.009
30	13.267	17.449	22.892	29.960	39.116	50.950	66.212	85.850

续表

n	17%	18%	19%	20%	24%	28%	32%	36%	40%
1	1.170	1.180	1.190	1.200	1.240	1.280	1.320	1.360	1.400
2	1.369	1.392	1.416	1.440	1.538	1.638	1.742	1.850	1.960
3	1.602	1.643	1.685	1.728	1.907	2.097	2.300	2.515	2.744
4	1.874	1.939	2.005	2.047	2.364	2.684	3.036	3.421	3.842
5	2.192	2.288	2.386	2.488	2.932	3.436	4.007	4.653	5.378
6	2.565	2.700	2.840	2.986	3.635	4.398	5.290	6.328	7.530
7	3.001	3.185	3.379	3.538	4.508	5.630	6.938	8.605	10.541
8	3.511	3.759	4.021	4.300	5.590	7.206	9.217	11.703	14.758
9	4.108	4.435	4.785	5.160	6.931	9.223	12.166	15.917	20.661
10	4.807	5.234	5.696	6.192	8.594	11.806	16.060	21.647	28.925
11	5.624	6.176	6.777	7.430	10.657	15.112	21.199	29.439	40.496
12	6.580	7.288	8.064	8.916	13.215	19.343	27.983	40.307	56.694
13	7.699	8.599	9.596	10.699	16.386	24.759	36.937	54.451	79.371
14	9.007	10.147	11.420	12.839	20.319	31.691	48.757	74.053	111.12
15	10.539	11.974	13.590	15.409	25.196	40.565	64.359	100.71	155.57
16	12.330	14.129	16.172	18.488	31.243	51.923	84.954	136.69	217.80
17	14.426	16.672	19.244	22.186	38.741	66.461	112.14	186.28	304.91
18	16.879	19.637	22.091	26.623	48.039	85.071	148.02	253.34	426.88
19	19.784	23.214	27.252	31.948	59.568	108.89	195.39	344.54	597.63
20	23.106	27.393	32.429	38.338	73.864	139.38	257.92	468.57	836.68
21	27.034	32.324	38.591	46.005	91.592	178.41	340.45	637.26	1 171.4
22	31.629	38.142	45.923	55.206	113.573	228.360	449.39	866.67	1 639.9
23	37.006	45.008	54.649	66.247	140.831	292.300	593.20	1 178.7	2 295.9
24	43.297	53.109	65.023	79.497	174.631	374.144	783.02	1 603.0	3 214.2
25	50.658	62.669	77.388	95.396	216.542	478.905	1 033.6	2 180.1	4 499.9
26	59.270	73.949	92.092	114.476	268.512	612.998	1 364.3	2 694.9	6 299.8
27	69.345	87.260	109.589	137.371	332.955	784.638	1 800.9	4 032.3	8 819.8
28	81.134	102.967	130.411	164.845	412.864	1 004.336	2 377.2	5 483.9	12 348
29	94.927	121.501	155.189	197.814	511.952	1 285.550	3 137.9	7 458.1	17 287
30	111.06	143.371	184.675	237.376	634.820	1 645.505	4 142.1	10 143	24 201

附表2　复利现值系数表

n	1%	2%	3%	4%	5%	6%	7%	8%	9%
1	0.990	0.980	0.971	0.962	0.952	0.934	0.935	0.926	0.917
2	0.980	0.961	0.943	0.925	0.907	0.890	0.873	0.875	0.842
3	0.971	0.942	0.915	0.889	0.864	0.840	0.816	0.794	0.772
4	0.961	0.924	0.889	0.855	0.823	0.792	0.763	0.735	0.708
5	0.951	0.906	0.863	0.822	0.784	0.747	0.713	0.681	0.650
6	0.942	0.888	0.838	0.790	0.746	0.705	0.666	0.630	0.596
7	0.933	0.871	0.813	0.760	0.711	0.665	0.623	0.584	0.547
8	0.924	0.854	0.789	0.731	0.677	0.627	0.582	0.540	0.502
9	0.914	0.837	0.766	0.703	0.645	0.592	0.544	0.500	0.460
10	0.905	0.820	0.744	0.676	0.614	0.558	0.508	0.463	0.422
11	0.896	0.804	0.722	0.650	0.585	0.527	0.475	0.429	0.388
12	0.887	0.789	0.701	0.625	0.557	0.497	0.444	0.397	0.356
13	0.879	0.773	0.681	0.601	0.530	0.469	0.415	0.368	0.326
14	0.870	0.758	0.661	0.578	0.505	0.442	0.388	0.341	0.299
15	0.861	0.743	0.642	0.555	0.481	0.417	0.362	0.315	0.275
16	0.853	0.728	0.623	0.534	0.458	0.394	0.339	0.292	0.252
17	0.844	0.714	0.605	0.513	0.436	0.371	0.317	0.270	0.231
18	0.836	0.700	0.587	0.494	0.416	0.350	0.296	0.250	0.212
19	0.828	0.686	0.570	0.475	0.396	0.331	0.277	0.232	0.195
20	0.820	0.673	0.554	0.456	0.377	0.312	0.258	0.215	0.178
21	0.811	0.660	0.537	0.439	0.358	0.294	0.242	0.199	0.164
22	0.803	0.647	0.521	0.422	0.341	0.278	0.226	0.184	0.150
23	0.795	0.634	0.506	0.406	0.325	0.262	0.211	0.170	0.138
24	0.788	0.622	0.491	0.390	0.310	0.247	0.197	0.158	0.126
25	0.780	0.610	0.477	0.375	0.295	0.233	0.184	0.146	0.116
26	0.772	0.598	0.463	0.361	0.281	0.220	0.172	0.135	0.106
27	0.764	0.586	0.450	0.347	0.267	0.207	0.161	0.125	0.098
28	0.757	0.574	0.437	0.333	0.255	0.196	0.150	0.116	0.090
29	0.749	0.563	0.424	0.321	0.242	0.185	0.141	0.107	0.082
30	0.742	0.552	0.411	0.308	0.231	0.174	0.131	0.099	0.075

续表

n	10%	11%	12%	13%	14%	15%	16%	17%	18%
1	0.909	0.901	0.893	0.885	0.877	0.870	0.862	0.855	0.847
2	0.826	0.812	0.797	0.783	0.769	0.756	0.743	0.731	0.718
3	0.751	0.731	0.712	0.693	0.675	0.658	0.641	0.624	0.609
4	0.683	0.659	0.636	0.613	0.592	0.572	0.552	0.534	0.516
5	0.621	0.593	0.567	0.543	0.519	0.497	0.476	0.456	0.437
6	0.564	0.535	0.507	0.480	0.456	0.432	0.410	0.390	0.370
7	0.513	0.482	0.452	0.425	0.400	0.376	0.354	0.333	0.314
8	0.467	0.434	0.404	0.376	0.351	0.327	0.305	0.285	0.266
9	0.424	0.391	0.361	0.333	0.300	0.284	0.263	0.243	0.225
10	0.386	0.352	0.322	0.295	0.270	0.247	0.227	0.208	0.191
11	0.350	0.317	0.287	0.261	0.237	0.215	0.195	0.178	0.162
12	0.319	0.286	0.257	0.231	0.208	0.187	0.168	0.152	0.137
13	0.290	0.258	0.229	0.204	0.182	0.163	0.145	0.130	0.116
14	0.263	0.232	0.205	0.181	0.160	0.141	0.125	0.111	0.099
15	0.239	0.209	0.183	0.160	0.140	0.123	0.108	0.095	0.084
16	0.218	0.188	0.163	0.141	0.123	0.107	0.093	0.081	0.071
17	0.198	0.170	0.146	0.125	0.108	0.093	0.080	0.069	0.060
18	0.180	0.153	0.130	0.111	0.095	0.081	0.069	0.059	0.051
19	0.164	0.138	0.116	0.098	0.083	0.070	0.060	0.051	0.043
20	0.149	0.124	0.104	0.087	0.073	0.061	0.051	0.043	0.037
21	0.135	0.112	0.093	0.077	0.064	0.053	0.044	0.037	0.031
22	0.123	0.101	0.083	0.068	0.056	0.046	0.038	0.032	0.026
23	0.112	0.091	0.074	0.60	0.049	0.040	0.033	0.027	0.022
24	0.102	0.082	0.066	0.053	0.043	0.035	0.028	0.023	0.019
25	0.092	0.074	0.059	0.047	0.038	0.030	0.024	0.020	0.016
26	0.084	0.066	0.053	0.042	0.033	0.026	0.021	0.017	0.014
27	0.076	0.060	0.047	0.037	0.029	0.023	0.018	0.014	0.011
28	0.069	0.054	0.042	0.033	0.026	0.020	0.016	0.012	0.010
29	0.063	0.048	0.037	0.029	0.022	0.017	0.014	0.011	0.008
30	0.057	0.044	0.033	0.026	0.020	0.015	0.012	0.009	0.007

续表

n	20%	22%	24%	26%	28%	30%	32%	36%	40%
1	0. 833	0. 820	0. 806	0. 794	0. 781	0. 769	0. 758	0. 735	0. 714
2	0. 694	0. 672	0. 650	0. 630	0. 610	0. 592	0. 574	0. 541	0. 510
3	0. 579	0. 551	0. 524	0. 500	0. 477	0. 455	0. 435	0. 398	0. 364
4	0. 482	0. 451	0. 423	0. 397	0. 373	0. 035	0. 329	0. 292	0. 260
5	0. 402	0. 370	0. 341	0. 315	0. 291	0. 269	0. 250	0. 215	0. 186
6	0. 335	0. 303	0. 275	0. 250	0. 227	0. 207	0. 189	0. 158	0. 133
7	0. 279	0. 249	0. 222	0. 198	0. 178	0. 159	0. 143	0. 116	0. 095
8	0. 233	0. 204	0. 179	0. 157	0. 139	0. 123	0. 108	0. 085	0. 068
9	0. 194	0. 167	0. 144	0. 125	0. 108	0. 094	0. 082	0. 063	0. 048
10	0. 162	0. 137	0. 116	0. 099	0. 085	0. 073	0. 062	0. 046	0. 035
11	0. 135	0. 112	0. 094	0. 079	0. 066	0. 056	0. 047	0. 034	0. 025
12	0. 112	0. 092	0. 076	0. 062	0. 052	0. 043	0. 036	0. 025	0. 018
13	0. 093	0. 075	0. 061	0. 050	0. 040	0. 033	0. 027	0. 018	0. 013
14	0. 078	0. 062	0. 049	0. 039	0. 032	0. 025	0. 021	0. 014	0. 009
15	0. 065	0. 051	0. 040	0. 031	0. 025	0. 020	0. 016	0. 010	0. 006
16	0. 054	0. 042	0. 032	0. 025	0. 019	0. 015	0. 012	0. 007	0. 005
17	0. 045	0. 034	0. 026	0. 020	0. 015	0. 012	0. 009	0. 005	0. 003
18	0. 038	0. 028	0. 021	0. 016	0. 012	0. 009	0. 007	0. 004	0. 002
19	0. 031	0. 023	0. 017	0. 012	0. 009	0. 007	0. 005	0. 003	0. 002
20	0. 026	0. 019	0. 014	0. 010	0. 007	0. 005	0. 004	0. 002	0. 001
21	0. 022	0. 015	0. 011	0. 008	0. 006	0. 004	0. 003	0. 002	0. 001
22	0. 018	0. 013	0. 009	0. 006	0. 004	0. 003	0. 002	0. 001	0. 001
23	0. 015	0. 010	0. 007	0. 005	0. 003	0. 002	0. 001	0. 001	0
24	0. 013	0. 008	0. 006	0. 004	0. 003	0. 002	0. 001	0. 001	0
25	0. 010	0. 007	0. 005	0. 003	0. 002	0. 001	0. 001	0	0
26	0. 009	0. 006	0. 004	0. 002	0. 002	0. 001	0. 001	0	0
27	0. 007	0. 005	0. 003	0. 002	0. 001	0. 001	0. 001	0	0
28	0. 006	0. 004	0. 002	0. 002	0. 001	0. 001	0	0	0
29	0. 005	0. 003	0. 002	0. 001	0. 001	0. 001	0	0	0
30	0. 004	0. 003	0. 002	0. 001	0. 001	0	0	0	0

附表3　年金终值系数表

n	1%	2%	3%	4%	5%	6%	7%	8%
1	1. 000	1. 000	1. 000	1. 000	1. 000	1. 000	1. 000	1. 000
2	2. 010	2. 020	2. 030	2. 040	2. 050	2. 060	2. 070	2. 080
3	3. 030	3. 060	3. 090	3. 121	3. 152	3. 183	3. 214	3. 246
4	4. 060	4. 120	4. 183	4. 246	4. 310	4. 374	4. 439	4. 506
5	5. 101	5. 204	5. 309	5. 416	5. 525	5. 637	5. 750	5. 866
6	6. 152	6. 308	6. 648	6. 632	6. 801	6. 975	7. 153	7. 335
7	7. 213	7. 434	7. 668	7. 898	8. 142	8. 393	8. 654	8. 922
8	8. 285	8. 582	8. 892	9. 214	9. 549	9. 879	10. 259	10. 636
9	9. 368	9. 754	10. 159	10. 582	11. 026	11. 491	11. 977	12. 487
10	10. 462	10. 949	11. 463	12. 006	12. 577	13. 180	13. 816	14. 486
11	11. 566	12. 168	12. 807	13. 486	14. 206	14. 971	15. 783	16. 645
12	12. 682	13. 412	14. 192	15. 025	15. 917	16. 869	17. 888	18. 977
13	13. 809	14. 680	15. 617	16. 626	17. 712	18. 882	20. 140	21. 495
14	14. 947	15. 973	17. 068	18. 291	19. 598	21. 015	22. 550	24. 214
15	16. 096	17. 293	18. 598	20. 623	21. 578	23. 275	25. 129	27. 152
16	17. 257	18. 639	20. 156	21. 824	23. 657	25. 672	27. 888	30. 324
17	18. 430	20. 012	21. 761	23. 697	25. 810	28. 212	30. 840	33. 750
18	19. 614	21. 412	23. 414	25. 645	28. 132	30. 905	33. 999	37. 450
19	20. 810	22. 840	25. 116	27. 671	30. 539	33. 759	37. 378	41. 446
20	22. 019	24. 297	26. 870	29. 778	33. 065	36. 785	40. 995	45. 761
21	23. 239	25. 783	28. 676	31. 969	35. 719	39. 992	44. 865	50. 442
22	24. 471	27. 298	30. 356	34. 247	38. 505	43. 392	49. 005	55. 456
23	25. 716	28. 844	32. 452	36. 617	41. 430	46. 995	53. 436	60. 893
24	26. 973	30. 412	34. 426	39. 083	44. 501	50. 815	58. 176	66. 764
25	28. 243	32. 030	36. 459	41. 645	47. 727	54. 865	63. 249	73. 105
26	29. 525	33. 670	38. 553	44. 311	51. 113	59. 156	68. 676	79. 954
27	30. 820	35. 344	40. 709	47. 084	54. 669	63. 705	74. 483	87. 350
28	32. 129	37. 051	42. 930	49. 967	58. 402	68. 528	80. 697	95. 338
29	33. 450	38. 792	45. 218	52. 966	62. 322	73. 639	87. 346	103. 97
30	34. 784	40. 568	47. 575	56. 084	66. 438	79. 058	94. 460	113. 28

续表

n	9%	10%	11%	12%	13%	14%	15%	16%
1	1.000	1.000	1.000	1.000	1.000	1.000	1.000	1.000
2	2.090	2.100	2.110	2.120	2.130	2.140	2.150	2.160
3	3.278	3.310	3.342	3.374	3.407	3.440	3.473	3.506
4	4.573	4.641	4.710	4.779	4.849	4.921	4.993	5.066
5	5.984	6.105	6.228	6.353	6.480	6.610	6.742	6.877
6	7.523	7.715	7.913	8.115	8.323	8.536	8.754	8.977
7	9.200	9.487	9.783	10.089	10.405	10.730	11.067	11.414
8	11.028	11.435	11.859	12.300	12.757	13.233	13.727	14.240
9	13.021	13.579	14.164	14.776	15.416	16.085	16.786	17.519
10	15.192	15.937	16.722	17.549	18.420	19.337	20.304	21.321
11	17.560	18.531	19.561	20.655	21.814	23.045	24.349	25.733
12	20.140	21.384	22.713	24.133	25.650	27.271	29.002	30.850
13	22.953	24.522	26.212	28.029	29.985	32.089	34.352	36.786
14	26.019	27.974	30.095	32.393	34.883	37.581	40.505	43.672
15	29.360	31.772	34.405	37.280	40.417	43.842	47.580	51.660
16	33.003	35.949	39.190	42.753	46.627	50.980	55.717	60.925
17	36.973	40.544	44.501	48.884	53.739	59.118	65.075	71.673
18	41.301	45.599	50.396	55.750	61.725	68.394	75.836	84.141
19	46.018	51.159	56.940	63.440	70.749	78.969	88.212	98.603
20	51.160	57.274	64.203	72.052	80.947	91.025	102.444	115.380
21	56.764	64.002	72.265	81.699	92.470	104.768	118.810	134.841
22	62.873	71.402	81.214	92.503	105.491	120.436	137.632	157.415
23	69.531	79.543	91.148	104.603	120.205	138.297	159.276	183.601
24	76.789	88.497	102.174	118.155	136.832	158.659	184.168	213.978
25	84.700	98.347	114.413	133.334	155.620	181.871	212.793	249.214
26	93.323	109.180	127.999	150.334	176.850	208.333	245.712	290.088
27	102.72	121.100	143.079	169.374	200.841	238.499	283.569	337.502
28	112.97	134.210	159.817	190.700	228.000	272.890	327.104	392.503
29	124.14	148.630	178.397	214.583	258.583	312.094	377.170	456.303
30	136.31	164.490	199.021	241.333	293.199	356.787	434.745	530.312

续表

n	17%	18%	19%	20%	24%	28%	32%	36%	40%
1	1.000	1.000	1.000	1.000	1.000	1.000	1.000	1.000	1.000
2	2.170	2.180	2.190	2.200	2.240	2.280	2.320	2.360	2.400
3	3.539	3.572	3.606	3.640	3.778	3.918	4.062	4.210	4.360
4	5.141	5.215	5.291	5.368	5.684	6.016	6.362	6.725	7.104
5	7.014	7.154	7.297	7.442	8.048	8.700	9.398	10.146	10.946
6	9.207	9.442	9.683	9.930	10.980	12.136	13.406	14.799	16.324
7	11.772	12.142	12.523	12.916	14.615	16.534	18.696	21.126	23.853
8	14.773	15.327	15.902	16.499	19.123	22.163	25.678	29.732	34.395
9	18.285	19.086	19.923	20.799	24.712	29.369	34.895	41.435	49.153
10	22.393	23.521	24.701	25.959	31.643	38.592	47.062	57.352	69.814
11	27.200	28.755	30.404	32.150	40.238	50.399	63.122	78.998	98.739
12	32.824	34.931	37.180	39.581	50.895	65.510	84.320	108.44	139.24
13	39.404	42.219	45.244	48.497	64.110	84.853	112.30	148.48	195.93
14	47.103	50.818	54.841	59.196	80.496	109.61	149.24	202.93	275.30
15	56.110	60.965	66.261	72.035	100.815	141.302	197.99	276.98	386.42
16	66.649	72.939	79.850	87.442	126.011	181.868	262.36	377.69	541.99
17	78.979	87.068	96.022	105.931	157.253	233.791	347.31	514.66	759.78
18	93.406	103.740	115.266	128.117	195.994	300.252	459.45	700.94	1 064.7
19	110.285	123.414	138.166	154.740	244.033	385.323	607.47	954.28	1 491.6
20	130.033	146.629	165.418	186.688	303.601	494.213	802.86	1 298.8	2 089.2
21	153.139	174.021	197.847	225.026	377.465	633.593	1 060.8	1 767.4	2 925.9
22	180.172	206.345	236.439	271.031	469.056	811.999	1 401.2	2 404.7	4 097.2
23	211.801	244.487	282.362	326.237	582.630	1 040.358	1 850.6	3 271.3	5 737.1
24	248.808	289.495	337.011	392.484	723.461	1 332.659	2 443.8	4 450.0	8 033.0
25	292.105	342.604	402.043	471.981	898.092	1 706.803	3 226.8	6 053.0	11 247.2
26	342.763	405.272	479.431	567.377	1 114.634	2 185.708	4 260.4	8 233.1	15 747.1
27	402.032	479.221	571.522	681.853	1 383.146	2 798.706	5 624.8	11 198.0	22 046.9
28	471.378	566.481	681.112	819.223	1 716.101	3 583.344	7 425.7	15 230.3	30 866.7
29	552.512	669.448	811.523	984.068	2 128.965	4 587.680	9 802.9	20 714.2	43 214.3
30	674.439	790.948	966.712	1 181.882	2 640.916	5 873.230	12 941.0	28 172.2	60 501.1

附表4　年金现值系数表

n	1%	2%	3%	4%	5%	6%	7%	8%
1	0.990	0.980	0.970	0.962	0.952	0.943	0.935	0.926
2	1.970	1.942	1.913	1.886	1.859	1.833	1.808	1.783
3	2.941	2.884	2.828	2.775	2.723	2.673	2.624	2.577
4	3.902	3.808	3.717	3.630	3.545	3.465	3.387	3.312
5	4.853	4.713	4.579	4.452	4.329	4.212	4.100	3.993
6	5.795	5.601	5.417	5.242	5.075	4.917	4.766	4.632
7	6.728	6.472	6.230	6.002	5.786	5.582	5.389	5.206
8	7.652	7.325	7.019	6.733	6.463	6.210	5.971	5.747
9	8.566	8.162	7.786	7.435	7.107	6.802	6.515	6.247
10	9.471	8.983	8.530	8.111	7.721	7.360	7.024	6.710
11	10.368	9.787	9.252	8.760	8.300	7.887	7.499	7.139
12	11.255	10.575	9.954	9.385	8.863	8.384	7.943	7.536
13	12.134	11.343	10.634	9.986	9.393	8.853	8.358	7.904
14	13.004	12.106	11.296	10.563	9.989	9.295	8.746	8.244
15	13.865	12.849	11.937	11.118	10.379	9.712	9.108	8.559
16	14.718	13.578	12.561	11.652	10.837	10.106	9.447	8.851
17	15.562	14.292	13.166	12.166	11.274	10.477	9.763	9.122
18	16.398	14.992	13.753	12.659	11.689	10.828	10.059	9.372
19	17.226	15.678	14.323	13.134	12.085	11.158	10.336	9.604
20	18.046	16.351	14.877	13.590	12.462	11.470	10.594	9.818
21	18.857	17.011	15.415	14.029	12.821	11.764	10.836	10.017
22	19.660	17.658	15.936	14.451	13.163	12.042	11.061	10.201
23	20.456	18.292	16.443	14.857	13.488	12.303	11.272	10.371
24	21.243	18.914	16.935	15.247	13.798	12.550	11.469	10.529
25	22.023	19.523	17.413	15.622	14.093	12.783	11.654	10.675
26	22.795	20.121	17.876	15.982	14.375	13.003	11.826	10.810
27	23.560	20.707	18.327	16.330	14.643	13.211	11.987	10.935
28	24.316	21.281	18.764	16.663	14.898	13.406	12.137	11.051
29	25.066	21.844	19.188	16.984	15.141	13.591	12.278	11.158
30	25.808	22.396	19.600	17.292	15.372	13.765	12.409	11.258

续表

n	9%	10%	11%	12%	13%	14%	15%	16%
1	0.917	0.909	0.901	0.893	0.885	0.877	0.870	0.862
2	1.759	1.736	1.713	1.690	1.668	1.647	1.626	1.605
3	2.531	2.487	2.444	2.402	2.361	2.322	2.283	2.246
4	3.240	3.170	3.102	3.037	2.974	2.914	2.855	2.798
5	3.890	3.791	3.696	3.605	3.157	3.433	3.352	3.274
6	4.486	4.355	4.231	4.111	3.998	3.899	3.784	3.685
7	5.033	4.868	4.712	4.564	4.423	4.288	4.160	4.039
8	5.535	5.335	5.146	4.968	4.799	4.639	4.487	4.344
9	5.995	5.759	5.537	5.328	5.132	4.946	4.722	4.607
10	6.418	6.145	5.889	5.650	5.426	5.216	5.019	4.833
11	6.805	6.495	6.207	5.938	5.687	5.453	5.234	5.029
12	7.161	6.814	6.492	6.194	5.918	5.660	5.421	5.197
13	7.487	7.103	6.750	6.424	6.122	5.842	5.583	5.342
14	7.786	7.367	6.982	6.628	6.302	6.002	5.724	5.468
15	8.060	7.606	7.191	6.811	6.462	6.142	5.847	5.575
16	8.313	7.824	7.379	6.974	6.604	6.265	5.954	5.669
17	8.544	8.022	7.549	7.120	6.729	6.373	6.047	5.749
18	8.756	8.201	7.702	7.250	6.840	6.467	6.128	5.818
19	8.950	8.365	7.839	7.366	6.938	6.550	6.198	5.877
20	9.129	8.514	7.963	7.469	7.025	6.623	6.259	5.929
21	9.292	8.649	8.075	7.562	7.102	6.687	6.312	5.973
22	9.442	8.772	8.176	7.645	7.170	6.743	6.359	6.011
23	9.580	8.883	8.266	7.718	7.230	6.792	6.399	6.044
24	9.707	8.985	8.348	7.784	7.283	6.835	6.434	6.073
25	9.823	9.077	8.422	7.843	7.330	6.873	6.464	6.097
26	9.929	9.161	8.488	7.869	7.372	6.906	6.491	6.118
27	10.027	9.237	8.548	7.943	7.409	6.935	6.514	6.136
28	10.116	9.307	8.602	7.984	7.441	6.961	6.534	6.152
29	10.198	9.370	8.650	8.022	7.470	6.983	6.551	6.166
30	10.274	9.427	8.964	8.055	7.496	7.003	6.566	6.177

续表

n	17%	18%	19%	20%	24%	28%	32%	36%	40%
1	0.855	0.847	0.847	0.833	0.806	0.781	0.758	0.735	0.714
2	1.585	1.566	1.547	1.528	1.457	1.392	1.332	1.276	1.224
3	2.210	2.174	2.140	2.106	1.981	1.868	1.766	1.674	1.589
4	2.743	2.690	2.639	2.589	2.404	2.241	2.096	1.966	1.849
5	3.199	3.127	3.058	2.991	2.745	2.532	2.345	2.181	2.035
6	3.589	3.498	3.410	3.326	3.020	2.759	2.534	2.339	2.168
7	3.922	3.812	3.706	3.605	3.242	2.937	2.678	2.455	2.263
8	4.207	4.078	3.945	3.837	3.421	3.076	2.786	2.540	2.331
9	4.451	4.303	4.163	4.031	3.566	3.184	2.868	2.603	2.379
10	4.659	4.494	4.339	4.192	3.682	3.269	2.930	2.650	2.414
11	4.836	4.650	4.486	4.327	3.776	3.335	2.978	2.683	2.438
12	4.988	4.793	4.611	4.439	3.851	3.387	3.013	2.708	2.456
13	5.118	4.910	4.715	4.533	3.912	3.427	3.040	2.727	2.468
14	5.229	5.008	4.802	4.611	3.962	3.459	3.061	2.740	2.477
15	5.324	5.092	4.867	4.675	4.001	3.483	3.076	2.750	2.484
16	5.405	5.162	4.938	4.730	4.033	3.503	3.088	2.758	2.489
17	5.475	5.222	4.988	4.775	4.059	3.518	3.097	2.763	2.492
18	5.534	5.273	5.033	4.812	4.080	3.529	3.104	2.767	2.494
19	5.584	5.316	5.070	4.844	4.097	3.539	3.109	2.770	2.496
20	5.628	5.353	5.101	4.870	4.110	3.546	3.113	2.772	2.497
21	5.665	5.384	5.127	4.891	4.121	3.551	3.116	2.774	2.498
22	5.696	5.410	5.149	4.909	4.130	3.556	3.118	2.775	2.498
23	5.723	5.432	5.167	4.925	4.137	3.560	3.120	2.775	2.499
24	5.746	5.451	5.182	4.937	4.143	3.562	3.121	2.776	2.499
25	5.766	5.467	5.195	4.948	4.147	3.564	3.122	2.776	2.499
26	5.783	5.480	5.206	4.956	4.151	3.566	3.123	2.777	2.500
27	5.798	5.492	5.215	4.964	4.154	3.567	3.123	2.777	2.500
28	5.810	5.502	5.223	4.970	4.157	3.568	3.124	2.778	2.500
29	5.820	5.510	5.229	4.975	4.159	3.569	3.124	2.778	2.500
30	5.829	5.517	5.235	4.979	4.160	3.569	3.124	2.778	2.500

参考文献

【1】财政部会计资格评价中心．财务管理［M］．北京：经济科学出版，2019.

【2】中国注册会计师协会．财务成本管理［M］．北京：中国财政经济出版，2019.

【3】荆新、王化成、刘俊彦．财务管理学［M］．8 版．北京：中国人民大学出版社，2018.

【4】孔德兰．财务管理实务［M］．2 版．北京：高等教育出版社，2019.

【5】刘淑莲．财务管理［M］．5 版．大连：东北财经大学出版社，2019.

【6】汤谷良．财务管理案例［M］．3 版．北京：北京大学出版社，2017.

【7】孔德兰、许辉．财务管理——原理、实务、案例实训［M］．4 版．大连：东北财经大学出版社，2019.

【8】孔德兰．财务管理实务［M］．3 版．北京：中国人民大学出版社，2019.